1949

新中國
刑法70年

赵秉志·主 编　袁 彬·副主编

2019

法律出版社
LAW PRESS·CHINA

新中国刑法70年

主　编　赵秉志

副主编　袁　彬

撰写人（按姓氏拼音顺序）：

商浩文　徐永伟　袁　彬

詹奇玮　张伟珂　赵秉志

前　言

时间如白驹过隙，转眼间，新中国成立至今已70春秋。既往的70年是新中国奋发图强、不断进取的70年，也是新中国捷报频传、硕果累累的70年。回首这70年，我国在各个领域都取得了令世界瞩目的伟大成就，一个富强、民主、文明、和谐、美丽的新中国正逐步屹立于世界东方。随着新中国的茁壮成长，尤其是随着我国40余年来改革开放和社会主义法治建设的步伐，我国刑事法治建设也在不断发展进步，刑法立法日趋完备，刑事司法不断完善，刑法理论欣欣向荣，可以说，我们已经初步建成了一个科学完备的社会主义刑事法治体系。

以刑法实践和理论发展为线索，新中国成立70年来我国刑法的发展大体可以分为三个阶段，即1949～1979年的刑法初创阶段、1979～1997年的刑法补充阶段和1997～2019年的刑法完善阶段。其中，第一个阶段，因缺乏一部统一的刑法典，我国刑法无论是立法、司法还是理论研究都存在明显不足，其主要任务是填补空白，这一阶段也可以通俗地讲属于补我国刑法"大不足"的阶段；第二个阶段，我国已经制定了一部统一的刑法典，但该刑法典仍较为粗犷、原则，缺乏很多明确、具体的规范，需要进一步补充，这一阶段的刑法立法、司法和理论研究都致力于弥补我国刑法明显的"不足”;第三个阶段,我国不仅全面修订完善了刑法典,而且随着司法和理论水平的提高,我国刑事法治建设已经大为改善,刑法立法、司法和理论研究在这一阶段的主要任务是探索我国刑法的“不足”并加以完善。客观地说,从“补大不足”到“补不足”再到“寻找不足”,这一过程反映了我国刑法建设水平的不断提升。

在我国刑法发展过程中,立法、司法和理论研究是相辅相成的“三驾马车”,彼此不可偏废,但三者在刑法发展的不同阶段各有侧重。例如,在第一个阶段,刑法的重心是发展立法,起草刑法典过程中的刑法典草案仅正式的稿本就多达 38 个;在第二个阶段,刑法立法和司法成为刑法发展的双重心,刑法理论的发展虽然也初具规模但并没有冲淡立法和司法这两大主题;在第三个阶段,虽然刑法立法和司法依然重要,但刑法理论研究的地位得到了明显提升。借助刑法理论研究提升刑法立法和司法水平,是这一阶段刑法发展的常态。据此,对过往 70 年新中国刑法的发展状态,需要从我国刑法立法、司法和理论研究三个方面进行总结和分析。

本书以新中国成立 70 年来我国刑法立法、司法和理论研究的发展为基本脉络,旨在梳理过去 70 年我国刑法立法、司法和理论研究的发展历程、基本特征,并对未来我国刑法立法、司法和理论研究的发展进行展望。全书共分绪论和三编。其中绪论主要是对我国刑法发展的阶段划分进行阐述,提出将过去 70 年我国刑法立法、司法和理论发展大体上分三个阶段进行论述;第一编至第三编分别是“新中国刑法立法 70 年”、“新中国刑法司法 70 年”和“新中国刑法学研究 70 年”,每编下设三章,分别从发展历程、发展特点和发展前瞻进行论述,以便读者能更为全面地了解新中国成立 70 年来我国刑法发展的全貌。

本书由赵秉志教授(北京师范大学刑事法律科学研究院暨法学院教授、博士生导师,中国刑法学研究会会长,国际刑法学协会副主席暨中国分会主席)担任主编,袁彬教授(北京师范大学法学院暨刑事法律科学研究院教授、博士生导师,中国刑法学研究会理事暨副秘书长)担任副主编,编写团队成员还包括张伟珂副教授(中国人民公安大学法学院副教授、硕士生导师,法学博士)、商浩文副教授(北京师范大学刑事法律科学研究院副教授、硕士生导师,法学博士)和北京师范大学刑事法律科学研究院博士生詹奇玮、徐永伟。在编写程序上先由正副主编拟定编写规划和大纲,再由分工撰写人收集资料进行研究和撰写初稿,最后由正副主编统改定稿。具体撰写分工为绪论:袁彬;第一编:赵秉志、商浩文、詹奇玮;第二编:赵秉志、张伟珂;第三编:袁彬、徐永伟。

新中国70年的刑法发展是我国社会大发展的一个侧面、一个缩影。它从无到有、聚少成多、逐步完备、日益科学,标志着我国社会管理水平的提升和刑事法治建设的繁荣。虽然在历史的长河中,70年只是一段短暂的历史,但是对于刑法学人而言,新中国70年的刑法发展,凝聚了几代人的汗水、欢笑与梦想,是值得永久铭记和认真总结的。本书对新中国刑法70年的概括和总结,力图客观地反映过去70年我国刑法发展的主要线条和基本脉络。当然,由于本书篇幅、研究写作时间和作者能力等所限,本书也存在诸多不尽如人意之处,恳请读者批评指正。

最后,衷心感谢法律出版社领导及学术·对外分社社长孙东育女士对本书出版的大力支持,感谢责任编辑张康对本书的认真编辑。正是他们的鼎力支持,得以使本书纳入法律出版社庆祝新中国成立70周年的主题出版系列,并保证了本书得以及时而精美地出版。

赵秉志谨识

2019年6月

目　　录

绪　　论

第一编　新中国刑法立法 70 年

第二编　新中国刑法司法70年

第三编　新中国刑法学研究70年

绪　论

第一章　新中国刑法 70 年发展的阶段划分

2019 年适逢新中国成立 70 周年。过去 70 年,我国经济社会发生了翻天覆地的变化,刑事法治建设也取得了举世瞩目的成就。随着社会的变迁与法治建设的进步,我国刑法也取得了突飞猛进的发展,刑法立法日趋完备,刑事司法日益科学,刑法理论极大丰富,已经初步建成了一个内容科学、体系完备的社会主义刑事法治体系。回望过去 70 年,我国刑法的发展经历了一个从无到有、由少到多、从不完备到完备的曲折历程。对新中国 70 年的刑法发展进行系统的回顾、总结并对未来我国刑法的发展进行前瞻,对于进一步推动我国刑法发展的体系化、科学化、完备化和民主化建设,具有十分重要的现实意义。

一、新中国刑法 70 年发展的基本线索

对于新中国刑法的发展历程,我国刑法理论上曾有一些学者进行过梳理。但因梳理视角的不同,认识和结论并不完全相同。其视角的分歧,主要体现在是采取单一的实践视角,还是采取单一的理论视角,抑或是采取理论与实践并重的综合视角。从实践的视角上来看,新中国刑法的发展阶段较为明显,即可以 1979 年刑法典和 1997 年全面修订刑法典

为节点，将过去 70 年的刑法发展分为三个阶段，即 1949～1979 年阶段、1979～1997 年阶段和 1997 年至今的阶段。这种划分方法对我国刑法学研究发展历程的阶段划分也产生了重要影响。例如，有学者将改革开放以来的刑法学发展历程分为以 1979 年刑法典为研究重心、以特别刑法的适用和刑法改革为研究重心以及以 1997 年刑法典为研究重心的三个阶段。[①] 也有学者认为改革开放以来我国刑法学的发展，经历了一个从以立法为中心到以司法为中心的过程，即以 1997 年刑法典为标志，我国刑法学研究可以分为两个阶段：1997 年刑法典颁布之前，我国刑法学长期处于以立法为中心的研究状态。而在 1997 年刑法典颁布之后，我国刑法进入以司法为中心的研究状态。[②]

从理论的角度来看，新中国刑法发展的阶段划分则可能与以单一的实践为视角略有不同。例如，有学者将新中国成立以来刑法学的研究分为四个阶段。其中，1949～1957 年是创建时期；1958～1977 年是徘徊时期；1978～1985 年是恢复时期，主要围绕 1979 年刑法典、犯罪构成理论、青少年犯罪、经济犯罪展开；1986 年至今是繁荣时期，刑法学研究主要向注释刑法学、理论刑法学、实践刑法学和外向型刑法学四个方面发展。[③] 也有学者认为，新中国成立至今，刑法学研究的发展历程大致可以分为以下三个时期：第一时期，1949 年 10 月至 1957 年上半年，此为新中国刑法学研究的创立和初步发展时期。具体来讲，这一时期又可以分为两个阶段，即 1949 年 10 月至 1953 年的创立阶段和 1954 年至 1957 年上半年的起步阶段。第二时期，1957 年下半年至 1976 年 10 月，此为中国刑法学研究的萧条与停滞时期，又可分为 1957 年下半年至 1965 年的萧条阶段和 1966 年至 1976 年 10 月的停滞阶段。第三时期，1976 年 10 月至今，是中国刑法学研究从复苏到繁荣的时期。[④]

比较而言，对新中国刑法 70 年的发展阶段划分，应当综合刑法的实践和理论两个视角，且应当以刑法的实践视角为主。这是因为：一方面，刑法实践是新中国刑法 70 年发展的主要方面。在刑法发展的“三驾马车”（刑法立法、司法和理论研究）之中，刑法实践（包括刑法立法和司法）无疑是最主要、最核心的内

① 参见高铭暄、赵秉志：《改革开放三十年的刑法学研究》，载《中国刑事法杂志》2009 年第 3 期。

② 参见陈兴良：《中国刑法学研究 40 年（1978－2018 年）》，载《武汉大学学报》（哲学社会科学版）2018 年第 2 期。

③ 参见张智辉：《回首新中国刑法学研究五十年》，载《国家检察官学院学报》2000 年第 1 期。

④ 参见高铭暄主编：《刑法专论》（第 2 版），高等教育出版社 2006 年版，第 1 页。

容。刑法理论研究的发展是立足并服务于刑法实践的。离开了刑法实践，刑法理论研究将成为"空中楼阁"。过去70年的经验也表明，我国刑法理论研究的繁荣与我国刑法实践的繁荣是密不可分的。例如，在1949～1979年这一时期，我国刑法立法处于基本停滞状态，没有一部统一的刑法典，刑法立法只存在极少量的单行刑法和附属刑法规范，刑法理论研究虽然通过探索和吸收、借鉴苏联的刑法理论有所积累和发展，但总体上仍然十分薄弱、有限。而在1979年之后，我国刑法立法和司法都得到了极大的发展，我国刑法理论研究也得以恢复和不断地繁荣。因此，对于我国刑法的发展而言，刑法实践的发展是主要方面。另一方面，刑法学的学科属性要求兼顾理论与实践。刑法学是一门理论与实务兼顾的法学学科，实践研究与理论研究都是刑法学研究的重要内容。刑法学研究如果离开了刑法实践将丧失生命力，如果离开了理论研究将丧失根基和分析的工具。也正因如此，过去70年，我国刑法学研究始终都是兼顾基础研究与应用研究，两者相得益彰。事实上，这也可以反映在刑法基础研究与应用研究的数量关系上。客观地说，新中国成立70年来，我国刑法学研究均是基础研究与应用研究并存的，而且在研究成果的数量上并没有形成基础研究或者应用研究绝对占优的局面。例如，以1979～1988年"中国知网"收录的刑法学期刊论文为例，这一阶段总的期刊论文数量是3403篇，其中"主题"为"立法"的仅122篇，"主题"为"司法"的仅267篇，即便加上一些未明确主题的论文，纯粹应用性研究成果的数量总体占比并不大。① 更重要的是，很多刑法基础理论问题的研究是渗透在应用研究之中的，客观上很难将基础研究与应用研究作一分为二的切割。

基于以上两个方面的考虑，对于新中国刑法70年的发展阶段的划分，我们应当坚持以刑法的实践发展为主，同时兼顾刑法理论研究的发展。在此基础上，可以将新中国刑法70年的发展历程大体上分为三个阶段，即1949～1979年刑法发展的起步阶段、1979～1997年刑法发展的扩张阶段和1997年至今刑法发展的完善阶段。其中，在每个阶段内部还可细化为不同的时期。

---

① 当然这里存在对很多案例分析文章的认识问题，如果将所有的案例分析文章都纳入司法研究的范围，则应用性研究成果的占比会明显提高。

二、新中国刑法70年发展的基本阶段

以刑法实践和理论的综合发展为线索，可以将新中国刑法70年的发展大体分为以下三个阶段：

（一）起步阶段

1949年10月新中国成立至1979年刑法典颁行之前是新中国刑法发展的起步阶段。这一阶段，新中国刑法发展的起步主要体现在两个方面：

一是刑法立法的起步。在刑法立法方面，我国于20世纪50年代初期通过了多部单行刑法并制定了一些附属刑法规范，同时一直在为制定一部统一的刑法典而努力，先后起草的正式刑法典草案文本就多达38稿，并最终在1978年年底通过了1979年刑法典。

1979年刑法典是新中国第一部刑法典，结束了新中国成立近30年没有系统刑法立法的历史。它具有两方面的显著特点：（1）刑法立法的相对科学性。一方面，这一阶段的刑法立法体系相对完整。其中，1979年刑法典分上、下两编，第一编是“总则”，下设五章；第二编是“分则”，下设八章。加上《惩治军人违反职责罪暂行条例》规定的军人违反职责罪立法，我国刑法的总则体系和分则体系都相对完整。另一方面，这一阶段的刑法立法内容相对完备，不仅结合实际系统地总结了新中国成立30年的立法经验教训，而且积极借鉴了苏联的刑法立法经验，内外结合，使新中国历史上第一次系统地规定了犯罪、刑罚的基本原理原则和各类具体犯罪及其法定刑，标志着当代中国刑法体系的初步形成。[①]（2）刑法立法的明显探索性。一方面，这一阶段的刑法立法内容较为抽象。作为这一阶段刑法立法主要体现的1979年刑法典只有192个条文，立法规定较为概括和粗略，某些规范明确性不足且可操作性不强，不利于刑法的具体适用和科学遵守。另一方面，这一阶段的刑法立法尚没有完全体现现代刑法的基本精神。例如，1979年刑法典没有规定罪刑法定原则，同时还规定了有违现代刑事法治精神的事后有罪类推适用制度，从而不符合现代刑法所强调的保障人权的基本精神和取向。

二是在刑法理论方面，我国刑法学进行了初步探索。例如，在20世纪50

① 参见赵秉志：《中国刑法的百年变革——纪念辛亥革命一百周年》，载《政法论坛》2012年第1期。

年代，我国不仅出版了一些刑法学理论著作，如中央政法干部学校刑法教研室1956年编印的《中华人民共和国刑法基本问题讲稿》，中国人民大学刑法教研室和北京政法学院刑法刑事诉讼法教研室共同编订的《中华人民共和国刑法教学大纲》（法律出版社1956年版），中国人民大学法律系刑法教研室1957年2月编印的《中华人民共和国刑法总则讲义》（初稿，上、下册）、《中华人民共和国刑法分则讲义》（初稿）、《中华人民共和国刑法实习教材》、《中华人民共和国刑法教学大纲》，张中庸编写的《中华人民共和国刑法》（东北人民大学法律系刑法教研室1957年版）等，而且还翻译出版了一批苏联的刑法教科书，如苏联司法部全苏法学研究所主编的《苏联刑法总论》（上、下册）（彭仲文译，大东书局1950年版）、贝斯特洛娃著的《苏维埃刑法总论》（中央人民政府法制委员会译，1954年版）和《苏维埃刑法总则》（中国人民大学刑法教研室译，1954年版）、苏联司法部全苏法学研究所编的《苏维埃刑法分则》（上、下册）（中国人民大学刑法教研室译，1954年版）、孟沙金等编的《苏维埃刑法纲要》（王作富、高铭暄等译，中国人民大学出版社1955年版）等。①

根据当时的实际情况，对于这一阶段我国刑法的发展，又可以细化为几个更具体的时期。例如，有学者将这一阶段又细分为：1949～1953年，我国社会主义刑法初步发展时期；1954～1957年，我国社会主义刑法基本停滞时期；1966～1976年，我国社会主义刑法完全停止时期；1976年以后，我国社会主义刑法开始复苏到全面发展时期。②

（二）扩张阶段

1979年刑法典颁行后至1997年刑法典颁行前是我国刑法发展的扩张阶段。这一阶段我国刑法的扩张主要体现在两个方面：

一是刑法立法的扩张。这一阶段的刑法立法扩张又体现在：（1）刑法立法形式上的扩张。我国在1979年刑法典的立法形式基础上，又制定了大量的单行刑法和附属刑法规范，三种刑法立法形式并存。具体而言，自1979年至1997年刑法典颁行之前，全国人大常委会先后通过了25部单行刑法，并在107部非刑事法律中设置了附属刑法规范。③（2）刑法立法内容上的扩张。1979年刑法

① 参见高铭暄主编：《刑法专论》（第2版），高等教育出版社2006年版，第2页。

② 参见高铭暄主编：《新中国刑法科学简史》，中国人民公安大学出版社1993年版，第2页。

③ 参见高铭暄、赵秉志：《中国刑法立法之演进》，法律出版社2007年版，第42页。

典共有 192 个条文。而之后至 1997 年刑法典颁行之前,我国制定的 25 部单行刑法,总条文数是 205 条;107 部非刑事法律中的附属刑法总条文数是 367 条。[①] 两者合计 572 条,已超过 1979 年刑法典条文数量的 2 倍。这些条文内容涉及我国刑法的空间效力、溯及力、犯罪主体、共同犯罪、罪数、刑罚种类、死刑案件的核准、罚金适用、量刑制度以及法条适用、分则罪名、罪状、法定刑等众多内容。[②] 因此,无论是在刑法立法的形式上还是在刑法立法的内容上,我国这一阶段的刑法立法都呈现出明显的扩张态势。

当然,我国这一阶段的刑法立法扩张有其必然性。一方面,1979 年刑法典的立法探索性决定了其带有明显的过渡性和不完备性,需要进一步的补充修正。另一方面,随着改革开放政策的深入实施,我国犯罪形势发生了很大的变化,大量新型犯罪不断涌现,需要刑法立法加以应对。客观地看,这一阶段的刑法立法扩张及时填补了我国刑法立法的不足,在一定程度上解决了当时司法实务之急需,但也带来了三个方面的明显问题:(1)刑法立法极度分散。在这一阶段,我国不仅有刑法典,而且还有独立于刑法典而存在的大量的单行刑法和附属刑法规范。其中特别是在附属刑法这一立法形式之下,大量刑法规范分散在民事、经济、行政等非刑事法律之中,给人们认识、运用刑法规范造成了极大的不便。(2)刑法立法内容不统一。这一阶段的刑法立法主要是为了应对不断涌现的新型犯罪,同时为了维护社会治安,加大了对严重危害社会治安、经济秩序和社会秩序的犯罪的惩治,刑法立法具有明显的即时性。这不可避免地导致了刑法立法的不统一。例如,对于单位犯罪的规定,就只存在于少数单行刑法规定的具体犯罪之中,缺乏适用的针对性和统一性。(3)刑法立法的重刑化。这一阶段的刑法立法除了注重不断扩张其犯罪圈,而且有着较为明显的重刑化倾向。这客观上导致了重刑泛滥的司法,并对重刑化的刑事法治理念与民意推波助澜。

二是刑法学研究的稳步推进。这一阶段我国刑法学研究的推进主要体现在以下两个方面:一方面,以 1979 年刑法典为重心的注释性理论研究开启了新时期我国刑法学研究的序幕,基本上确立了之后我国刑法理论发展的主要方

---

① 参见高铭暄、赵秉志编:《新中国刑法立法文献资料总览》(第 2 版),中国人民公安大学出版社 2015 年版,第 237 ~ 331 页。

② 参见高铭暄、赵秉志:《中国刑法立法之演进》,法律出版社 2007 年版,第 44 ~ 52 页。

向。以司法为中心的注释刑法学研究是这一阶段刑法学研究的显著特点。之后,随着我国开始进入1979年刑法典的修订阶段,对刑法立法的研究才又逐步成为我国刑法学研究的热点。另一方面,刑法理论研究十分关注刑法基础理论与体系的建构,形成了一批具有一定学术价值与理论影响的专题著作。在此基础上,刑法学的基本理论体系已然形成。这体现在教材方面早期是高铭暄主编的《刑法学》(法律出版社1982年版),之后是由高铭暄主编、马克昌副主编的高等学校文科教材《中国刑法学》(中国人民大学出版社1989年版)在全国产生了较大影响,并于1992年获"第二届普通高等学校优秀教材全国特等奖"。当时影响较大的教材还有林准主编的《中国刑法学教程》(人民法院出版社1989年版)和赵秉志、吴振兴主编的《刑法学通论》(高等教育出版社1993年版)。总体而言,这一时期的刑法学研究大体可分为六类:一是对1979年刑法典的适用研究;二是对特别刑法进行的专门研究;三是就类别犯罪、特定犯罪进行的综合研究;四是对刑法哲学、刑事政策进行的深入研究;五是对刑法基本理论进行的综合研究或就刑法总则某一方面进行的专题研究;六是对刑法改革、1979年刑法典修改与完善进行的专门研究。[①] 其中在刑法基本理论进行综合研究方面具有较大影响的著作包括:高铭暄主编的《刑法学原理》(三卷本)(中国人民大学出版社1993年版,又称"红宝书")和马克昌主编的《犯罪通论》《刑罚通论》(武汉大学出版社1991年版,又称"白宝书")。

(三)完善阶段

1997年刑法典颁行至今是新中国刑法发展的完善阶段。这主要体现在两个方面:

一是刑法立法的发展完善。其中,1997年刑法典的颁行标志着我国刑法立法由之前的扩张立法开始转型,之后的刑法立法则主要是对1997年刑法典的完善。这一阶段与前一阶段相比其刑法立法虽然时间并不短,前后近22年(长于前两阶段),但这一阶段的刑法立法次数并不太多,只在1997年刑法典之外进行了11次刑法修法(制定了1部单行刑法和10部刑法修正案)。其中,单行刑法和刑法修正案的修法条文数量总计180条,约占1997年刑法典条文总数的1/3。

1997年刑法典是新中国成立70年来我国刑法立法发展历程中的一个重要

---

① 参见高铭暄:《20年来中国刑法学科建设概览》,载《法学家》2009年第2期。

转折点，这部刑法典分总则、分则和附则三编，共 15 章（总则 5 章、分则 10 章），计 452 条，目的是“要制定一部统一的、比较完备的刑法典”。[①] 1997 年刑法典颁行后，我国社会进入总体平稳期，刑法立法活动相对放缓。在之后的 22 年间，前期的刑法修法较为简单。其中单行刑法和前 6 个刑法修正案都只是对刑法典分则的修改，并不涉及刑法典总则方面的内容，重点是增设了大量新罪名，侧重于严密刑事法网和加重惩罚力度之立法。《刑法修正案（七）》首次包括刑法的立法从宽内容，主要的体现是在绑架罪中增设了一档较轻的法定刑幅度，即“情节较轻的，处五年以上十年以下有期徒刑，并处罚金”，将绑架罪的法定最低刑由以前的 10 年有期徒刑下调至 5 年有期徒刑；并对逃税罪增加出罪条款，规定有逃税行为但“经税务机关依法下达追缴通知后，补缴应纳税款，缴纳滞纳金，已受行政处罚的，不予追究刑事责任；但是，五年内因逃避缴纳税款受过刑事处罚或者被税务机关给予二次以上行政处罚的除外”。在此基础上，《刑法修正案（八）》《刑法修正案（九）》进一步采取宽严结合的做法，既规定了从严的立法，也规定了许多从宽的立法。而且，从 2011 年的《刑法修正案（八）》开始，我国刑法修法的范围则由刑法典分则扩大至刑法典总则，刑法修法的内容更为全面、综合。[②] 其中，《刑法修正案（八）》有关老年人犯罪从宽暨免死、管制刑的执行、特殊死缓犯减刑限制、附条件地提高有期徒刑数罪并罚的刑期、特殊累犯范围的扩大、坦白的法定化、缓刑适用以及《刑法修正案（九）》关于死缓犯执行死刑门槛的提高、罚金、职业禁止、数罪并罚等修法，都属于对刑法总则规范的完善。而《刑法修正案（八）》取消 13 种犯罪的死刑、增设新的犯罪、完善部分犯罪的构成条件、降低某些犯罪的入罪门槛、提高相关犯罪的法定刑，以及《刑法修正案（九）》取消 9 种犯罪的死刑、增设和完善恐怖活动等犯罪则属于对刑法分则规范的修改。[③] 这些修法实现了刑法总则规范修改与刑法分则规范修改的相互配合、相互作用，有利于进一步完善我国刑法典的规范体系。[④]

二是刑法学研究的繁荣发展。这一时期刑法立法和司法规范的制定大大

---

① 王汉斌：《关于〈中华人民共和国刑法（修订草案）〉的说明》，载《人大工作通讯》1997 年 Z1 期。

② 参见王汉斌：《关于〈中华人民共和国刑法（修订草案）〉的说明》，载《人大工作通讯》1997 年 Z1 期。

③ 参见赵秉志：《〈刑法修正案（八）〉宏观问题探讨》，载《法治研究》2011 年第 5 期；赵秉志：《〈刑法修正案（九）〉修法争议问题研讨》，载《刑法论丛》2015 年第 4 卷。

④ 参见赵秉志：《〈刑法修正案（八）〉宏观问题探讨》，载《法治研究》2011 年第 5 期；赵秉志：《〈刑法修正案（九）〉修法争议问题研讨》，载《刑法论丛》2015 年第 4 卷。

推动了刑法学应用性研究的开展,刑法学研究基本上主要是沿着两个方向展开:一方面注重研究刑法文本,围绕新刑法典的贯彻实施与修改完善发表了大量文章,出版了许多著作。立法研究与司法研究并重是这一时期我国刑法学应用研究的显著特点。另一方面进一步深化了刑法基本理论研究,并开拓了新的刑法研究领域。这其中既有深化性研究,如对刑法解释、刑法效力范围和原则、犯罪对象、不作为犯、共犯关系、共犯与身份、教唆犯、正当行为、单位犯罪、结果加重犯、过失危险犯、刑事责任、刑罚的一般预防、刑罚个别化、刑罚改革与完善、死刑的适用与废止条件等的研究,也有批判性研究、拓展性研究和引介性研究,如对犯罪概念、犯罪定义与犯罪化、犯罪构成及其体系、主客观相统一原则、社会危害性理论等问题的研究,以及对外国刑法或外国刑法学中某些基本理论的译介,从而呈现出繁荣发展的景象。①

总体而言,新中国成立 70 年来,我国刑法的发展经历了一个起步、停滞、恢复、稳定、繁荣发展的过程。这一过程也与我国社会的整体发展进程相一致,是我国社会发展的一个侧面和缩影,打上了深深的时代烙印。但值得强调的是,正是经由这样一个曲折的历程,我国刑法才得以在不断的探索过程中不断提升、完善。这一过程也凝聚了我国几代刑法理论工作者和实务工作者的心血、汗水和欢笑。随着我国朝着富强、民主、文明、和谐、美丽的社会主义强国进一步发展,我们有理由相信我国刑法的未来一定会更加美好。

---

① 参见高铭暄、赵秉志编著:《新中国刑法学研究 60 年》,中国人民大学出版社 2009 年版,第 488 页。

第 一 编

新中国刑法立法70年

第二章　新中国刑法立法 70 年的发展历程

2019 年是中华人民共和国成立 70 周年。70 年前，中国共产党带领各族人民取得了新民主主义革命的胜利并宣告了中华人民共和国的成立，建设社会主义新中国的伟大征程由此开启。新中国成立 70 年来，中国共产党领导勤劳智慧的全国人民勠力同心、奋发图强，战胜各种艰难曲折和风险考验，取得了举世瞩目的伟大成就。在此过程中，随着新中国及其法治的建设，我国刑法的孕育和创制也经历了长期而曲折的过程。经过 70 年的创制、发展和完善，当下我国刑法已然具备了相当程度的统一性、科学性和完备性，值得称道。

回首新中国 70 年的风雨变迁，令人心怀激荡、感慨万千。回顾我国刑法立法 70 年的发展历程，可以领略我国刑事法治取得的非凡成就，从中汲取值得总结的宝贵经验，指引我们未来在中国特色社会主义法治道路上继续稳步前进。基于此，本章将我国刑法的立法历程大体划分为"新中国刑法的孕育和初创"、"1979 年刑法典的制定和发展"和"1997 年刑法典的修订和完善"三个阶段，并结合相应的时代背景进行较为详尽的阐述。

一、新中国刑法的孕育和初创

(一)单行刑法和附属刑法规范的制定

在新中国成立初期,我国刑法立法十分缺乏,只有少量零星的单行刑法和附属刑法规范。其中,单行刑法的制定和出台,主要是为了配合当时的政治运动,其内容主要涉及三个方面:

第一,配合镇压反革命活动。这是新中国成立之初,我国面临的一项十分紧迫的政治任务。为了适应惩治反革命犯罪的迫切现实需要,当时国家机关和有关部门先后出台了一系列规范性法律文件。1950 年 7 月 23 日,中央人民政府政务院、最高人民法院联合发布了《关于镇压反革命活动的指示》,对镇压反革命的基本方针、反革命犯罪及其刑罚作出了规定。① 这是新中国成立初期处理反革命案件的主要法律依据。在镇压反革命运动由揭发阶段转入处理阶段之后,中央人民政府委员会于 1951 年 2 月 20 日通过了《中华人民共和国惩治反革命条例》(共 21 条),规范了惩治反革命罪犯的定罪量刑活动。在内容上,该条例确定了反革命罪的基本概念,规定了 11 项反革命罪名并设置了相应的刑罚;同时,该条例还规定了若干从宽处理的情节、数罪并罚的原则、溯及既往原则以及类推制度。② 在镇压反革命运动后期,为了集中精力清理积案,组织犯人进行劳动改造,政务院先后制定和批准了一些法规③与《惩治反革命条例》相衔接,从而有力地推动了镇压反革命运动的进行和完成。④

第二,配合土地改革,惩治不法地主。由于新中国成立初期尚有两亿多农业人口的地区未进行土地改革,为了配合完成全国范围的土地改革运动,实行土地改革的各大行政区军政委员会颁发了惩治不法地主的单行条例,如《华东惩治不法地主暂行条例》(1950 年 9 月 19 日)、《西北军政委员会惩治不法地主暂行条例》(1950 年 11 月 15 日)、《中南区惩治不法地主暂行条例》(1950 年 11

---

① 参见高铭暄、赵秉志编:《中国刑法规范与立法资料精选》,法律出版社 2013 年版,第 251 ~ 253 页。

② 参见高铭暄、赵秉志:《中国刑法立法之演进》,法律出版社 2007 年版,第 37 页。

③ 这些法规包括:中央人民政府政务院颁布的《关于没收战犯汉奸官僚资本家及反革命分子财产的指示》(1951 年 2 月 4 日)、《保守国家机密暂行条例》(1951 年 6 月 1 日)、《关于没收反革命罪犯财产的规定》(1951 年 6 月 22 日)等,以及政务院批准的《公安部管制反革命分子暂行办法》(1952 年 6 月 27 日)、《劳动改造罪犯刑满释放及安置就业暂行处理办法》(1954 年 8 月 26 日)等。

④ 参见高铭暄:《刑法肄言》,法律出版社 2004 年版,第 113 页。

月16日)、《西南区惩治不法地主暂行条例》(1950年12月13日)等。① 这些条例对违抗、破坏土地改革的情形设置了具体的行为类型和处罚方式。各地人民法庭依照上述规定审理了一批破坏土地改革的不法地主案件，在保障土地改革顺利实施过程中发挥了积极作用。

第三，配合“三反”“五反”运动。为了配合1951年年底到1952年10月我国在党政机关工作人员中开展的“三反”(反贪污、反浪费、反官僚主义)和在私营工商业者中开展的“五反”(反行贿、反偷税漏税、反盗骗国家财产、反偷工减料、反盗窃国家情报)运动，中央人民政府委员会于1952年4月21日公布施行了《中华人民共和国惩治贪污条例》，作为当时惩治贪污腐败分子的法律依据。其主要内容包括：(1)规定了贪污罪的概念，即“一切国家机关、企业、学校及其附属机构的工作人员，凡侵吞、盗窃、骗取、套取国家财物，强索他人财物，收受贿赂以及其他假公济私违法取利之行为，均为贪污罪”；(2)确定了惩治贪污犯罪的政策原则，即“过去从宽，今后从严，多数从宽，少数从严，坦白从宽，抗拒从严和对国家工作人员从严，对非国家工作人员(除一小部分罪大恶极者外)从宽”的原则；(3)规定了多样化的刑罚，具体包括死刑、无期徒刑、劳役、管制，以及罚金、没收财产和剥夺政治权利等；(4)以赃计刑，将贪污罪的处罚划分为4个等级；(5)设置了若干法定情节；等等。② 此外，政务院于1952年3月11日批准并公布了中共中央《关于在“五反”运动中关于工商户分类处理的标准和办法》，对处理“五反”问题的基本方针与私人工商户的分类和处理问题作出了规定。③

除上述单行刑法外，这一阶段的刑法立法还有不少附属刑法规范。这些规范设置在《消防监督条例》、《民用爆炸物品管理规则》和《国境卫生检疫条例》等非刑事法规中。在这些法规中设置的刑法规范，有的制定了比较完整的刑法规范，有的规定得比较简略。但在法律不完备的条件下，这些附属刑法规范与专门的刑事法规相互配合，共同构成了当时我国刑事审判工作的重要法律

① 参见张希坡编：《中华人民共和国刑法史》，中国人民公安大学出版社1998年版，第147～149页。

② 参见高铭暄、赵秉志编：《中国刑法规范与立法资料精选》，法律出版社2013年版，第256～257页。

③ 参见中共中央文献研究室编：《建国以来重要文献选编》(第3册)，中央文献出版社1992年版，第98～106页。

依据。①

(二)刑法典的孕育与草创

中华人民共和国成立之后,我国刑法典的起草准备工作也逐步展开。自1950年至1954年9月,当时的中央人民政府法制委员会草拟了两部刑法立法草案:一部是1950年7月25日制定的《中华人民共和国刑法大纲草案》(共157条);另一部是1954年9月30日制定的《中华人民共和国刑法指导原则草案(初稿)》(共76条)。② 这两部立法草案在形式和内容上都具有鲜明的苏联刑法特色,同时也体现了起草专家们的智慧,但它们最终未被列入立法议程,只是作为刑法立法资料被保存了下来。

1954年9月,第一届全国人民代表大会第一次会议在北京成功召开,人民代表大会制度作为新中国的国家根本政治制度被正式确立下来,也标志着我国的法制建设进入了一个新的阶段。自此,刑法典的起草工作改由全国人大常委会办公厅法律室负责。从1954年10月至1957年11月,全国人大常委会办公厅法律室共写出刑法草案13个稿本。在中共八大召开和党中央重视法制建设的背景下,我国刑法典的起草工作加紧进行,至1957年6月28日,已写出第22稿。这个稿本经过中共中央法律委员会、中央书记处审查修改,再经过全国人大法案委员会审议,发给参加第一届全国人大第四次会议的全体代表征求意见。这次会议曾作出决议:授权全国人大常委会根据人大代表和其他方面所提的意见将第22稿进行修改后,作为草案公布试行。③ 但是,1957年"反右"斗争开始后,在法律虚无主义抬头和过于注重运用政策观念的支配下,刑法草案没有公布,并在此后的4年多时间内,刑法起草工作完全停止。

1961年10月,全国人大常委会办公厅又开始对刑法典草案进行一些座谈研究。毛泽东同志于1962年3月22日就法律工作作出"不仅刑法需要,民法也需要,现在是无法无天。没有法律不行,刑法、民法一定要搞"的指示。④ 这个指示对当时的刑法典起草工作无疑起了很大的鼓舞作用。自1962年5月开始,全国人大常委会办公厅法律室在有关部门的协同下,对刑法典草案第22稿

① 参见高铭暄、赵秉志:《中国刑法立法之演进》,法律出版社2007年版,第37页。

② 参见高铭暄、赵秉志编:《新中国刑法立法文献资料总览》(上册),中国人民公安大学出版社1998年版,第136~188页。

③ 参见高铭暄:《中华人民共和国刑法的孕育和诞生》,法律出版社1981年版,前言第2页。

④ 转引自赵苍璧:《在法制建设问题座谈会上的讲话》,载《人民日报》1978年10月29日,第2版。

进行了全面修改。经过多次的重大修改和征求意见，在1963年10月9日拟出了当时已比较成熟的刑法典草案第33稿，该稿包含总则和分则两编，共13章，206条。[①] 这个稿本经中共中央政治局常委审查后曾考虑公布，后终因"四清"和"文化大革命"等政治运动的冲击而被搁置。[②]

1966年以后，"文化大革命"的疾风骤雨严重影响了国家正常的社会秩序和生产生活。在之后的十年里，国家立法机关没有颁布任何单行刑法规范，刑法典的起草工作也陷入完全停滞状态，这种局面一直持续到1978年12月中国共产党十一届三中全会的召开。

（三）小结

刑法立法的发展绝不是一个孤立的事件，而是国家总体发展的一部分，会受到各种发展因素的影响和制约。[③] 为了从根本上肃清半殖民地、半封建社会法律对新的人民政权的影响。在新中国成立之前，1949年通过的《中国人民政治协商会议共同纲领》第17条就明确规定："废除国民党反动政府一切压迫人民的法律、法令和司法制度，制定保护人民的法律、法令，建立人民司法制度。"这意味着，新中国的法制建设将彻底抛离国民党统治时期的法律制度，完全另起炉灶。此后，受国际国内两方面形势的影响，我们的社会主义政权需要进一步巩固，社会各行各业百废待兴，经济建设亟需开展。我国的刑法立法正是在这种背景下开始起步的。

由上述历程可见，自1949年至1978年，我国的刑法立法表现为以下两个方面：一方面，为了配合我国由新民主主义社会向社会主义社会的转变，在总结实践经验的基础上，根据现实需要与可能先后制定了一批单行刑法，并且在一些非刑事法律中设置了一些附属刑法规范。[④] 这些刑法立法总体上非常零散，内容上也不完备，在一定程度上导致当时的刑事司法更多的是依靠政策。不过，这些立法的针对性非常强，任务很明确，对于新中国成立初期的社会主义改造和建设的顺利进行起到了积极保障作用，同时也为1979年刑法典的制定打

---

① 参见高铭暄、赵秉志编：《新中国刑法立法文献资料总览》（上册），中国人民公安大学出版社1998年版，第337～365页。

② 参见赵秉志主编：《刑法总论》，中国人民大学出版社2007年版，第75页。

③ 参见赵秉志：《改革开放40年我国刑法立法的发展及其完善》，载《法学评论》2019年第2期。

④ 参见高铭暄、赵秉志：《中国刑法立法之演进》，法律出版社2007年版，第31页。

下了一定基础。[①] 另一方面,在新中国成立前,中国共产党带领全国各族人民的主要任务是进行革命斗争和抗击外敌,在新中国成立后缺乏建设国家和进行法治建设的经验。而且,当时的刑法立法亦受到"以苏联为师"观念的影响。而"文化大革命"对我国的社会主义法制建设更是造成了严重摧残,以致刑法立法活动完全停滞。因此,我国在此阶段未能成功制定出刑法典,刑法典的创制处于一种缓慢而曲折的孕育草创阶段。

二、1979 年刑法典的制定和发展

(一)1979 年刑法典的制定与通过

"文化大革命"结束后,我国政治、经济、社会和文化等各项事业逐渐回到正轨上来。鉴于"文化大革命"的惨痛教训,国家领导人和人民群众对法制建设的重要性都有了更为深刻的认识。1978 年 10 月,邓小平在一次谈话中专门指出,"过去'文化大革命'前,曾经搞过刑法草案,经过多次修改,准备公布。'四清'一来,事情就放下了","现在很需要搞个机构,集中些人,着手研究这方面的问题,起草有关法律"。[②] 在邓小平这一重要指示的鼓舞下,从当年 10 月中旬开始,中央政法小组即组成刑法典草案的修订班子,对先前的刑法草案第 33 稿进行修改,先后拟出了第 34 稿和第 35 稿。

1979 年 2 月下旬,全国人大常委会法制工作委员会成立,在彭真同志的主持下,从当年 3 月中旬开始,对包括刑法典起草在内的相关立法工作抓紧进行。刑法典草案以第 33 稿为基础,结合新情况、新经验和新问题,征求了中央有关部门的意见,作了一定的修改,先后又拟了三个稿本。[③] 其中,第二个稿本即刑法草案第 37 稿于 1979 年 5 月 29 日获得中央政治局原则通过,接着又在全国人大常委会法制工作委员会全体会议和第五届全国人大常委会第八次会议上进行审议,审议中又作了一些修改和补充,最终形成刑法典草案第 38 稿。1979 年 7 月 1 日 16 时 5 分,第五届全国人大第二次会议一致通过了《中华人民共和国刑法》,并于 7 月 6 日正式公布。自 1980 年 1 月 1 日起,刑法典正式

---

① 参见赵秉志:《中国刑法的百年变革——纪念辛亥革命一百周年》,载《政法论坛》2012 年第 1 期。

② 参见高铭暄:《中华人民共和国刑法的孕育和诞生》,法律出版社 1981 年版,第 4 页。

③ 参见高铭暄、赵秉志编:《新中国刑法立法文献资料总览》(上册),中国人民公安大学出版社 1998 年版,第 435 ~ 524 页。

施行。至此，新中国刑法典正式起草工作前后历时25年，凡38个稿本，最终于1979年宣告诞生。[①]

1979年刑法典分“总则”和“分则”两编。其中，第一编是“总则”，下设“刑法的指导思想、任务和适用范围”、“犯罪”[②]、“刑罚”[③]、“刑罚的具体运用”[④]和“其他规定”[⑤]五章，计89条；第二编是“分则”，下设“反革命罪”“危害公共安全罪”“破坏社会主义经济秩序罪”“侵犯公民人身权利、民主权利罪”“侵犯财产罪”“妨害社会管理秩序罪”“妨害婚姻、家庭罪”“渎职罪”八章，计103条。1979年刑法典的颁布施行，是我国在加强社会主义法制建设方面迈出的重要一步。它在新中国历史上第一次系统规定了犯罪、刑罚的基本原理原则和各类具体犯罪及其法定刑，标志着当代我国刑法体系的初步形成，与同期颁布的1979年刑事诉讼法典结合起来，成为我国刑事法治的基础。[⑥]

（二）单行刑法和附属刑法规范对1979年刑法典的修改补充

1979年刑法典制定以后，我国旋即拉开了改革开放的帷幕。在商品经济和市场经济日益发展、中国参与国际交往日益增多、社会生活各个领域发生翻天覆地变化的情势下，各种新型经济犯罪、危害社会治安的犯罪亦呈现出前所未有的增长势头，1979年刑法典内容的不完整性和对变化多端的犯罪现象缺乏及时应变能力的缺陷日趋严重。[⑦] 为了适应改革开放后急速变化的社会形势和应对犯罪领域的新情况、新问题，弥补1979年刑法典的不足和缺陷，国家立法机关制定了一系列单行刑法和大量附属刑法规范。

---

① 参见赵秉志、王俊平：《改革开放三十年的我国刑法立法》，载《河北法学》2008年第11期。

② 该章又分为“犯罪和刑事责任”“犯罪的预备、未遂和中止”“共同犯罪”三节。

③ 该章又分为“刑罚的种类”“管制”“拘役”“有期徒刑、无期徒刑”“死刑”“罚金”“剥夺政治权利”“没收财产”八节。

④ 该章又分为“量刑”“累犯”“自首”“数罪并罚”“缓刑”“减刑”“假释”“时效”八节。

⑤ 该章共11条，分别规定了类推原则（第79条）、民族自治地方适用刑法的变通或补充（第80条），对“公共财产”“公民私人所有的合法财产”“国家工作人员”“司法工作人员”“重伤”“首要分子”“告诉才处理”作出了解释性规定（第81～87条），对刑法典中的“以上”“以下”“以内”作出了界定（第88条），在第89条规定了总则的效力。

⑥ 参见赵秉志：《中国刑法的百年变革——纪念辛亥革命一百周年》，载《政法论坛》2012年第1期。

⑦ 参见高铭暄、马克昌主编：《刑法学》，北京大学出版社、高等教育出版社2017年版，第10页。

自1981年6月《惩治军人违反职责罪暂行条例》[①]通过后至1997年3月修订刑法典通过前，全国人大常委会先后通过了25部单行刑法。它们分别是：(1)全国人民代表大会常务委员会《关于死刑案件核准问题的决定》(1981年6月10日)；(2)全国人民代表大会常务委员会《关于处理逃跑或者重新犯罪的劳改犯和劳教人员的决定》(1981年6月10日)；(3)全国人民代表大会常务委员会《关于严惩严重破坏经济的罪犯的决定》(1982年3月8日)；(4)全国人民代表大会常务委员会《关于宽大释放全部在押的原国民党党团以下党政军特人员的决定》(1982年3月8日)；(5)全国人民代表大会常务委员会《关于严惩严重危害社会治安的犯罪分子的决定》(1983年9月2日)；(6)全国人民代表大会常务委员会《关于对中华人民共和国缔结或者参加的国际条约所规定的罪行行使刑事管辖权的决定》(1987年6月23日)；(7)全国人民代表大会常务委员会《关于惩治走私罪的补充规定》(1988年1月21日)；(8)全国人民代表大会常务委员会《关于惩治贪污罪贿赂罪的补充规定》(1988年1月21日)；(9)全国人民代表大会常务委员会《关于惩治泄露国家秘密犯罪的补充规定》(1988年9月5日)；(10)全国人民代表大会常务委员会《关于惩治捕杀国家重点保护的珍贵、濒危野生动物犯罪的补充规定》(1988年11月8日)；(11)全国人民代表大会常务委员会《关于惩治侮辱中华人民共和国国旗国徽罪的决定》(1990年6月28日)；(12)全国人民代表大会常务委员会《关于禁毒的决定》(1990年12月28日)；(13)全国人民代表大会常务委员会《关于惩治走私、制作、贩卖、传播淫秽物品的犯罪分子的决定》(1990年12月28日)；(14)全国人民代表大会常务委员会《关于惩治盗掘古文化遗址古墓葬犯罪的补充规定》(1991年6月29日)；(15)全国人民代表大会常务委员会《关于严禁卖淫嫖娼的决定》(1991年9月4日)；(16)全国人民代表大会常务委员会《关于严惩拐卖、绑架妇女、儿童的犯罪分子的决定》(1991年9月4日)；(17)全国人民代表大会常务委员会

① 需要说明的是，《惩治军人违反职责罪暂行条例》并非1979年刑法典颁行之后因为形势变化而补充制定的单行刑法，原因有二：一是1981年《惩治军人违反职责罪暂行条例》的立法不是临时动议的应急性立法，而是在1979年刑法典制定之前就已经确定好的。二是该条例是与1979年刑法典配套而制定的刑法规范，二者相结合才构成了我国相对完整的刑法立法体系。因为军人违反职责罪是军人侵害军事法益的犯罪，它与危害国家安全犯罪、危害公共安全犯罪等构成了我国刑事犯罪的整体。缺少军人违反职责罪的刑法罪名体系必然是不完整的。所以，将惩治军人违反职责罪的立法视为1979年刑法典的必要补充和作为1979年刑法典背景下我国刑法规范的有机组成部分，无疑是十分必要的。参见赵秉志：《改革开放40年我国刑法立法的发展及其完善》，载《法学评论》2019年第2期。

《关于惩治偷税、抗税犯罪的补充规定》(1992年9月4日);(18)全国人民代表大会常务委员会《关于惩治劫持航空器犯罪分子的决定》(1992年12月28日);(19)全国人民代表大会常务委员会《关于惩治假冒注册商标犯罪的补充规定》(1993年2月22日);(20)全国人民代表大会常务委员会《关于惩治生产、销售伪劣商品犯罪的决定》(1993年7月2日);(21)全国人民代表大会常务委员会《关于严惩组织、运送他人偷越国(边)境犯罪的补充规定》(1994年3月5日);(22)全国人民代表大会常务委员会《关于惩治侵犯著作权的犯罪的决定》(1994年7月5日);(23)全国人民代表大会常务委员会《关于惩治违反公司法的犯罪的决定》(1995年2月28日);(24)全国人民代表大会常务委员会《关于惩治破坏金融秩序犯罪的决定》(1995年6月30日);(25)全国人民代表大会常务委员会《关于惩治虚开、伪造和非法出售增值税专用发票犯罪的决定》(1995年10月30日)。①

与此同时,我国立法机关还在107部非刑事法律中设置了大量的附属刑法规范。例如,在《文物保护法》《专利法》《兵役法》《森林法》《渔业法》《矿产资源法》《邮政法》《海关法》《进出口商品检验法》《传染病防治法》《军事设施保护法》《铁路法》《国家安全法》《对外贸易法》《戒严法》《煤炭法》《保险法》等法律中,都有"构成犯罪的,依法追究刑事责任"的规定。②

从内容上来看,这25部单行刑法和107部非刑事法律中的附属刑法规范,对1979年刑法典进行了大幅度的补充和修改,主要包括:(1)在空间效力上,除了刑法典规定的属地原则、属人原则、保护原则外,增加了普遍管辖权原则。(2)在法律溯及力问题上,有个别单行刑事法律采取了与刑法典从旧兼从轻原则不同的原则。(3)在犯罪主体上,增加了某些罪的单位犯罪规定。例如,走私罪,贿赂罪,某些毒品犯罪,淫秽物品犯罪,偷税罪,假冒商标犯罪,生产、销售伪劣商品犯罪等,单位也可成为犯罪的主体。(4)在共同犯罪定罪和处罚原则上作了一定的补充,即身份犯和非身份犯共同犯罪时,按身份犯的犯罪性质定罪;在经济性、财产性犯罪中,对犯罪的总数额负责的不仅是犯罪集团的首要分子,而且还有其他情节严重的主犯。(5)在刑罚种类上,除了刑法规定的9个刑种

---

① 参见高铭暄、赵秉志编:《新中国刑法立法文献资料总览》,中国人民公安大学出版社2015年版,第239~288页。

② 参见高铭暄、赵秉志:《中国刑法立法之演进》,法律出版社2007年版,第44~45页。

外，对危害重大的军人犯罪，增加了剥夺勋章、奖章和荣誉称号作为附加刑；对被判处剥夺政治权利或者3年以上有期徒刑的军官，还附加剥夺军衔。(6)在量刑制度上，除了1979年刑法典规定的从重处罚、从轻处罚、减轻处罚、免除处罚外，对个别情节增加了加重处罚的规定。同时，还增加了不少从重处罚的情节，也增加了个别从轻、减轻或者免除处罚的情节。(7)在一罪和数罪问题上，明确规定了某些情况要依照数罪并罚的规定处罚，从而排除了按牵连犯、吸收犯处理的可能；但对有的牵连犯罪情况规定不数罪并罚，而坚持按其中的重罪从重处罚，有时还同时规定适用轻罪的附加刑——罚金。(8)在缓刑制度上，增设了战时缓刑制度。(9)在分则罪名上，1979年刑法典原来只有130个罪名，经过不断补充，增加到263个罪名。(10)在罪状(具体犯罪构成)上，对某些罪补充规定了概念、特征，使构成要件更加明确、具体；有的还分情节、数额档次，使法定刑与之更相适应，便于司法掌握。(11)在法定刑上，提高了不少罪的法定刑，其中有的罪增设了死刑。(12)在罚金适用上，对某些罪，开始规定罚金的数额。(13)在法条适用上，通过“比照”的立法方式，扩大了刑法典分则某些条文所规定的犯罪的适用范围。①

(三)小结

“文化大革命”的结束和党的十一届三中全会的召开，使整个国家逐步回到了正常的运行轨道，让人们深刻认识到法制建设在社会发展中具有极端重要的基础性作用，也为我国的刑事法制发展提供了新的契机。1979年刑法典正是在此背景之下才得以成功制定。这部刑法典在实施之后，对打击犯罪，保护人民，维护国家的安全和统一，保卫人民民主专政的政权和社会主义制度，维护社会秩序，保障社会主义建设事业的顺利进行发挥了重要的、积极的作用。② 1979年刑法典的颁行宣示了我国刑法规范开始进入“法典时代”，为后来我国刑法立法、刑事司法和刑法学理论的繁荣发展提供了新的平台。

还需认识到，1979年刑法典总体上是一部粗放型的刑法典，其绝大部分内容都承袭了刑法典草案第33稿的内容，发展完善较为有限。从内容上来看：一方面，1979年刑法典较多地参考借鉴了苏联的刑法立法，如强调刑法任务、刑法目的和犯罪概念的阶级性，未采纳罪刑法定主义而规定有类推制度，突出反革

---

① 参见高铭暄：《20年来我国刑事立法的回顾与展望》，载《中国法学》1998年第6期。

② 参见李淳：《略论新中国刑法50年的发展与完善》，载《法学家》2000年第2期。

命罪等。另一方面,1979年刑法典也具有一定的本土特色,如管制与死缓的创立、区分两类不同性质的犯罪等,体现了对共产党根据地时期和新中国成立之初刑法立法经验的总结。中华人民共和国是在推翻国民党反动统治、推翻三座大山的压迫、粉碎旧的国家机器、废除以国民党六法全书为代表的旧法统的基础上建立起来的。新中国成立之初,百废待兴,我们没有系统的法律,没有刑法典,也没有系统的刑法理论,在当时只能加入并向苏联为首的社会主义阵营学习。① 因此,这既是一种历史的必然,同时在当时立法经验不足、司法实践匮乏的情况下,又是一种现实的选择。② 自1963年刑法典草案第33稿成稿至1979年刑法典颁行的16年间,我国在经济、社会两个层面上未发生根本性变化。由于立法筹备时间较短,考虑当时制定刑法典的时间紧迫,这也决定了在没有其他选择的情况下,16年前的草案还是具有其可采用性的。③ 当然,制定一部科学、完备、统一的刑法典并非一朝一夕之功。由于受当时的政治、经济、文化及社会治安形势的限制,加上立法经验的相对不足,这部刑法典在观念上较为保守,在内容上失于粗疏,以至于在很短的时间内便显露出与社会现实生活的诸多不适应,也为之后一系列单行刑法和附属刑法规范的出台埋下了伏笔。

自1981年至1997年刑法典修订之前,我国立法机关制定的一系列单行刑法和附属刑法规范对1979年刑法典作出了大幅度的修改补充,在现实中这些文件和规定因应了社会形势之急需,对我国刑事司法实践的指导和规范起到了显著的作用。然而,由于这些单行刑法和附属刑法规范游离在刑法典之外,缺乏体系性的归纳,对刑法典的主体地位造成了一定冲击,也形成了刑法规范整体零乱和不便掌握的弊端。此外,这些单行刑法彼此之间缺乏照应,在法定刑上难免轻重失衡。④ 应当看到,我国这一阶段的刑法立法之扩张有其必然性:一方面,1979年刑法典的立法探索性决定了其立法带有明显的过渡性和不完备性,需要进一步的补充修正。另一方面,随着改革开放的深入发展,我国犯罪形势发生了很大的变化,大量新型犯罪不断涌现,需要刑法立法加以有效应对,但是,这种犯罪圈扩张也带来了刑法立法极度分散、刑法立法内容不统一和刑法

---

① 参见高铭暄:《对主张以三阶层犯罪成立体系取代我国通行犯罪构成理论者的回应》,载《刑法论丛》2009年第3卷(总第19卷)。

② 参见李秀清:《新中国刑事立法移植苏联模式考》,载《法学评论》2002年第6期。

③ 参见陈兴良:《回顾与展望:中国刑法立法四十年》,载《法学》2018年第6期。

④ 参见高铭暄、赵秉志:《中国刑法立法之演进》,法律出版社2007年版,第53页。

立法的重刑化等问题。[①] 总体而言,由于受当时历史条件、立法经验和立法指导思想的局限,1979 年刑法典存在一定的"先天不足",改革开放初期我国经济社会情况和犯罪形势的急剧变化使这种不足迅速凸显。因此,为更为有效地发挥我国刑法的社会调整功能,全面修改刑法,制定一部崭新的中国刑法典,实乃势在必行。[②]

三、1997 年刑法典的修订和完善

(一)1997 年刑法典的全面修订

随着改革开放的全面推进,1979 年刑法典颁行后其与社会现实情况的脱节愈发明显,单行刑法、附属刑法规范对 1979 年刑法典的冲击也日益增强。我国立法机关于 1982 年便开始了修改刑法典的准备工作,1988 年修订刑法典的工作正式上马,至 1997 年刑法典完成修订并通过,前后历时 15 年。期间大体可分为五个阶段:

1. 酝酿准备阶段

自 1982 年起,我国最高立法机关就开始注意和收集整理刑法的完善意见,并将其中一些刊载在其工作研究简报上。司法机关也根据司法实践经验,针对其适用刑法过程中出现的问题及时地进行总结。例如,1987 年最高人民法院和最高人民检察院分别在全国范围内向本系统征集了对刑法的修改补充意见。立法部门和司法部门的这些工作,为后来第七届全国人大常委会作出修改刑法的决策提供了重要的依据和资料。[③]

2. 初步修改阶段

1988 年 7 月 1 日,《七届全国人大常委会工作要点》明确指出,抓好立法工作是七届全国人大常委会任期五年的首要任务,根据新情况、新经验对法律及时作出修改是立法工作的一个重要方面。同时,还特别提出了把刑法的修改工作正式列入立法规划,这标志着刑法修改工作已经正式列入国家立法工作的议事日程。[④] 不久之后,根据刑法学界和司法部门针对刑法所提的建议,全国人大

---

① 参见赵秉志:《改革开放 40 年我国刑法立法的发展及其完善》,载《法学评论》2019 年第 2 期。

② 参见高铭暄、马克昌主编:《刑法学》,北京大学出版社、高等教育出版社 2017 年版,第 10 页。

③ 参见赵秉志:《刑法改革问题研究》,中国法制出版社 1996 年版,第 43 页。

④ 参见赵秉志主编:《新旧刑法比较与统一罪名理解与适用》,中国经济出版社 1998 年版,第 9 ~ 10 页。

常委会法工委刑法室整理出了《关于修改刑法的初步设想(初稿)》。1988 年 9 月,全国人大常委会法工委邀请中央和北京市政法机关、法律院校和科研单位的几十位专家、学者就刑法的修改问题进行了专门的讨论,并拟出了第一个刑法修改草案稿本。此后,又数次邀请专家、学者进行座谈讨论,组织数位中青年专家参加刑法的具体修改工作,并先后拟定了两个刑法修改草案稿本。

在此时期,最高司法机关也为刑法的修订做了大量的工作。1989 年,最高人民检察院向全国省级和部分省辖市检察院发出《刑法修改调查提纲》,广泛征求意见,并整理出了数万言的《修改刑法研究报告》。最高人民法院也在全国法院系统展开调研,广泛收集刑法修改建议,拟出了《关于刑法总则修改的若干问题(草案)》和《关于刑法分则修改的若干问题(草案)》。这些材料都被及时报送国家立法机关,从而为刑法的修改提供了司法实践方面的重要参考资料。①

3. 重点修改阶段

1989 年,受一些政治事件的影响,我国的刑法立法工作一度陷入停滞。1991 年 1 月,中央提出修改反革命罪,并要求尽快进行。之后,全国人大常委会法制工作委员会将修改重点放在了反革命罪上。在广泛调查研究的基础上,起草了关于修改反革命罪的决定草案,并邀请中央政法委员会、最高人民法院、最高人民检察院、公安部、国家安全部的负责同志和部分专家进行研究修改,准备提交当年 3 月召开的七届全国人大四次会议审议。然而,由于在一些问题上存在不同意见,最后决定暂不提交这次会议。后来,苏联解体和东欧剧变使国际形势发生了急剧的变化,刑法的修订工作也因此暂时搁置下来。②

4. 全面修改阶段

1992 年 10 月,随着中国共产党第十四次代表大会的成功召开,我国的刑法修改工作自此进入了全面开展阶段。为保证刑法修订工作的顺利开展,全国人大常委会成立了专门的修法班子。刑法典总则由中国人民大学法学院刑法专业成立的修改小组负责起草,由高铭暄教授和王作富教授主持,赵秉志教授协助主持,并具体组织和协调数位刑法专家起草刑法典总则修改稿。仅 1994 年一年修改小组就写出 5 个稿本。③ 全国人大常委会法工委在此基础上又经过研

① 参见赵秉志:《刑法改革问题研究》,中国法制出版社 1996 年版,第 44 ~ 45 页。

② 参见赵秉志主编:《新刑法典的创制》,法律出版社 1997 年版,前言第 10 ~ 13 页。

③ 参见高铭暄、赵秉志编:《新中国刑法立法文献资料总览》(下册),中国人民公安大学出版社 1998 年版,第 2877 ~ 2961 页。

究,于 1995 年 8 月拟成了《刑法总则修改草案》。在刑法典分则方面,全国人大常委会法工委早在 1994 年 3 月就拟订了作为刑法典分则修改稿基础的《刑法分则条文汇集》。后又经刑法修改小组反复研讨,于 1995 年 8 月,拟订了更加成熟的《刑法分则条文汇集》。[①] 1996 年 3 月,修正的《刑事诉讼法》通过以后,全国人大常委会加快了刑法修订的研拟步伐。同年 6 月,在以往准备和广泛征求中央政法机关和有关专家意见的基础上,拟出了修订草案的草稿。同年 7 月,主持刑法修改工作的全国人大常委会副委员长王汉斌同志邀请全国人大有关专门委员会的负责人对草稿进行了讨论。根据讨论意见对草稿进行修改后,又多次召开座谈会,听取政法机关和专家的意见。同年 9 月,王汉斌副委员长再次召集有关负责人,主持对刑法修改草稿进行逐条讨论,修改出《中华人民共和国刑法修订草案(征求意见稿)》,并于 10 月初印发给有关机关和一些法律院校征求意见。同年 11 月,全国人大常委会法工委主要负责同志参加当年在四川省乐山市召开的中国刑法学研究会的学术研讨年会,在广泛听取全国范围内法律专家的意见后,又于 11 月 11 日至 22 日在北京召开了历时十余天的大型座谈会。经过国家立法机关、司法部门和专家学者的共同努力,终于拟定了一部较为成熟的刑法修订草案,并于同年 12 月提交全国人大常委会审议。[②]

5. 立法审议通过阶段

自 1996 年 12 月起,刑法的修订工作进入了最后的审议和通过阶段。同年 12 月 26 日,第八届全国人大常委会第二十三次会议分组审议了刑法修订草案,并提出了一些修改意见。1997 年 1 月,全国人大常委会副委员长王汉斌,中央政法委员会书记、最高人民法院院长任建新和中央政法委员会副书记罗干主持了由国家立法机关和中央政法机关负责人参加的会议,对刑法修订草案中的重大争议问题作了研究和修改。此后,全国人大常委会法工委根据这两次会议的意见,对刑法修订草案进行了认真的修改,并多次召开会议听取各方面的意见,从而形成了更加成熟的刑法修订草案。同年 2 月 19 日,第八届全国人大常委会召开第二十四次会议,对刑法修订草案又作了一些修改。同年 3 月,第八届全国人民代表大会第五次会议对刑法进行审议。在会议期间,全国人大法律委员会根据代表们提出的修订意见,及时地对刑法草案进行了必要的修改,并由

---

① 参见赵秉志:《刑法改革问题研究》,中国法制出版社 1996 年版,第 110 页。

② 参见赵秉志主编:《新刑法典的创制》,法律出版社 1997 年版,前言第 15 ~ 18 页。

法律委员会向大会主席团会议作了报告。在听取汇报以后,主席团会议决定将刑法修订草案提交大会审议通过。[①] 同年3月14日,第八届全国人民代表大会第五次会议表决通过了《中华人民共和国刑法》,并于同日以第83号主席令予以公布,同时规定这部新的刑法典于1997年10月1日起施行。至此,历时十多年的刑法修订工作圆满结束。

1997年刑法典将1979年刑法典的192个条文扩充至452个条文,其修改幅度之大,涉及面之广,为我国立法史上所鲜见。修订后通过的新刑法典由总则、分则和附则三部分组成,共15章,452条。其中,刑法总则有5章,101条,规定了犯罪、刑事责任和刑罚的一般原理和原则,具体修订内容主要包括:(1)实现刑法基本原则的立法化,在确立罪刑法定原则(第3条)的同时废除了类推制度,增加了适用刑法人人平等原则(第4条)和罪责刑相适应原则(第5条);(2)修改刑事管辖权,扩大对中国公民在域外犯罪的管辖(第7条),并增设了普遍管辖原则(第9条);(3)改进未成年人犯罪及其刑事责任,即对已满14周岁不满16周岁的未成年人应负刑事责任的范围加以限定(第17条第2款),将1979年刑法典中未满18岁的未成年人犯罪的最高刑由死缓改为无期徒刑;(4)强化正当防卫制度,提升了防卫过当构成要求且处罚更加宽大(第20条第2款),增设了无限防卫权(第20条第3款);(5)确立单位犯罪制度,对单位犯罪的概念、刑事责任范围和处罚原则作出了规定(第30条和第31条);(6)限制死刑适用对象(第49条),修改死刑适用条件(第48条),放宽了死缓减为无期徒刑或者有期徒刑的条件(第50条);(7)严格限制地方法院的酌定减轻处罚权(第63条第2款);(8)修改补充累犯制度,将构成累犯的时间间隔由3年延长为5年(第65条);(9)完善了自首和立功制度(第67条和第68条);(10)放宽了适用缓刑的对象条件(第74条),修改了撤销缓刑的条件和在缓刑考验期间对受考验者的监督事项(第76条和第77条);(11)修改了减刑和假释制度(第78、79条和第81、82、84、86条)。

1997年修订后的刑法典分则由103条扩充至350条,由8章变为10章(增加了军人违反职责罪和危害国防利益罪两章),罪名由130种扩充至410种。不仅将1997年刑法典之前的26个单行刑法中能长期适用的有关规定纳入刑法典中,而且还增加了大量的新的犯罪规定。一是将民事、行政、经济法律中有

---

① 参见赵秉志、王俊平:《改革开放三十年的我国刑法立法》,载《河北法学》2008年第11期。

关"依照""比照"刑法相关条文追究刑事责任的规定编入刑法;二是对于实践中提出的凡是需要追究刑事责任的行为,经过研究后认为比较成熟、比较有把握的,尽量规定为犯罪。这样,新刑法典的规定涵盖了当时认识较为成熟的各种应当追究刑事责任的行为,从而大大提升了 1997 年刑法典的完备性。① 其具体修订内容主要包括:

(1)修改反革命罪。1997 年刑法典将 1979 年刑法典分则第一章的"反革命罪"更名为"危害国家安全罪",删去了此类犯罪之主观反革命目的的定义,并按照危害国家安全的性质对此类犯罪作了修改和调整,将该章中实际属于普通刑事犯罪性质的相关犯罪移入其他罪章。

(2)专章规定贪污贿赂犯罪。将先前制定的全国人民代表大会常务委员会《关于惩治贪污罪贿赂罪的补充规定》和最高人民检察院起草的《反贪污贿赂法》合并修改后作为分则第八章。

(3)增设大量新型犯罪。主要有以下几个方面:第一,国际性犯罪,如组织、领导、参加恐怖组织罪(第 120 条),劫持航空器罪(第 121 条),暴力危及飞行安全罪(第 123 条),非法买卖、运输核材料罪(第 125 条第 2 款),洗钱罪(第 191 条)等。第二,黑社会性质犯罪,包括组织、领导、参加黑社会性质组织罪(第 294 条第 1 款),入境发展黑社会组织罪(第 294 条第 2 款),包庇、纵容黑社会性质组织罪(第 294 条第 4 款)等。第三,计算机犯罪,包括非法侵入计算机信息系统罪(第 285 条)、破坏计算机信息系统罪(第 286 条)以及利用计算机实施其他犯罪,依照刑法典有关规定定罪处罚的规定(第 287 条)。第四,证券犯罪,如伪造、变造国家有价证券罪(第 178 条第 1 款),伪造、变造股票、公司、企业债券罪(第 178 条第 2 款),擅自发行股票、公司、企业债券罪(第 179 条),内幕交易、泄露内幕信息罪(第 180 条),编造并传播证券交易虚假信息罪和诱骗投资者买卖证券罪(第 181 条),操纵证券交易价格罪(第 182 条),滥用管理公司、证券职权罪(第 403 条)等。

(4)扩充部分章节,避免了大章的内容过于庞杂、条文过多的不足。② 1997 年刑法典将分则第三章"破坏社会主义市场经济秩序罪"充实并分为八节:生

① 参见李淳:《略论新中国刑法 50 年的发展与完善》,载《法学家》2000 年第 2 期。

② 参见赵秉志:《当代中国刑法体系的形成与完善》,载《河南大学学报》(社会科学版)2010 年第 6 期。

产、销售伪劣商品罪，走私罪，妨害对公司、企业的管理秩序罪，破坏金融秩序罪，金融诈骗罪，危害税收征管罪，侵犯知识产权罪和扰乱市场秩序罪。将第六章“妨害社会管理秩序罪”充实并分为九节：扰乱公共秩序罪，妨害司法罪，妨害国（边）境管理罪，妨害文物管理罪，危害公共卫生罪，破坏环境资源保护罪，走私、贩卖、运输、制造毒品罪，组织、强迫、引诱、容留、介绍卖淫罪和制作、贩卖、传播淫秽物品罪。

（二）附属刑法、单行刑法和立法解释对刑法典的补充与明确

基于“要制定一部统一的、比较完备的刑法典”的立法追求，1997 年刑法典相应地“将一些民事、经济、行政法律中‘依照’‘比照’刑法有关条文追究刑事责任的规定，改为刑法的具体条款”。[①] 此后，在我国立法机关通过的非刑事法律中，有的条文虽然也规定了对构成犯罪的行为，要依法追究刑事责任。但是，这些规定并未设置具体的罪刑规范，特别是全国人大常委会 2009 年 8 月 27 日通过的《关于修改部分法律的决定》，将《中华人民共和国计量法》等法律中“依照刑法第 × 条的规定”“比照刑法第 × 条的规定”统一修改为“依照刑法有关规定”。因此，在 1997 年刑法典通过之后，附属刑法原有的创制、修改、补充功能蜕变为单纯的宣示功能，在我国刑法立法中不再具有独立的地位。

1998 年 12 月 29 日，全国人大常委会通过了 1997 年刑法典之后迄今唯一的一部单行刑法，即全国人民代表大会常务委员会《关于惩治骗购外汇、逃汇和非法买卖外汇犯罪的决定》。

此外，2000 年以来，全国人大常委会针对 1997 年修订的刑法典中的有关内容，制定了 13 份刑法立法解释文件：2000 年 4 月 29 日《关于〈中华人民共和国刑法〉第九十三条第二款的解释》；2001 年 8 月 31 日《关于〈中华人民共和国刑法〉第二百二十八条、第三百四十二条、第四百一十条的解释》；2002 年 4 月 28 日《关于〈中华人民共和国刑法〉第二百九十四条第一款的解释》；2002 年 4 月 28 日《关于〈中华人民共和国刑法〉第三百八十四条第一款的解释》；2002 年 8 月 29 日《关于〈中华人民共和国刑法〉第三百一十三条的解释》；2002 年 12 月 28 日《关于〈中华人民共和国刑法〉第九章渎职罪主体适用问题的解释》；2004 年 12 月 29 日《关于〈中华人民共和国刑法〉有关信用卡规定的解释》；2005 年

---

① 参见王汉斌 1997 年 3 月 6 日在第八届全国人民代表大会第五次会议上所作的《关于〈中华人民共和国刑法（修订草案）〉的说明》。

12月29日《关于〈中华人民共和国刑法〉有关出口退税、抵扣税款的其他发票规定的解释》;2005年12月29日《关于〈中华人民共和国刑法〉有关文物的规定适用于具有科学价值的古脊椎动物化石、古人类化石的解释》;2014年4月24日《关于〈中华人民共和国刑法〉第三十条的解释》;2014年4月24日《关于〈中华人民共和国刑法〉第一百五十八条、第一百五十九条的解释》;2014年4月24日《关于〈中华人民共和国刑法〉第二百六十六条的解释》;2014年4月24日《关于〈中华人民共和国刑法〉第三百四十一条、第三百一十二条的解释》。

这些立法解释解决了刑法典适用中的某些疑难问题,如村民委员会等村基层组织人员是否属于国家工作人员或准国家工作人员;"黑社会性质组织"具有哪些特征;挪用公款"归个人使用"的含义;"对人民法院的判决、裁定有能力执行而拒不执行,情节严重"的含义;关于刑法典分则第九章渎职罪主体的范围确定;关于刑法典规定的信用卡的含义等。在这些刑法立法解释中,有的对刑事司法实务中认识不一的概念作了详细、准确的界定;有的则是为了终结检察机关和审判机关因对刑法某些条款的认识分歧而形成的司法僵局而出台的。

(三)刑法修正案对刑法典的修改完善

1.第一个《刑法修正案》

1999年12月25日,第九届全国人大常委会第十三次会议通过了第一个《刑法修正案》,对惩治破坏社会主义市场经济秩序的犯罪,保障社会主义现代化建设的顺利进行具有重要意义。[①] 而且,这是新中国刑法立法史上首次以修正案方式对法律进行修改补充,对我国此后的刑法修改模式产生了深远的影响。[②] 该修正案共9条,其修改内容涉及三类新型经济犯罪,修法要点包括:(1)隐匿、故意销毁会计资料的犯罪;(2)国有公司、企业、事业单位工作人员严重不负责任、滥用职权造成国有公司、企业破产,严重损失或致使国家利益遭受重大损失的犯罪;(3)期货犯罪。

2.《刑法修正案(二)》

为了惩治毁林开垦和乱占滥用林地的犯罪,切实保护森林资源,第九届全国人民代表大会常务委员会第二十三次会议于2001年8月31日通过了《刑法

---

① 参见顾昂然:《全国人大法律委员会〈关于中华人民共和国刑法修正案(草案)〉审议结果的报告》(1999年12月17日在第九届全国人民代表大会常务委员会第十三次会议上)。

② 参见黄太云:《〈中华人民共和国刑法修正案〉简介》,载《中国司法》2000年第3期。

修正案(二)》。该修正案将1997年刑法典第342条修改为:"违反土地管理法规,非法占用耕地、林地等农用地,改变被占用土地用途,数量较大,造成耕地、林地等农用地大量毁坏的,处五年以下有期徒刑或者拘役,并处或者单处罚金。"

3.《刑法修正案(三)》

2001年9月11日,美国纽约发生了举世震惊的"9·11"恐怖袭击事件,国际反恐形势日益严峻。联合国安理会迅速作出反应,在2011年9月12日和9月18日相继通过强化反恐要求的第1368号决议和第1373号决议,从而有力地推动了国际社会和各国反恐法律的制定与完善。中国作为联合国常任理事国和一贯坚决反对恐怖主义的国家,自然是积极响应联合国关于强化反恐包括完善法治反恐的号召与要求。由于我国1997年刑法典涉及恐怖活动犯罪的条款比较粗疏,以致国内外已出现的许多恐怖活动罪行在我国刑法中尚付阙如,这种立法状况显然难以适应反恐新形势下惩治恐怖活动犯罪的现实需要。为此,我国全国人大常委会即于2001年12月29日较为及时地通过了《刑法修正案(三)》,集中对刑法典中的恐怖活动犯罪进行了一系列修改补充。[①] 该修正案的要点如下:(1)增设资助恐怖活动罪(第120条之一);(2)增设投放虚假危险物质罪(第291条之一);(3)增设编造、故意传播虚假恐怖信息罪(第291条之一);(4)将投毒罪修改扩充为投放危险物质罪;(5)取消非法买卖、运输核材料罪,并代之以非法制造、买卖、运输、储存危险物质罪;(6)将盗窃、抢夺枪支、弹药、爆炸物罪扩展为盗窃、抢夺枪支、弹药、爆炸物、危险物质罪;(7)将抢劫枪支、弹药、爆炸物罪扩展为抢劫枪支、弹药、爆炸物、危险物质罪;(8)将恐怖活动犯罪补充为洗钱罪的上游犯罪;(9)修改和提高组织、领导、参加恐怖活动组织罪的法定刑;(10)修改和提高单位犯洗钱罪之自然人主体的法定刑。[②]

4.《刑法修正案(四)》

2002年12月28日,第九届全国人大常委会第三十一次会议通过了《刑法修正案(四)》,它是根据1997年刑法典修订以来,《海关法》《药品管理法》等一

---

① 参见赵秉志、阴建峰:《论惩治恐怖活动犯罪的国际国内立法》,载《法制与社会发展》2003年第6期。

② 参见黄太云:《刑事立法的理解与适用——刑事立法背景、立法原意深度解读》,中国人民公安大学出版社2014年版,第108~145页。

些法律作了修改后,刑法中的有关规定也需作相应调整,以及针对司法实践中遇到的一些新的情况和问题,在刑法中适时作出的修改补充。对于惩治破坏社会主义市场经济秩序、妨害社会管理秩序和国家机关工作人员渎职等犯罪行为,保障社会主义现代化建设的顺利进行,保障公民的人身安全具有重要意义。[①] 该修正案的修法要点包括:(1)将生产、销售不符合标准的医疗器械、医用卫生材料的犯罪由结果犯改为危险犯,并调整刑罚;(2)修改以走私犯罪论处的两类犯罪的规定;(3)增加关于非法雇用童工犯罪的规定;(4)增加关于破坏国家重点保护植物的犯罪和非法运输盗伐、滥伐林木的犯罪,修改关于非法收购盗伐、滥伐林木罪的构成要件;(5)单独规定人民法院执行人员渎职的犯罪。

5.《刑法修正案(五)》

为了适应打击犯罪的需要,1997 年修订刑法时,对妨害公司、企业管理秩序的犯罪、金融诈骗犯罪以及危害国防利益的犯罪等作了规定。针对之后这些方面出现的一些新的应当给予刑事制裁的严重违法行为,需要根据新的情况对刑法作出修改补充。[②] 因此,2005 年 2 月 28 日,第十届全国人大常委会第十四次会议通过了《刑法修正案(五)》,对刑法典中的破坏金融管理秩序犯罪、金融诈骗犯罪和危害国防利益犯罪的有关条文作出了修改、补充:(1)增设妨害信用卡管理罪;(2)增设窃取、收买或者非法提供他人信用卡信息资料罪;(3)增设过失破坏武器装备、军事设施、军事通信罪;(4)将“使用以虚假的身份证明骗领信用卡的”增设为信用卡诈骗罪的行为类型。

6.《刑法修正案(六)》

为了回应社会发展过程出现的打击犯罪的需要,2006 年 6 月 29 日,第十届全国人大常委会第二十二次会议通过了《刑法修正案(六)》,修改、补充了刑法典有关重大安全生产事故、破坏金融管理秩序、严重损害上市公司和公众投资者利益、商业贿赂、洗钱、虚假破产、枉法仲裁等犯罪的规定。该修正案共涉及

---

① 参见黄太云:《〈中华人民共和国刑法修正案(四)〉的理解与适用》,载《人民检察》2003 年第 3 期。

② 参见胡康生:《关于〈中华人民共和国刑法修正案(五)(草案)〉的说明》(2004 年 10 月 22 日在第十届全国人民代表大会常务委员会第十二次会议上)。

21个条文,[①]其主要内容包括:(1)扩大了重大责任事故罪的主体范围;(2)扩大了重大劳动安全事故罪的主体范围,修改了犯罪构成的行为要件;(3)增设大型群众性活动重大安全事故罪和不报、谎报安全事故罪;(4)将公司、企业对依法应当披露的重要信息不按规定披露的行为规定为犯罪;(5)增设了虚假破产罪、背信损害上市公司利益罪和骗取贷款、票据承兑、金融票证罪;(6)扩大了商业贿赂犯罪的主体范围;(7)修改了操纵证券、期货交易价格罪的处罚标准;(8)增设背信运用受托财产罪和违法运用资金罪;(9)将违法发放贷款罪中的"造成较大损失"修改为"数额巨大或者造成重大损失的";(10)在吸收客户资金不入账罪的构成要件中增加了"数额巨大";(11)将违规出具金融票证罪中的"造成较大损失"修改为"情节严重的";(12)扩大了洗钱罪的上游犯罪的范围;(13)增设组织残疾人、儿童乞讨罪;(14)提高了开设赌场罪的刑罚;(15)扩大了掩饰、隐瞒犯罪所得、犯罪所得收益罪的适用范围,以适应打击洗钱犯罪的需要;(16)增设枉法仲裁罪。

7.《刑法修正案(七)》

2009年2月28日,第十一届全国人大常委会第七次会议通过了《刑法修正案(七)》。此次修正因一些全国人大代表提出修改刑法的议案、建议,以及司法机关和一些部门提出的修改刑法的意见而启动。[②] 该修正案共15条,体现了科学发展观的精神,关注民生,彰显人文关怀,并开始注意贯彻宽严相济的基本刑事政策。[③] 该修正案的具体内容主要包括以下三个方面:(1)新增了侵犯公民人身权利的罪名,完善了绑架罪的法定刑。其一,增加了出售或非法提供、获取公民个人信息罪,加大了对公民个人信息的保护力度;其二,增加了组织未成年人进行违法活动罪,加强了对未成年人身心健康的保护力度;其三,增设了绑架罪的量刑档次,完善了对公民人权的保障措施。(2)严密了经济犯罪的法网,强化了保护市场经济秩序的力度。其一,完善了走私犯罪的立法规定;其二,加强了对证券、期货交易市场的保护力度;其三,修改了偷税罪的构成要件和法定刑;其四,增加了组织、领导传销罪。(3)扩大了受贿罪的主体范围,强化了惩治

---

① 参见黄太云:《刑事立法的理解与适用——刑事立法背景、立法原意深度解读》,中国人民公安大学出版社2014年版,第66页。

② 参见李适时:《关于〈中华人民共和国刑法修正案(七)(草案)〉的说明》(2008年8月25日在第十一届全国人民代表大会常务委员会第四次会议上)。

③ 参见赵秉志:《〈刑法修正案(七)〉的宏观问题研讨》,载《华东政法大学学报》2009年第3期。

腐败的打击力度。其一,将与国家工作人员关系密切的人纳入了受贿罪的范围;其二,提高了巨额财产来源不明罪的法定刑。此外,《刑法修正案(七)》还对有关计算机的犯罪,逃避动植物检疫罪,掩饰、隐瞒犯罪所得、犯罪所得收益罪,非法生产、买卖武装部队制服、车辆号牌等专用标志罪等进行了修改与完善。

8.《刑法修正案(八)》

2011年2月25日,第十一届全国人大常委会第十九次会议审议通过了《刑法修正案(八)》(共50条),此次修正具有全面贯彻宽严相济的基本刑事政策、突出强化民生的刑法保护、适当兼顾总则规范修改与分则规范修改、充分体现立法民主性与科学性四个突出特点。[①] 对于进一步完善刑法,惩治犯罪,维护社会治安和市场经济秩序,保护公民合法权益,起到了重要的积极作用。

《刑法修正案(八)》对刑法总则的修正内容主要包括:(1)推进死刑改革,一次性取消13种非暴力犯罪的死刑。(2)调整刑罚结构。其一,严格限制死缓罪犯的减刑,提高了死缓减为有期徒刑的刑期,增设了死缓限制减刑制度;其二,延长被判处死缓、无期徒刑罪犯减刑后的最低实际服刑期;其三,延长被假释罪犯的最低实际服刑期;其四,适当提高数罪并罚的刑期。(3)完善从宽处理的法律制度,规范非监禁刑的适用。其一,完善对老年人犯罪从宽处理的规定,对老年人原则上不再适用死刑;其二,放宽对犯罪的年满75周岁的老年人、未成年人的缓刑适用;其三,增加了未成年人犯罪不构成累犯的规定,免除犯罪时不满18周岁被判处5年有期徒刑以下刑罚的人的前科报告义务。(4)进一步明确缓刑的适用条件。其一,对适用缓刑的条件进一步完善、具体化;其二,对符合缓刑条件的特殊对象作出特别规定,明确规定对于符合缓刑条件的不满18周岁的人、怀孕的妇女和已满75周岁的人,应当宣告缓刑;其三,增加对宣告缓刑的犯罪分子可以附加禁止令的规定;其四,增加规定对累犯和犯罪集团的首要分子不适用缓刑。(5)完善管制刑及缓刑、假释的执行方式,为社区矫正提供法律依据。(6)完善从重、从轻和减轻处罚的法律规定。其一,将坦白从宽的刑事政策法律化;其二,完善减轻处罚的法律规定,包括删除"犯罪后自首又有重大立功表现的,应当减轻或者免除处罚"的规定,以及明确减轻处罚的量刑

① 参见赵秉志主编:《刑法修正案(八)理解与适用》,中国法制出版社2011年版,第8~12页。

幅度。[①]

《刑法修正案(八)》对刑法分则的修正内容包括:(1)完善打击黑社会性质组织犯罪等犯罪的法律规定。其一,将全国人大常委会关于黑社会性质组织特征的立法解释纳入条文;其二,加重了对黑社会性质组织的组织者、领导者的刑罚;其三,增加了财产刑;其四,加重了对涉黑组织“保护伞”的刑罚。(2)调整敲诈勒索罪的入罪门槛,把“多次敲诈勒索”作为构成犯罪的独立条件之一,降低了该罪的入罪门槛。(3)提高了敲诈勒索罪的最高法定刑,并增加了财产刑。(4)增加了构成强迫交易罪的具体行为,加重了对强迫交易罪的刑罚。(5)明确将“恐吓”增加规定为寻衅滋事犯罪的行为之一,加大了对纠集他人多次寻衅滋事的主犯的打击力度。(6)扩大特别累犯的范围,加大对黑社会性质组织犯罪等的惩处力度。(7)新增危险驾驶罪和逃避支付、拒不支付劳动报酬罪。(8)将生产、销售假药规定为行为犯,降低了入罪门槛,删除了“单处罚金”的规定,并增加了可以适用较重刑罚的条件,并使罚金刑更易适用。(9)修改完善生产、销售不符合食品安全标准的食品罪,将“不符合卫生标准的食品”改为“不符合食品安全标准的食品”,取消单处罚金刑,增加适用较重刑罚的条件。(10)修改完善生产、销售有毒、有害食品罪,即在本罪第一档刑中删除了可以判处拘役和单处罚金的规定,强化了对生产、销售有毒有害食品犯罪的打击力度,修改了判处较重刑罚的适用条件,并使罚金刑更易适用。(11)新增食品安全监管失职罪。(12)修改完善重大环境污染事故罪,具体包括降低犯罪构成的门槛,扩大排放、倾倒或者处置有害物质的范围。(13)修改完善非法采矿罪,将“经责令停止开采后拒不停止开采,造成矿产资源破坏”的犯罪构成要件,改为“情节严重的”,降低了入罪门槛;将适用第二档刑罚的条件由“造成矿产资源严重破坏的”修改为“情节特别严重的”。[②] (14)修改完善强迫劳动罪,新增协助强迫他人劳动罪。(15)修改完善协助组织卖淫罪,明确将“为组织卖淫的人招募、运送人员”规定为协助组织卖淫的行为之一。(16)新增组织他人出卖人体器官罪,明确规定对于非法摘取人体器官的行为以故意伤害罪、故意杀人罪定罪处罚,以及将“违背本人生前遗愿摘取其尸体器官,或者本人生前未表示同意,违反国家规定,违背其近亲属意愿摘取其尸体器官”的行为依照侮辱尸体罪定罪处罚。

① 参见黄太云:《〈刑法修正案(八)〉解读(一)》,载《人民检察》2011年第6期。

② 参见黄太云:《〈刑法修正案(八)〉解读(二)》,载《人民检察》2011年第7期。

(17)修改完善资助危害国家安全犯罪活动罪,删去了对被资助对象身份的限制性规定。(18)修改完善叛逃罪,删去了原条文中关于国家机关工作人员叛逃,需危害国家安全才构成犯罪的规定,对于掌握国家秘密的国家工作人员构成叛逃罪的条件作了修改,删去了在履行公务期间擅离岗位的限定条件。(19)新增向外国公职人员、国际公共组织官员行贿罪。(20)新增虚开发票罪、持有伪造的发票罪。(21)修改完善盗窃罪,删去了可以判处死刑的规定,将"入户盗窃、携带凶器盗窃、扒窃"三类行为直接规定为构成盗窃罪。(22)修改完善走私普通货物、物品罪。其一,取消了走私普通货物、物品罪的死刑;其二,将小额多次走私行为入罪;其三,对构成犯罪的偷逃应缴税额标准不再具体规定数额;其四,将刑罚由原来由重到轻改为由轻到重,并整合处刑档次,将五档刑改为三档刑。(23)在几种单位经济犯罪直接责任人员的刑罚中增加了罚金刑。[①]

9.《刑法修正案(九)》

2015年8月29日,第十二届全国人大常委会第十六次会议通过了《刑法修正案(九)》,此次修正以坚持正确的政治方向、问题导向、宽严相济的刑事政策和创新刑事立法理念为指导思想,对刑法典再次作出了较大幅度修正。这次修改刑法解决的主要问题:一是一些地方近年来多次发生严重暴力恐怖案件,网络犯罪也呈现新的特点,有必要从总体国家安全观出发,统筹考虑刑法与本次常委会会议审议的反恐怖主义法、反间谍法等维护国家安全方面法律草案的衔接配套,修改、补充刑法的有关规定。二是随着反腐败斗争的深入,需要进一步完善刑法的相关规定,为惩腐肃贪提供法律支持。三是落实党中央关于逐步减少适用死刑罪名的要求,并做好劳动教养制度废除后法律上的衔接。[②] 该修正案共有52条,在内容上大体可以归纳为以下七个方面:(1)推进死刑改革,包括取消9种罪名的死刑、将3种罪名绝对确定的死刑改为相对确定的死刑、提高对死缓罪犯执行死刑的门槛;(2)强化反恐刑法,包括对组织、领导、参加恐怖组织罪增加规定财产刑,增设6种新的恐怖主义、极端主义犯罪,修改补充3种恐怖犯罪的罪状或罪刑规范;(3)完善网络犯罪,包括增加规定侮辱、诽谤犯罪的证据提供,增设拒不履行信息网络安全管理义务罪、非法利用信息网络罪、帮助

① 参见黄太云:《〈刑法修正案(八)〉解读(三)》,载《人民检察》2011年第8期。

② 参见李适时:《关于〈中华人民共和国刑法修正案(九)(草案)〉的说明》(2014年10月27日在第十二届全国人民代表大会常务委员会第十一次会议上)。

信息网络犯罪活动罪和编造、故意传播虚假信息罪，修改扰乱无线电通讯管理秩序罪，增加侵犯计算机信息系统犯罪的单位主体；(4)加强人权保障，包括修改强制猥亵、侮辱妇女罪，收买被拐卖的妇女、儿童罪和出售、非法提供公民个人信息罪，修改虐待罪告诉才处理的规定，增设虐待被监护、看护人罪，取消嫖宿幼女罪；(5)完善反腐立法，包括修改贪污受贿犯罪的定罪量刑标准，加大对行贿犯罪的处罚力度，增设对有影响力的人行贿罪，完善腐败犯罪的预防性措施；(6)惩治背信犯罪，包括修改伪造、变造居民身份证的犯罪规定，增加使用伪造、变造的或者盗用他人的身份证件犯罪、考试作弊犯罪和虚假诉讼犯罪；(7)维护社会秩序，包括扩充危险驾驶罪的行为类型，将多次抢夺的行为规定为犯罪，明确袭警行为以妨害公务罪从重处罚，增加生产、销售窃听、窃照等专用器材犯罪，"医闹"入刑并增设扰乱国家机关工作秩序罪和组织、资助非法聚集罪，修改完善组织、利用会道门、邪教组织破坏法律实施罪，修改盗窃、侮辱尸体罪，增设泄露案件信息犯罪，修改扰乱法庭秩序罪，拒不执行判决、裁定罪，增加非法生产、运输制毒物品犯罪。[①]

10.《刑法修正案(十)》

2017年9月1日，第十二届全国人大常委会第二十九次会议通过了《中华人民共和国国歌法》。为了与该法和刑法典关于侮辱国旗、国徽罪的有关内容相协调，第十二届全国人大常委会第三十次会议于2017年11月4日通过了《刑法修正案(十)》，旨在惩治侮辱国歌的犯罪行为，切实维护国家尊严和国歌奏唱、使用的严肃性。该修正案设立了侮辱国歌罪，规定"在公共场合，故意篡改中华人民共和国国歌歌词、曲谱，以歪曲、贬损方式奏唱国歌，或者以其他方式侮辱国歌，情节严重的"，处三年以下有期徒刑、拘役、管制或者剥夺政治权利。

(四)小结

1979年刑法典的制定，标志着我国刑法立法开始步入"法典时代"。但受立法经验、立法技术、社会形势变化等多方面因素的影响，这部法典很快便显露出与现实情况相脱节等缺陷。面对这种局面，我国立法机关较早就开始了刑法典修订的准备和研拟工作，经过十多年的努力，从而在1997年实现了对刑法典的全面修订。1997年刑法典的全面修订和通过，极大地提升了我国刑法立法的

---

① 参见赵秉志：《中国刑法的最新修正》，载《法治研究》2015年第6期。

统一性、完备性和科学性。此次修订以“维护改革开放，强化以法治国”为宗旨，在修法原则上坚持“制定一部统一的、比较完备的刑法典”、“注意保持法律的连续性和稳定性”和“注意立法内容的科学性和可操作性”。此外，此次修订还强调立足本国国情与借鉴国外、境外先进立法经验相结合，立足当前现实与预见未来发展需要相结合，合理兼顾刑法的保护社会机能和保障人权功能，刑法理论、司法实务相结合。修法组织实行立法机关主持，立法机关、司法机关和专家学者三方面结合；修法过程中贯彻较为广泛的民主性和一定的公开性，注意征询和听取各方面的意见。

1997年刑法典因应社会主义市场经济的这一基本要求，调整了价值观念，在保障人权、强调刑法的社会功能等方面有诸多重大突破。同时，1997年刑法典将破坏社会主义市场经济犯罪和危害社会治安暨社会秩序的犯罪作为惩治的重点，成为保障我国社会安定有序和经济持续发展的有力保障。1997年刑法典适应对外开放的需要，促进我国刑法立法的国际化，从而为营造社会主义市场经济建设所需要的良好国际环境作出了贡献。此外，1997年刑法典还具备一定的超前性，如规定了危害计算机方面的犯罪、恐怖组织活动的犯罪等，这些新增的犯罪在当时的中国社会中虽有一些苗头，但尚不是非常严重。[①] 总体而言，此次刑法修订，全面吸收了1979年刑法典和既往的各个单行刑法及附属刑法规范，在观念、内容、罪名、体例和技术方面都取得了显著进步，标志着中国刑法法典化的重大发展和完善。[②]

1997年全面修订刑法典之后，我国刑法立法的脚步并没有因此而停止，而是随着经济社会的发展及司法实践的需要，不断修改完善，修改频度积极活跃，成果丰硕。[③] 这是因为一方面，随着社会的发展，一些新的严重危害人们社会生活的行为不断出现，需要增设新的罪名，同时为了适应惩治犯罪的需要，一些犯罪的构成要件和法定刑也难以满足司法实践的要求，需要进行调整。另一方面，中央于2006年明确提出贯彻宽严相济的刑事政策的要求，与此同时，随着司法实践和法治理念的不断演进，人们对犯罪和刑罚的认识也有一些新的变

---

① 参见赵秉志、赫兴旺：《中国新刑法典的修订与分则的重要进展》，载《吉林大学社会科学学报》1997年第6期。

② 参见赵秉志：《当代中国刑法法典化研究》，载《法学研究》2014年第6期。

③ 参见郎胜：《我国刑法的新发展》，载《中国法学》2017年第5期。

化，这些都需要国家对刑法及时作出相应调整。[①] 因此，全国人大常委会又先后通过了1部单行刑法、10个刑法修正案、13件有关刑法的立法解释以及一系列非刑事法律中的宣示型附属刑法条款，对刑法典作出了进一步的修改、补充和解释。这些新的刑法立法规范立足于经济和社会发展的需要，调整刑法立法的内容，增设了许多新的犯罪类型，体现出很强的时代性；而且，这些新的刑法立法规范立足于司法实践的需要，对刑罚结构和刑罚制度进行了完善，不断调整相关犯罪的构成要件和法定刑，体现出很强的实践性。[②] 最后，在1997年刑法典修订后，我国刑法立法活动在修法形式方面确立了以刑法修正案为主的模式，在修法技术方面呈现出渐趋成熟并不断发展的趋势。[③]

---

① 参见赵秉志：《中国刑法立法晚近20年之回眸与前瞻》，载《中国法学》2017年第5期。

② 参见赵秉志：《中国刑法的百年变革——纪念辛亥革命一百周年》，载《政法论坛》2012年第1期。

③ 参见赵秉志：《刑法修改的四特点与两方向》，载《检察日报》2009年3月2日，第5版。

第三章　新中国刑法立法70年的发展特点

纵观我国70年的刑法立法历程,可以发现,只有安定团结的政治局面和繁荣发展的经济态势,才能保证国家刑事法治的进步;而刑事法治的进步,又会反过来助力国家政治的安定和经济的发展。70年间,虽然我国刑法立法历经了诸多曲折,但是总体而言还是取得了令世人瞩目的进步和成就。经过70年的建设和发展,我国刑法立法的完备性、科学性、统一性、人道性、民主性、国际性等特性均有明显提升,具体体现为以下几个显著特点:(1)在立法理念上,由注重秩序走向秩序与人权并重;(2)在立法模式上,由分散立法走向统一立法;(3)在立法内容上,由相对科学走向更加科学;(4)在立法技术上,由粗疏立法走向精细立法;(5)在立法民主上,由部门立法到公众参与。

一、立法理念:由注重秩序走向人权与秩序并重

刑法立法理念是刑法立法活动的观念指导,在一定程度上影响和制约着刑法立法的犯罪化与非犯罪化、重刑化与轻刑化等一系列重大抉择的基本走向。刑法立法理念不仅赋予了刑法立法一定的价值内涵和精神品格,指导刑法立法的规制范围和条文设计,也间接影响刑事司法的具体实践。从

更深的层次来讲，它还反映了一个国家对法律的实际定位和国民权利意识的程度。一方面，追求秩序是刑法立法的天性，立法者制定刑法必然是为了更好地维护社会的整体秩序，刑法要通过刑事制裁措施惩治具有严重社会危害性的犯罪行为，维护国家统治秩序和社会秩序，保护公民个人的合法权益；另一方面，由调整社会关系的广泛性、保护利益的重要性和违法制裁手段的特殊严厉性等特点所决定，在刑法中贯彻并弘扬人权保障之理念具有特别重要的意义。而且，当代法治发达国家的立法实践均体现出对刑法人权保障机能的高度重视。对人权的尊重和保护，既是当代刑法最为鲜明之主题，亦能体现一个国家的文明程度和发展水平。[①] 所以，刑法自身也要防止刑罚权过度扩张造成的对公民基本人权的僭越。基于上述所言，刑法的立法理念在根本上反映的是如何协调保护秩序与保障人权的关系。因此，以秩序与人权为切入点分析刑法立法理念，能够较为准确地把握我国刑法立法的基本走向。

新中国成立70年以来，我们国家经历了诸多艰苦磨难，但仍然取得了举世瞩目的成就。我国刑法的立法理念也正是在这一过程中不断提升其自身的科学性、国际性、民主性和时代性。从早期以刑法作为工具来镇压敌对势力、维护统治秩序，到后来注重发挥刑法维护社会秩序的作用，再到如今坚持保障人权和保护社会并重的立法理念。我国刑法立法已经逐步扭转了重社会保护而轻人权保障的观念，人权保障的精神在我国刑法立法和刑事司法领域逐步得到重视并将继续得到弘扬，充分彰显出我国人权法律保障机制的日趋完备和社会文明的不断进步。

（一）1979年刑法典之前的刑法立法理念：注重维护统治秩序

1949年2月，中共中央发布了《关于废除国民党的六法全书与确定解放区的司法原则的指示》，宣布彻底抛离国民党统治时期的旧法统，这意味着新中国决定另起炉灶，重新建立社会主义性质的法律制度。从社会背景上来看，新中国在成立伊始进行了巩固政权、发展经济的斗争并完成了“三大改造”，建立起社会主义基本的政治经济制度，完成了由新民主主义阶段向社会主义初级阶段的过渡。在这样的社会背景下，如何把新民主主义革命胜利的成果用法律形式固定下来，以团结全国各族人民把革命和建设事业继续推向前进，便成为当时

① 参见赵秉志：《改革开放30年我国刑法建设的成就及展望》，载《北京师范大学学报》（社会科学版）2009年第2期。

党和国家面临的迫切任务。正是基于这样的政治需求，新中国的立法工作揭开了序幕。[①] 总体而言，1979 年刑法典之前的刑法立法规范不仅在数量上极为缺乏，而且尚未具备现代刑事法治的基本精神。这一时期的刑法立法在理念上表现为注重对统治秩序的维护，运用刑法的力量继续完成新民主主义革命任务，巩固中华人民共和国这一新生政权，以及在政治运动中对有关政治路线和主张发挥贯彻与维护的作用。

在彻底摧毁旧法统的基础上，新中国的法制仿照苏联早期的模式，在疾风骤雨般的阶级斗争和轰轰烈烈的群众运动中开始逐步建立。例如，中央人民政府委员会于 1951 年 2 月 20 日通过的《惩治反革命条例》，就是为了配合新中国成立初期在全国范围内开展的清查和镇压反革命分子的政治运动而制定的。镇压反革命运动的开展，是为了打击土匪、特务、恶霸、反动会道头子和国民党的残余势力，巩固和加强新政权的统治秩序，牢固树立新政府的权威。《惩治反革命条例》和相关法律文件的出台，使这次运动由人民法院最终在程序上完成，即这次运动采用了法律的形式，法律终于成为解决政治问题的一种有效的方式。[②] 又如，当时各大行政区军政委员会颁行的《华东惩治不法地主暂行条例》（1950 年 9 月 19 日）、《西北军政委员会惩治不法地主暂行条例》（1950 年 11 月 15 日）、《中南区惩治不法地主暂行条例》（1950 年 11 月 16 日）、《西南区惩治不法地主暂行条例》（1950 年 12 月 13 日）等一系列单行条例，乃是为了配合完成全国范围的土地改革运动。土地改革是中国人民在中国共产党的领导下，彻底铲除封建剥削制度的一场深刻的社会革命，是中国民主革命的一项基本任务。中国共产党在民主革命时期，就提出了彻底的土地革命纲领，领导了解放区的土地改革。新中国成立初期实行的土改运动，是为了彻底完成新民主主义革命的任务，并为社会主义革命和建设创造条件。再如，中央人民政府委员会于 1952 年 4 月 21 日公布施行的《惩治贪污条例》，是为了配合“三反”“五反”运动的开展制定的。在新中国成立初期，许多不法资本家为了牟取暴利进行违法活动。在资产阶级的腐蚀和影响下，政府机关里的贪污、浪费、官僚主义现象严重，一些干部堕落变质。为此，党和国家在党政机关工作人员中开展“反贪

---

① 参见赵秉志、阴建峰：《论新中国刑法立法的客观影响因素》，载《南开学报》（哲学社会科学版）2010 年第 4 期。

② 参见卢建平：《新中国刑事政策与刑法关系的历史演变》，载赵秉志、郎胜主编：《和谐社会与中国现代刑法建设——新刑法典颁行十周年纪念文集》，北京大学出版社 2007 年版，第 226 ~ 227 页。

污、反浪费、反官僚主义”和在私营工商业者中开展“反行贿、反偷税漏税、反盗骗国家财产、反偷工减料、反盗窃国家经济情报”的斗争。① 该条例作为当时惩治贪污腐败分子的法律依据,有力地推动了“三反”“五反”运动的深入进行,打退了资产阶级对新政权的猖狂进攻,为实现对资本主义工商业的社会主义改造打下了坚实的基础。

1956年年底“三大改造”完成之后,新中国开始进入社会主义初级阶段,在政治上开始实行社会主义制度,在经济上确立了社会主义计划经济体制。

由上可见,1979年刑法典之前的刑法立法在理念上,不能称得上是一种具有内在价值和独立意义的社会治理手段,不具备现代刑事法治的基本要素。这种理念指导下的结果是,刑法的确立和变更,取决于政治斗争的需要;刑法的适用,随政治形势而变迁。② 从实际情况来看,通过刑法的统治是一种相对稳定的程序性形式,它可以为政权的统治提供一种形式上的合法性,这与革命时期的武装斗争已然大相径庭。然而,缺乏现代法治理念的刑法规定虽然在短期内可以发挥维护统治秩序的作用,但也存在偏离应然效果的极大风险。随着“朝令夕改”和政治形势的变化,反而会严重影响社会秩序的稳定和国民经济的发展。

(二)1997年刑法典制定前的刑法立法理念:注重维护社会秩序

“文化大革命”的惨痛经历,让人们普遍认识到稳定的政治环境和法制建设的极端重要性。1978年12月中国共产党十一届三中全会的召开,实现了新中国成立以来党的历史的伟大转折,为晚近40余年的中国社会带来了全面、深远的影响。这次会议果断决定停止使用“以阶级斗争为纲”的口号,作出了把党和国家的工作重心转移到经济建设上来,实行改革开放的伟大决策;而且郑重提出了健全社会主义法制的伟大任务,确立了“有法可依,有法必依,执法必严,违法必究”的社会主义法制建设的十六字方针,为我国社会主义法制建设开启了崭新的征程。在此背景之下,新中国第一部刑法典在历经30年的坎坷艰辛之后,终于在1979年7月成功制定,并于1980年1月1日全面施行。这部刑法典即1979年刑法典不仅是新中国刑法史的里程碑,也是新中国国家政治决策与

① 参见《新简明中共党史辞典——“三反”“五反”》,载人民网:http://dangshi.people.com.cn/n/2012/0912/c348858-18988784.html,最后访问日期:2019年6月10日。

② 参见陈晓枫主编:《中国法律文化研究》,河南人民出版社1993年版,第315~316页。

刑法变革关系史的里程碑。[①] 自此之后，我国的刑法立法工作逐步走上正轨，刑法在理念上由对政治统治秩序的关注和调节，转向注重对社会形势变化和经济发展所带来的社会秩序问题作出反应。

长期以来，刑法在人们的印象中就是"刀把子"的形象，就是执行阶级专政职能、镇压阶级敌人反抗、惩罚严重刑事犯罪分子的工具。因而"以暴力镇压为主要功能的刑法，就成了历代刑事立法的共同特征，并构造了中国刑法的主体形象"。[②] 受苏联刑法的影响，新中国 1979 年刑法典的内容在相当程度上体现出保卫社会的思想，如(1)在第 1 条规定的"惩办与宽大相结合的政策"中将"惩办"摆在优先位置；(2)在第 2 条指出刑法任务在于"用刑罚同一切反革命和其他刑事犯罪行为作斗争"，并明确规定了 5 种需要维护的社会秩序；(3)在第 79 条规定了类推制度，旨在保证刑法在惩治犯罪过程中避免出现不必要的遗漏；(4)在分则中设置了反革命罪、流氓罪等构成要件缺乏明确性的罪名，确保刑法能够更充分地实现维护社会秩序的效果。

自 20 世纪 80 年代初开始，随着改革开放的提出和深入，因历史的积累与现实因素的诱发，犯罪总量开始增加。正是在这种犯罪形势下，作为对改革开放初期出现的犯罪增长的一种感应式反应，"严打"政策得以出台。"严打"并不是一项基本的刑事政策，但其作为"惩办与宽大相结合"刑事政策中"惩办"方面的突出表现而受到重视，在相当长的时期内，在一定程度上主导了我国的刑法立法和刑事法治。"严打"政策直接导致 1982 年《关于严惩严重破坏经济的罪犯的决定》和 1983 年《关于严惩严重危害社会治安的犯罪分子的决定》《关于迅速审判严重危害社会治安的犯罪分子的程序的决定》的出台，从而用法律的形式肯定了从重从快惩处犯罪的方针，使"严打"刑事政策具有了法律依据，现实地转化为刑事立法。[③] 此后颁布的多部单行刑法乃至 1997 年刑法典，都在很大程度上体现了"严打"政策的基本要求，使之得到了充分的贯彻落实。[④]

这一时期的刑法立法理念延续了对刑法"刀把子"定位的认识，但政治环境

---

① 参见高铭暄、孙晓：《国家政治决策与刑法的变革》，载郎胜、刘宪权、李希慧主编：《改革开放 30 年刑事法治研究》(上卷)，中国人民公安大学出版社 2008 年版，第 3～4 页。

② 陈晓枫主编：《中国法律文化研究》，河南人民出版社 1993 年版，第 315～316 页

③ 参见赵秉志、阴建峰：《论新中国刑法立法的客观影响因素》，载《南开学报》(哲学社会科学版) 2010 年第 4 期。

④ 参见张远煌、袁彬：《宽严相济刑事政策研究》，载赵秉志主编：《刑事法治发展研究报告》(2006～2007 年卷)，中国人民公安大学出版社 2008 年版，第 49～50 页。

的趋于稳定和经济建设的全面展开,使这种认识关注的重点由先前的统治秩序转向了社会秩序。这种认识表明,国家立法机关对刑法的保卫社会功能仍然寄予了过高的期望,即认为依靠严刑峻法就可以较为圆满地解决社会中的犯罪问题。"刑法万能论"的观念仍然相当流行,而谦抑性的刑法思维尚未得到接受和认同。

由上可见,这一时期受苏联早期刑法和"严打"政策影响的刑法立法,在刑法立法理念上充分体现出对维护社会秩序的注重。从实践情况来看,1979 年刑法典及其之后的一系列单行刑法和附属刑法规范在保卫社会方面确实发挥了有力的作用,不仅充分发挥了刑罚的震慑功能,打击了严重犯罪的嚣张气焰,而且鼓舞了广大人民群众同犯罪分子作斗争的勇气和士气,在一定程度上扭转了社会治安恶化的局面。[①] 然而,犯罪发生的原因复杂多样,刑法及其制裁手段的作用是有限的。单纯依靠刑法的力量严厉惩治犯罪,仅能在一定时期内暂时实现威慑犯罪和维护治安的效果,而其后也会带来不当干涉公民个人生活、侵犯基本人权、过度浪费国家司法资源以及犯罪数量反弹等现象。所以,这一时期的刑法立法理念及立法、司法实践,也引发了人们对我国刑法进行客观、理性的反思,从而也为 1997 年刑法典的修订和实施提供了宝贵的经验。

(三)1997 年刑法典至今的刑法立法理念:保障人权与维护秩序并重

1997 年 3 月 14 日,第八届全国人大第五次会议通过了全面修订的刑法典,这是新中国历史上最完备、最系统、最具有时代气息和里程碑意义的刑法典。[②] 1997 年刑法典诞生于社会急剧转型、经济生活高度活跃、刑法繁多而分散的时代背景之下,大幅修改 1979 年刑法典是为了适应当时社会形势发展的客观需要。[③] 在 1997 年刑法典颁行之前,我国刑法立法主要强调对秩序的维护而忽视了对自由的保障。这其中最典型的体现,当属罪刑法定原则的缺失,随之而来的是刑法立法之明确性的欠缺。按照 1979 年刑法典第 79 条规定的有罪类推适用制度,任何法无明文规定的具有严重社会危害性的行为均"可以比照本法分则最相类似的条文定罪判刑",只是在程序上要"报请最高人民法院核准"。

---

① 参见赵秉志:《对"严打"中几个法律关系的思考》,载《人民检察》2001 年第 9 期。

② 参见高铭暄:《中华人民共和国刑法的孕育诞生与发展完善》,北京大学出版社 2012 年版,序言第 4 页。

③ 参见王渊:《从 1997 年刑法颁行 20 周年看修法变化与未来发展——专访清华大学法学院教授周光权》,载《人民检察》2017 年第 19 期。

从刑法立法的层面上来看，刑法的保障自由价值完全让位于维护秩序价值。不过，1997 年刑法典及之后的刑法立法改变了既往只注重维护秩序而忽略保障人权的立法理念与实践，开始注重保持刑法秩序价值与自由价值的平衡。[①] 因此，1997 年刑法典相对于 1979 年刑法典最重要的“新”，在于理念的改变之新，即 1979 年刑法典更多地强调了惩治犯罪，而 1997 年刑法典强调较多的是人权保障，把人权保障放到较重要的位置。[②] 自 1997 年刑法典颁行以来，在发挥刑法维护社会秩序作用的同时，保障人权的立法理念在我国刑法中得以确立并持续深化，现代刑法的基本精神和基本特征得到彰显，我国的刑事法治也由此走向新层次、新境界。

1. 1997 年刑法典及其之后的刑法立法充分贯彻保障人权的科学理念

作为国家法制的重要组成部分，刑法直接关涉公民的基本人权，人权保护是刑事法治理念的基础要求，是当代刑法机能所蕴含的重要方面。刑法不仅可以通过依法惩罚犯罪来维护社会正常秩序，为广大人民群众提供良好的生产、生活环境，而且也保障无罪的人不受刑罚处罚，防止惩罚权的滥用，并且在惩罚罪犯时也维护其应有权益，使其所受到的惩罚与其犯罪行为和刑事责任相适应，保证其免受不公正的惩罚，并通过刑罚的执行来感化和改造犯罪人，促使其重新回归社会。[③] 与以往的刑法立法相比，1997 年刑法典注重体现保障人权的时代要求，为此进行了一系列重大改革和诸多完善。这主要体现在以下三个方面：(1)1997 年刑法典废除了长期以来备受诟病的有罪类推制度，重申了从旧兼从轻的时间效力原则，分解了“口袋罪”，增强了刑法规范的明确性和可操作性，确立了以人权保障为价值底蕴的罪刑法定原则。这些制度设计，对于刑法规范预测和评价功能的发挥和实现，进而促进对公民基本权利的保障，具有特别重要的意义。(2)1997 年刑法典确立了适用刑法人人平等原则和罪责刑相适应原则，完善了未成年人负刑事责任范围的规定，在分则中依照保障人权的法治理念之要求设置了反对和禁止酷刑的罪刑条款等，有利于保障犯罪嫌疑人、被告人和犯罪人的合法权益。(3)对被害人权益的保护是人权保障的一个非常重要的方面，1997 年刑法典有许多规定都体现了这方面的基本要求。例

① 参见赵秉志：《改革开放 40 年我国刑法立法的发展及其完善》，载《法学评论》2019 年第 2 期。

② 参见张明楷、陈兴良、车浩：《立法、司法与学术——中国刑法二十年回顾与展望》，载《中国法律评论》2017 年第 5 期。

③ 参见赵秉志：《当代中国刑法中的人权保护》(上)，载《中共中央党校学报》2004 年第 4 期。

如，强化了正当防卫制度；为了防止徇私舞弊，设置了追诉时效延长制度；在分则中，通过设置特定的犯罪，来保护未成年人和妇女的合法权益；通过授权变通或补充规定的条款以及具体犯罪的规定，体现对少数民族公民合理的特殊处遇。①

在 1997 年刑法典之后的刑法修正中，我国刑法立法以宽严相济的基本刑事政策为指导，进一步弘扬了保障人权的立法理念。这主要体现在以下三个方面：(1)死刑制度的趋宽改革，包括提高对死缓犯执行死刑的门槛，对老年犯罪人原则上不得适用死刑，针对贪污受贿犯罪增设具有死刑替代功能的终身监禁制度，废止 22 种罪名的死刑，取消 3 种犯罪之绝对确定的死刑规定等。通过严格限制死刑的适用，我国刑罚体系的严厉性有所降低。(2)特殊群体犯罪的从宽处理。这除了对老年人原则上不适用死刑外，还包括对老年人犯罪的从宽处理，对未成年人、怀孕的妇女和老年人适用缓刑从宽，未成年犯罪人不成立累犯等。(3)具体犯罪处理的从宽。这除了死刑改革所涉及的具体犯罪外，还包括提高了逃税罪、贪污罪、受贿罪等多种犯罪的入罪门槛，降低了绑架罪等多种犯罪的法定刑，削减了组织卖淫罪、强迫卖淫罪等多种犯罪的加重处罚情节。通过这些方式，我国刑法对相关犯罪的处罚严厉程度有适当的降低。②

2. 1997 年刑法典及其之后的刑法立法积极发挥维护秩序的应有作用

刑法的规制范围不是由立法者的主观意志决定的，而是由许多客观因素所决定的，其中最主要的因素就是社会抗制犯罪的现实需要。在我国，随着经济的迅速发展和各项改革的深入进行，以经济关系为主的社会关系日益复杂化，刑法立法对处于转型时期的多变的犯罪形势显得应接不暇。新型的、需要运用刑法进行抗制的危害社会行为不断出现，一些过去并不突出的危害社会行为日益突出且危害严重，需要运用刑法进行抗制。可以说，客观的社会形势决定了在较长时期内犯罪化将成为中国刑法立法的基本趋势。③ 因此，在注重保障人权的同时，1997 年刑法典及其之后的刑法立法针对新的犯罪形势和犯罪现象亦积极做出回应，在惩治犯罪、维护秩序方面发挥了积极作用。

---

① 参见赵秉志：《改革开放 30 年我国刑法建设的成就及展望》，载《北京师范大学学报》(社会科学版)2009 年第 2 期。

② 参见赵秉志：《中国刑法立法晚近 20 年之回眸与前瞻》，载《中国法学》2017 年第 5 期。

③ 参见赵秉志：《当代中国犯罪化的基本方向与步骤——以〈刑法修正案(九)〉为主要视角》，载《东方法学》2018 年第 1 期。

1997 年刑法典在保护社会之立法理念的指导下,不仅采纳、吸收了以往刑法立法中的大量相关内容,而且根据当时的社会形势增设了许多必要的制度和罪名。例如,在总则方面,1997 年刑法典的修订主要如下:(1)扩大了我国公民在国外犯罪的刑法适用范围,规定我国国家工作人员和军人在中国领域外犯罪的一律适用中国刑法,其他公民在我国领域外犯罪的,除按我国刑法规定最高刑在 3 年以下有期徒刑以外,一律适用我国刑法。(2)增加了"单位犯罪"一节,进一步扩大了犯罪主体的范围,规定了单位犯罪的概念及处罚原则。[①] (3)修改了 1979 年刑法典第 61 条规定的累犯制度,将构成累犯的后罪发生的时间下限进行了延长,由原来的刑罚执行完毕或者赦免后 3 年改为 5 年等。在分则方面,1997 年刑法典将惩治破坏社会主义市场经济秩序犯罪和危害社会治安的犯罪作为惩治的重点,对这两章规定的内容和罪名最多,其中破坏社会主义市场经济秩序罪包含 8 节 92 条,计 100 种罪名,妨害社会管理秩序罪包含 9 节 91 条,计 119 种罪名,这两章共计 183 条,219 种罪名,占据了刑法分则总计一半以上的条文和罪名。

在 1997 年刑法典之后的刑法修正中,以维护社会秩序的立法理念为指引,在惩治犯罪方面始终坚持以解决实践问题和重点问题的立法导向,致力于解决我国社会领域的各种突出问题,根据违法犯罪的形势对刑法典的罪名进行增设和调整。我国刑法立法的针对性和实施效率不断提升,在现实中充分发挥了打击犯罪的应有作用。通过加大对具体犯罪的治理力度,极大地严密了刑法治理的法网,使我国刑法在社会快速发展过程中持续发挥维护社会秩序的应有作用。具体而言,1997 年刑法典颁行以来我国的刑法修正主要采取了以下三个方面的措施:第一,通过增设大量新罪,扩张犯罪圈。据统计,当前我国刑法立法中的罪名已由 1997 年刑法典颁行时的 412 种扩充至 469 种。仅罪名数量就增加了 57 种,主要分布在"危害公共安全罪""破坏社会主义市场经济秩序罪""妨害社会管理秩序罪"等章,集中表现为恐怖主义犯罪、极端主义犯罪、金融犯罪、信息网络犯罪等大量新型严重危害行为入刑,从而大大严密了刑事法网。第二,通过降低入罪门槛,扩大入罪范围。这方面我国刑法修正的重点是食品药品犯罪、信息网络犯罪等。一些过去适用较少的罪名逐渐被激活。例如,《刑

---

① 参见赵秉志:《中国刑法的演进及其时代特色》,载《南都学坛》2015 年第 2 期;张志钢:《改革开放 40 年来中国刑法立法检视》,载《学术探索》2018 年第 10 期。

法》第288条扰乱无线电通讯管理秩序罪原来的入罪门槛是“经责令停止使用后拒不停止使用,干扰无线电通讯正常进行,造成严重后果”,由于入罪门槛较高,该条文成为我国刑法上的“僵尸条款”,在一段时期内没有出现司法适用的案例。针对这一情况,《刑法修正案(九)》将该罪的入罪门槛修改为“情节严重”,进一步严密了法网。第三,通过调整已有犯罪的构成要件,扩充犯罪行为的范围。这方面的相关调整主要涉及犯罪的主体要件和客观方面。例如,《刑法修正案(六)》将《刑法》第163条的行为主体由公司、企业人员扩大至所有非国有单位人员,该罪的罪名也因此由“公司、企业人员受贿罪”修改为“非国家工作人员受贿罪”,从而显著扩大了该罪的适用范围。我国第一个《刑法修正案》和《刑法修正案(八)》两次对非法经营罪的行为类型进行了扩张。[①]

二、立法模式:由分散立法走向统一立法

刑法立法的模式,是指作为刑法立法活动之成果的刑法的表现形式。[②] 从立法实践来看,我国刑法立法及其修正共有刑法典、单行刑法、附属刑法和刑法修正案4种立法模式。其中,刑法典是国家以“刑法”名称颁布的,系统、全面规定犯罪、刑事责任及刑罚的法律;单行刑法是指国家立法机关颁行的,在形式上独立于刑法典,内容上专门规定犯罪、刑事责任和刑罚的规范性文件的总称;附属刑法是指拥有刑事立法权的国家立法机关在制定经济、行政等非刑事法律中附加制定的,体现国家对一定范围内的特定社会关系加以特别调整的,关于犯罪、刑事责任和刑罚的法律规范的总称;刑法修正案是国家立法机关制定颁布的,对刑法典的某一或某些条款直接予以修改补充,并自动成为刑法典组成部分的刑法规范性文件的总称。以上几种立法模式各有利弊,选择哪种或哪几种立法模式作为我国刑事实体法的表现形式,不仅要由规定的内容和调整的范围所决定,同时也要受到刑法立法技术和立法经验的直接影响。

新中国成立70年来我国刑法立法的演进轨迹表明,社会稳定与刑法立法模式之间具有高度的关联性。在社会急剧变革时期,犯罪形势变化迅速,刑法的立法理念需要不断地进行转换,其立法因只能重点考虑局部问题而可能更多地采用单行刑法和附属刑法的立法方式。但在社会发展平稳时期,犯罪态势相

① 参见赵秉志:《中国刑法立法晚近20年之回眸与前瞻》,载《中国法学》2017年第5期。

② 参见赵秉志主编:《刑法总论》,中国人民大学出版社2016年版,第54页。

对稳定,刑法的立法理念不会发生剧变,刑法立法则应坚持采用统一刑法典的模式。当前我国社会总体平稳,统一的刑法典立法模式不仅能够较好地保证刑法立法的统一性、完整性,而且完全能够适应我国刑法修法的灵活性、及时性需要。

正是在中国法治建设的宏大叙事当中,我国刑法立法历经曲折,逐步由分散走向统一,刑法立法的形式和内容也日趋完善。我国刑法的立法模式在新中国成立后至 1997 年刑法典颁行前表现为分散立法模式,这种分散模式可以分为新中国成立初期至 1979 年刑法典颁行前的单行刑法与附属刑法并存阶段和 1979 年刑法典颁行后至 1997 年刑法典颁行前的刑法典与单行刑法、附属刑法并存阶段。应当看到,这种分散立法模式在相当长的一段时期内有其历史必然性和现实合理性,因为任何一部统一、完备、科学的刑法典的成功制定和有效施行都不可能一蹴而就、凭空实现。事实上,1997 年刑法典颁行前的分散立法阶段,也为之后的统一立法阶段提供了立法经验、奠定了内容基础、凝聚了抉择共识。在 1997 年刑法典颁行后,我国刑法在立法模式上开始转向以刑法典为主体的统一立法模式。由于 1997 年刑法典在规定内容、体系结构等方面都具有相当的科学性,因而也为刑法的统一立法模式奠定了良好基础。此外,刑法修正案和刑法立法解释二者各有优势,在维护刑法典主体地位的同时,又能及时对刑法内容作出修正和解释,从而能够成为我国当前刑法立法的最佳模式。所以,我国当前以刑法典为主体、以刑法修正案和刑法立法解释为修改补充途径的统一立法模式,可以使我国刑法的科学性、完备性、统一性不断提升,保持和延续刑法典的时代性及生命力,为刑事司法惩治犯罪不断提供明确指导。新中国成立 70 年以来,我国刑法的立法模式之发展进步趋向在总体上表现为由分散立法走向统一立法,这种特点首先表现为单行刑法和附属刑法在新中国成立后的一段时期内是我国刑法立法的主要模式。之后,1979 年刑法典的颁行实现了刑法典的从无到有,但是这种分散立法模式仍然继续保持。直到 1997 年刑法典颁行和刑法解释、刑法修正案的出台,刑法典在我国刑法体系中的主体地位开始确立,这种统一立法模式在晚近 20 年来的刑法立法中得到不断巩固和加强。

(一)分散立法阶段:新中国成立初期至 1997 年刑法典颁行前

1. 新中国成立初期至 1979 年刑法典颁行前:单行刑法与附属刑法并存

新中国成立初期至 1979 年刑法典颁行前是我国分散立法模式的第一阶

段,具体表现为国家尚未制定出一部统一的全面系统的刑法典,少量而零乱的单行刑法和附属刑法是该阶段刑法立法的主要表现形式。从社会背景来看,新中国在成立初期面临着镇压反革命、巩固新生的人民政权和恢复经济建设两大任务,我国当时不可能也没有条件进行专门、系统、深入的立法准备工作。另外,基于当时的社会背景,我国立法机关在立法思想上表现出一种注重以实用的态度解决现实的问题的立场。例如,当时担任政务院政治法律委员会副主任的彭真同志在1951年5月11日《关于政法工作的情况和目前任务》的报告中曾明确指出:"在立法方面,目前还不宜追求制定一些既不成熟又非急需的完备、细密的成套的法规,以致闭门造车;应该按照当前的中心任务和人民急需解决的问题,根据可能与必要,把成熟的经验定型化,由通报典型经验并综合各地经验逐渐形成制度和法律条文,逐步地由简而繁,由通则而细则,由单行法规而形成整套的刑法、民法。"[①]因此,在上述社会背景和立法思想的影响下,我国在新中国成立初期根据形势和建设的需要,陆续制定出一些单行刑法,如《惩治反革命条例》《惩治贪污条例》《妨害国家货币治罪暂行条例》等,这些单行刑法都是为了配合推进当时开展的各项政治运动专门制定的。此外,《保守国家机密暂行条例》《全国人民代表大会及地方各级人民代表大会选举办法》等非刑事法律和法规中,还对有关的犯罪行为直接规定了具体的附属刑法规范。由于当时没有制定统一的刑法典,对刑事责任、犯罪构成、刑事责任年龄、刑罚种类、量刑原则等涉及刑法总则的内容,有关中央国家机关通过批复、指示、解释等方式作出了规定,弥补了立法的不足,但是缺乏统一性、系统性和规范性。以上单行刑事法律和其他非刑事法律法规中的刑法条款以及大量的有关司法解释、司法文件、司法批复等,都是司法机关办案的依据。这些法律、政策和司法规范,在当时的条件下,对于打击犯罪,巩固人民民主专政的政权,维护社会秩序,保护公民的合法权益,保障经济的恢复和经济建设,都发挥了重要作用,同时也为1979年制定统一的刑法典奠定了基础。[②]

2. 1979年刑法典颁行后至1997年刑法典颁行前:刑法典、单行刑法与附属刑法并存

1979年刑法典的颁行,结束了新中国成立30年尚没有系统的刑法立法规

---

① 彭真:《论新中国的政法工作》,中央文献出版社1992年版,第26页。

② 参见李淳:《略论新中国刑法50年的发展与完善》,载《法学家》2000年第2期。

范的历史。1979 年刑法典在立法形式上采取了统一的法典模式,但是我国的刑法立法并未由此迈向统一立法模式。在 1979 年刑法典颁行后至 1997 年刑法典颁行前,我国刑法立法仍然采取的是分散立法模式,具体表现为 1979 年刑法典与大量的单行刑法、附属刑法并存的局面。从社会背景来看,"文化大革命"结束以后我国的法制建设亟需重新启动,1979 年刑法典的内容主要是按照先前的立法经验和社会情况来制定的,不可能考虑到改革开放对中国社会方方面面带来的急剧而深刻的变化;在立法思想上,1979 年刑法典制定时采取的是"宜粗不宜细"和"宁疏勿密"的立法指导思想,这部刑法典的分则条文只有 103 条,有些严重危害社会的行为必须追究,法律又没有明文规定,因而又同时规定了有条件的有罪类推制度。[①] 这实际上是前一阶段实用主义立法观的延续,因为粗疏的刑法典更便于打击犯罪以保护国家和社会的利益。因此,在上述社会背景和立法思想的影响下,1979 年刑法典才得以较为迅速地制定和颁行,从而在形式上暂时实现了单一刑法典的立法模式。

如前所述,1979 年刑法典的颁行是中国刑法法典化进程中取得的重大成就,但这并不意味着我国刑法由此开启了统一立法模式。

一方面,《惩治军人违反职责罪暂行条例》的制定不是临时动议的应急性立法,而是在 1979 年刑法典制定之前就已经决策要另行制定的。"1979 年制定刑法典时就曾考虑过要否在刑法典中规定军职罪,但后来考虑到来不及研究清楚,决定另行起草军职罪暂行条例。"[②]我国立法机关在制定 1979 年刑法典之前就已经决定另行制定与其相配套的《惩治军人违反职责罪暂行条例》,该条例与 1979 年刑法典相结合才构成了当时我国相对完整的刑法立法体系。因此,1979 年刑法典颁布实施后不久,国家立法机关即开始着手刑法典的补充、完善工作,并很快于 1981 年 6 月 10 日通过了《惩治军人违反职责罪暂行条例》,前后间隔不到两年的时间。

另一方面,随着社会形势的迅速变化,为了发挥刑法立法对刑事司法的指导和规范作用,在 1979 年刑法典颁行之后,我国刑法立法又陆续补充制定了相当数量的单行刑法和附属刑法。这一时期的单行刑法补充了一些新罪名,修改了某些犯罪的构成要件,并且使一些较为抽象的具体犯罪的构成要件更趋于明确化、具

---

① 参见刘艳红:《以科学立法促进刑法话语体系发展》,载《学术月刊》2019 年第 4 期。

② 赵秉志主编:《中国特别刑法研究》,中国人民公安大学出版社 1997 年版,第 749 页。

体化,从而进一步协调了刑法中的罪刑关系;另外,散见于各种非刑事法律中的附属刑法规范也起到了修改、补充和解释刑法典的作用,同时还兼具照应的功能,使刑法与非刑事法律协调起来。[①] 可以说,这些单行刑法和附属刑法规范在很大程度上缓解了1979年刑法典不能及时回应社会现实的尴尬处境。然而,由于诸多单行刑法和附属刑法游离在1979年刑法典之外,缺乏体系上的归纳,显得有些凌乱,不便于全面掌握;而且,单行刑法一个接一个地补充和归纳,彼此缺乏照应,在法条之间常有交叉现象,在法定刑上也难免轻重失衡。特别是我国决定实行有特色的社会主义市场经济体制之后,为了实现经济体制的转轨,各方面都发生了许多深刻变化,仅靠单行刑法和附属刑法对1979年刑法典进行修修补补,已难以做到通盘考虑。[②] 直至1997年刑法典颁行前,我国先后制定了共计25部单行刑法,并且在107部非刑事法律中规定了附属刑法规范,刑法立法的分散性几乎发挥到了极致。[③] 由此可见,这一阶段的刑法立法实践在客观上充分表明了全面修订刑法典的必要性,社会各界亦由此达成了全面修订刑法典的高度共识。

(二)1997年刑法典颁行后至今:以刑法典为主体的统一立法模式

1997年刑法典的全面修订,正式开启了我国刑法以刑法典为主体的统一立法模式。从社会背景上看,随着改革开放的进一步推进和社会主义市场经济体制的建立,我国的法治建设水平有了很大提高,公民的基本权利意识亦有大幅提升;从立法思想上看,积累了近半个世纪的刑法立法经验与实践,进一步凝聚了对1979年刑法典进行全面修订、加强刑法典在刑法体系中主体地位的共识。具体而言,自1997年刑法典颁行,我国晚近20余年的统一刑法立法模式主要体现在以下四个方面:其一,1997年刑法典的科学性和完备性为刑法的统一立法模式奠定了良好的基础;其二,已有的唯一一部单行刑法并没有改变以1997年刑法典为主体的统一立法模式;其三,刑法立法解释为1997年刑法典注入了新的生机与活力;其四,陆续出台的10个刑法修正案有力地维护了刑法典的统一立法模式。

1. 1997年刑法典的科学性和完备性为我国刑法的统一立法模式奠定了良好的基础

1997年3月14日,第八届全国人大第五次会议通过了经系统修订的刑法

---

① 参见赵秉志、张智辉、王勇:《中国刑法的运用与完善》,法律出版社1989年版,第190~191页。

② 参见高铭暄、赵秉志:《中国刑法立法之演进》,法律出版社2007年版,第53页。

③ 参见赵秉志:《改革开放40年我国刑法立法的发展及其完善》,载《法学评论》2019年第2期。

典,这是一部具有划时代意义的重要法典。与以往的刑法立法相比,1997年刑法典的科学性和完备性均达到了一个较高水准,为我国刑法的统一立法模式奠定了良好的基础。具体而言,1997年刑法典在立法形式上实现了制定一部统一刑法典的目标,取消了与刑法典并行而相互独立的单行刑法和附属刑法规范,全面吸收了1979年刑法典和既往各个单行刑法暨附属刑法规范的合理内容,真正实现了我国刑法的法典化。特别是1997年系统修订刑法时,把最高人民检察院当时正在起草的《反贪污贿赂法》纳入刑法典作为分则第八章的"贪污贿赂罪",[①]把中央军委原本拟独立创制的《惩治军人违反职责罪法》纳入刑法典作为刑法典分则第十章的"军人违反职责罪",[②]从而实现了我国刑法立法形式上的统一。

由于1997年刑法典是在全面总结新中国成立尤其是1979年刑法实施以来刑事司法实践经验的基础上,在我国改革开放经过20年,社会主义市场经济体制基本确立的背景下制定的,在立法内容和体例划分上较为科学,体现了相当程度的时代性和前瞻性,这就决定了在其后的一段时期内,刑法的修改和补充将是局部或者微调性质的。同时,1997年刑法典在结构上也为今后刑法修正案的制定提供了充分的空间。[③]

一方面,1997年刑法典规定了一系列充分反映现代法治精神的刑法基本原则和制度。其中最值得肯定的,是明确规定了罪刑法定原则,取消了有罪类推制度,增强了立法的明确性,更改反革命罪为危害国家安全罪,取消或分解了投机倒把罪、流氓罪等口袋罪。另一方面,1997年刑法典规定了相对科学合理的刑法结构和罪名体系。首先,在总则中设置了较为完备的具体制度,兼顾了对犯罪的惩治和对人权的保障,包括确立了属人管辖权,将单位犯罪法定化,放宽累犯的条件,严格缓刑、减刑、假释条件,放宽正当防卫的限度标准并增设特殊防卫制度,增设追诉时效延长的规定,加强对被害人的保护,并在此基础上强化了对未成年人等特殊群体犯罪的特别从宽制度;其次,在分则中按照犯罪同类客体的标准将犯罪种类划分为十章,并设置了较为完备的罪名体系和种类,兼顾了对形形色色犯罪的全面规制和对突出犯罪种类的重点惩治。1997年刑法

① 参见赵秉志、肖中华:《中国刑法的最新改革》,载《现代法学》1998年第2期。

② 参见王汉斌:《社会主义民主法制文集》(下),中国民主法制出版社2012年版,第602页。

③ 参见雷建斌:《1997年以来我国刑法的新进展——写在〈刑法修正案(六)〉通过之际》,载《中国人大》2006年第13期。

典设置了412种罪名,几乎涵括了社会生活的各个方面,同时适应国内改革的需要,将破坏社会主义市场经济的犯罪和妨害社会治安、社会管理的犯罪作为惩治的重点。①

2. 唯一一部单行刑法并没有改变以1997年刑法典为主体的统一立法模式

1998年12月29日,第九届全国人大常委会第六次会议通过了《关于惩治骗购外汇、逃汇和非法买卖外汇犯罪的决定》这部单行刑法,然而这并没有改变我国统一刑法典的立法格局。这个决定在性质上属于单行刑法,使我国刑法规范在客观上形成了刑法典与单行刑法并存的局面,但是从其性质、内容和适用等方面来看,这部单行刑法并没有改变我国刑法立法的统一刑法典模式。②

首先,性质的过渡性。这部单行刑法与1979年刑法典颁行后制定的第一部单行刑法《惩治军人违反职责罪暂行条例》在性质上完全不同,后者在1979年刑法典制定过程中本就已经纳入立法规划当中,而前者在1997年刑法典修订时并未予以考虑。国家立法机关的权威说明显示,我国之所以在1997年刑法典颁行后第二年就很快通过了这部单行刑法,主要是为了应对1997年第四季度开始发生的亚洲金融危机。当时我国出现了大量套汇、骗购外汇行为,严重扰乱了我国的外汇管理秩序;为了有力地打击骗汇、逃汇、非法买卖外汇的违法犯罪行为,保持人民币汇率的稳定,有效防范金融风险,国家立法机关才制定该单行刑法,修改补充逃汇罪,并增设了骗购外汇罪。③ 同时,我国立法工作机关的刑法立法专家曾说明,当时将外汇犯罪的修法内容以单行刑法方式规定,是出于认为这类犯罪具有显著的暂时性、阶段性和时代性特征的考虑,恰恰是为了保证统一的刑法典模式,以方便在将来我国外汇政策调整后对该类犯罪予以除罪化。④ 只不过由于后来我国的外汇政策没有调整,该单行刑法才得以继续存在,但在司法实务中这类有关外汇犯罪的案例已很少见。对此,更有论者认为,该单行刑法的初衷并非要独立于刑法典而对某类犯罪作专门规定,其不过是特殊背景下出于补充刑法典的目的而作出的"救火式"应对,本质上与修正

① 参见赵秉志:《中国刑法立法晚近20年之回眸与前瞻》,载《中国法学》2017年第5期。

② 参见赵秉志:《中国刑法立法晚近20年之回眸与前瞻》,载《中国法学》2017年第5期。

③ 参见戴相龙:《对〈关于惩治骗购外汇、逃汇和非法买卖外汇犯罪的决定(草案)〉的说明》(1988年10月27日在第九届全国人民代表大会常务委员会第五次会议上),载高铭暄、赵秉志编:《中国刑法规范与立法资料精选》,法律出版社2013年版,第221~222页。

④ 参见黄太云:《刑事立法的理解与适用——刑事立法背景、立法原意深度解读》,中国人民公安大学出版社2014年版,第228~229页。

案无异。在此之后出台的刑法修正案,是立法者深思熟虑与反复权衡的结果,而该单行刑法只不过是之前受单行刑法之立法惯性思维影响的一个仓促的尝试罢了。①

其次,内容的单一性。从内容上看,该单行刑法虽然规定了 9 个条文,但其实质内容只有第 1 条和第 3 条,主要是在增设骗购外汇罪的同时修改了《刑法》第 190 条的逃汇罪。与晚近 20 余年来我国刑法的修法数量相比,该单行刑法的修法不仅内容单一,而且数量极少,只约占刑法总修法条文的 1% 。

最后,适用的有限性。该单行刑法是在亚洲金融危机对我国金融安全和外汇管理造成重压的背景下出台的,当时我国外汇储备紧张,但此后我国外汇储备规模已发生巨大变化。国家外汇管理局公布的数据显示,截至 2019 年 4 月末,中国外汇储备规模为 30,950 亿美元。② 在此背景下,骗购外汇、逃汇行为的危害性明显降低。司法实践中已很少追究这两类犯罪的刑事责任,其适用的范围极其有限。在此之后,我国除了这一单行刑法外,没有再制定其他的单行刑法,也没有制定独立于刑法典的附属刑法规范,相反先后出台了 10 个刑法修正案,刑法修正案已毋庸置疑地成为我国当前刑法立法的主要形式。

3. 刑法立法解释巩固了 1997 年刑法典在刑法体系中的主体地位

1997 年刑法典颁行以来,作为国家立法机关的全国人大常委会积极行使宪法和立法法赋予的法律解释权,近年来先后出台了 13 个刑法立法解释文件,对刑法典部分条文的含义以及所使用的概念、术语、定义作出了说明,使相关刑法规范在司法实践中得以更准确地理解和适用,刑法立法解释也由此成为晚近 20 余年来我国刑法的重要渊源之一。刑法立法解释通过对刑法条文的解释和细化,延续和弘扬了 1997 年刑法典的生命力和时代性,避免了更加频繁的刑法修法活动,维护了刑法典的权威性和稳定性,巩固了 1997 年刑法典在我国刑法体系中的主体地位。

在改革开放初期,第五届全国人大常委会第十九次会议就通过了《关于加强法律解释工作的决议》(1981 年 6 月 10 日),该决议规定:凡关于法律、法令条文本身需要进一步明确界限或作补充规定的,由全国人民代表大会常务委员

① 参见刘宪权:《中国刑法发展的时代脉动——97 刑法颁布实施 20 年的刑事法治纵览与展望》,载《法学》2017 年第 5 期。

② 参见《外汇局:4 月中国外储规模 30950 亿美元》,载中国政府网:http://www.gov.cn/xinwen/2019-05/08/content_5389538.htm?_zbs_baidu_bk,最后访问日期:2019 年 6 月 15 日。

会进行解释或用法令加以规定；最高人民法院和最高人民检察院分别对审判工作和检察工作中具体应用法律的问题，可以进行解释；如果最高人民法院与最高人民检察院的解释有原则性分歧，报请全国人大常委会解释或决定。此后，1982年通过的《宪法》规定，全国人大常委会行使法律解释权。对此，2000年《立法法》进一步明确规定，法律有以下情况的，由全国人大常委会解释：(1)法律的规定需要进一步明确具体含义的；(2)法律制定后出现新的情况，需要明确适用法律依据的。由此可见，法律解释权属于全国人大常委会的专属职权，法律解释是全国人大常委会依照法定程序作出的，具有与法律同等的效力，也是一项重要的立法活动。但是，从1997年刑法典之前的立法实践来看，历届全国人大常委会行使法律解释权的活动并不多见。在1997年刑法典颁行后，第九届全国人大常委会针对我国社会主义法律体系基本建立的实际情况，提出在继续建立和完善我国社会主义法律体系的过程中，要进一步强调提高立法的质量。提高立法质量的重要途径之一，就是积极行使法律解释权，加强法律解释工作。① 2000年以来，全国人大常委会先后通过了13个关于刑法有关条文和章节含义的解释文件，进一步丰富了刑法的渊源。② 这些刑法立法解释文件的通过，是国家立法机关行使法律解释权的重要实践，使法律解释工作在刑法领域取得了重要进展，从而带动了整个法律解释工作的开展。③ 可以说，刑法立法解释文件的制定和发布，是我国刑法建设实践中逐步摸索出的一种比较成熟的完善刑法的模式，它不仅可以以国家立法机关权威的形式解决最高人民法院与最高人民检察院在司法适用中的重要分歧问题，而且是国家立法机关弥补刑法立法技术不足、明确刑法规范含义的一种良好的模式，是我国刑事法治化所迈出的重要步伐。④

4. 10个刑法修正案有力地维护了我国刑法的统一立法模式

刑法修正案对刑法典的修改是在刑法典的框架内对条文进行增删，其本身是刑法典的一部分。刑法修正案颁布以后，将其内容纳入刑法典并将刑法典的相关内容进行重新编纂，之后刑法修正案并不与刑法典相互独立，司法实务中

---

① 参见郎胜、雷建斌：《九届人大以来中国刑事立法的发展》，载《中国法律》2003年第4期。

② 参见郎胜：《我国刑法的新发展》，载《中国法学》2017年第5期。

③ 参见郎胜、雷建斌：《九届人大以来中国刑事立法的发展》，载《中国法律》2003年第4期。

④ 参见赵秉志、时延安：《略论关于刑法第93条第2款的立法解释》，载《法制日报》2000年5月28日，第3版。

在定罪量刑时引用的是刑法典的条文而非刑法修正案的条文,这种情形与单行刑法存在根本的区别。[①] 所以,刑法修正案在立法形式上维持了刑法典的体例和结构,保证了刑法的统一性。[②] 具体而言,刑法修正案的每一条都直接指明是对刑法典某一条的修改或补充,这实际上是吸取了日本和法国刑法修改的经验,即对旧条文的修改与补充采用"增删法",这是一种进行法典立法的延伸技术。刑法修正案对刑法典条文增删的具体形式包括:(1)改换,即明文规定将某一条款改为新的内容;(2)增补,即某一条之中或者之后,再增加某一款或者是将某一条分为两条;(3)删除,即删除刑法典中的某一条或某条之下的某一款,使之成为空白条款。[③]

1999 年 12 月 25 日,第九届全国人民代表大会常务委员会第十三次会议通过了第一个《刑法修正案》,我国刑法立法由此正式开始确立以刑法修正案为唯一形式的修法模式。此后,我国立法机关又陆续通过了 9 个刑法修正案,维持了统一的刑法典模式,并使刑法法典化成为一种不可逆转的趋势。这主要体现在:其一,刑法修正案是 1999 年至今我国刑法修法的唯一方式。我国除了 1998 年在特定背景下出于特殊考虑制定过一部单行刑法外,此后自 1999 年至今的 20 年间,国家立法机关在刑法修订时再也没有制定过单行刑法,而是先后制定了 10 个刑法修正案。因而刑法修正案是晚近 20 余年来我国刑法修法的主要方式,也是过去 20 年间我国刑法修法的唯一方式。其二,我国刑法修法的主要内容均采用刑法修正案的方式来完成。晚近 20 余年间,我国刑法修法的条文多达 179 条,除去关于施行时间和部分提示性的条文,属于具体实质性修法内容的条文也多达 162 条。而这其中只有 2 个条文是由单行刑法进行修订的,其余 160 个条文均由刑法修正案修正,占比高达 98.8%。

晚近 20 余年来我国刑法的立法实践表明,以刑法修正案作为修法形式的统一立法模式,具有不容否认的积极价值。[④] 这具体体现在:第一,刑法修正案能保证刑法立法的灵活性。我国刑法立法的经验表明,由于刑法修正案之立法

---

① 参见张明楷、陈兴良、车浩:《立法、司法与学术——中国刑法二十年回顾与展望》,载《中国法律评论》2017 年第 5 期。

② 参见黄京平、彭辅顺:《刑法修正案的若干思考》,载《政法论丛》2004 年第 3 期。

③ 参见谢望原、陈琴:《改革开放 30 年的刑事法制——以刑法立法为视角》,载《法学论坛》2008 年第 6 期。

④ 参见赵秉志:《中国刑法立法晚近 20 年之回眸与前瞻》,载《中国法学》2017 年第 5 期。

权与单行刑法、附属刑法一样归属于全国人大常委会，它们的立法程序也大体相同，因而刑法修正案与单行刑法一样具有灵活性、及时性，针对性强，立法程序相对简便的特点和优点。不仅如此，在某些情况下，刑法修正案的灵活性甚至还要超过单行刑法和附属刑法。以反恐刑法的修正为例，我国不仅在1997年刑法典中创设了涉恐犯罪，而且还通过多个刑法修正案增设、修改了多个恐怖犯罪的立法。但《反恐怖主义法》却直到2015年12月27日才正式出台。如果对恐怖活动犯罪采取单行刑法或者附属刑法的立法模式，按照《反恐怖主义法》的立法进程，势必也要等到2015年年底才能进行规定。而这将迟迟不能满足我国应对恐怖活动犯罪的国际态势发展和治理国内恐怖活动犯罪的现实需要。统一刑法典模式下以刑法修正案创制与完善反恐刑法立法的方式，避开了我国反恐怖主义法制定面临的诸多行政难题，提高了反恐刑法立法的灵活性。

第二，刑法修正案能充分维护刑法立法的统一性。刑法修正案与单行刑法、附属刑法不同，其只能针对刑法典进行修正。刑法修正案在创制过程中和通过时其形式上是独立于刑法典的，但在通过后即成为刑法典的组成部分，即刑法修正案的整个立法内容都必须纳入刑法典的统一结构和体例。这样就明确了新的修法内容与刑法典的关系，有效地避免了新的修法与刑法典原有内容关系的不协调、不明确问题，既促进了刑法立法的协调完善，又便于司法中对刑法立法的正确理解与适用，从而兼顾了维护刑法典的统一性与完善性的需要。① 刑法修正案的方式也有助于更好地明确修法条文的法律内涵，如果对恐怖犯罪采取单行刑法或者附属刑法的立法方式，立法者就无法解决其犯罪客体的合理调整和科学定位问题，进而有可能会损害立法的统一。

第三，刑法修正案能提升刑法的适用效率。与单行刑法、附属刑法相比，刑法修正案的最大优点是能维持刑法典的集中和统一。这对法治发展水平尚有待进一步提高的当代中国而言十分重要，有利于人们更好地理解和掌握刑法规范的内容，进而有助于促进刑法的裁判功能和行为规制功能的实现。事实上，1997年刑法典颁行后的刑法修法经验也表明，统一的刑法立法模式不仅提高了我国司法人员对刑法的认识水平，也提高了普通民众对刑法的认知和认可，从

---

① 参见赵秉志：《论刑法典自身完善的方式》，载《法学杂志》1990年第4期；赵秉志、蒋熙辉：《试论刑法修正案》，载张艾清、李理主编：《贵州法学论坛》，贵州人民出版社2000年版，第26～30页。

而有助于我国社会整体秩序的进一步趋好。

总而言之,自 1997 年刑法典颁行至新中国成立 70 周年之际,我国立法机关共通过了 10 个刑法修正案。这 10 个刑法修正案的修法内容有繁有简、修法主题有专门有综合、修法精神有宽有严,它们及时回应了社会现实对刑法的期待和需求,又避免了单行刑法和附属刑法对刑法典的统一性造成的冲击,有力维护了我国刑法的统一立法模式。

三、立法内容:由相对科学走向更加科学

刑法立法的科学性是刑法立法的基本内在要求,也是我国立法法的要求。我国《立法法》第 6 条第 1 款规定:“立法应当从实际出发,适应经济社会发展和全面深化改革的要求,科学合理地规定公民、法人和其他组织的权利与义务、国家机关的权力与责任。”党的十八大报告明确提出了“科学立法、严格执法、公正司法、全民守法”的方针。在此基础上,党的十八届四中全会又进一步提出要“深入推进科学立法”。纵览新中国刑法立法 70 年,我国刑法立法在内容上实现了一个逐步科学化的过程。

(一)1979 年刑法典之前的刑法立法内容:相对科学

1949 年 10 月 1 日,中华人民共和国宣布成立,这标志着中国的政权建设和法制建设进入了一个新的历史时期。中华人民共和国成立后,最初几年的主要任务,是有步骤地为实现从新民主主义到社会主义的转变而创造条件,没收官僚资本的企业并把它改造成为社会主义国营企业,统一财政,稳定物价,迅速恢复和发展国民经济,完成新解放地区的土地改革,镇压反革命活动,开展反贪污、反浪费、反官僚主义的“三反”运动,以及打退资产阶级进攻的反行贿、反偷税漏税、反盗窃国家资财、反偷工减料、反盗窃国家经济情报的“五反”运动。在这些运动中,总结实践经验,根据需要与可能,先后制定了一批单行刑法,并且在一些非刑事法律中设置了一些附属刑法规范。通过运用这些法律武器,有效地保证并推动了各项政治运动的开展。从相关刑法立法的内容来看,在当时对于新政权的巩固具有一定的积极意义,在特定历史时期具有其相对的合理性和科学性。

例如,中央人民政府委员会于 1951 年 2 月 20 日通过了《惩治反革命条例》,该条例全文共有 21 条,确定了反革命罪的基本概念,规定了 11 项反革命

犯罪,根据罪刑相适应原则的要求,依照罪行的轻重,对反革命犯罪规定了死刑、无期徒刑、有期徒刑(10年以下,3年以上)主刑;同时还规定了剥夺政治权利、没收财产之全部或一部的财产刑。另外,还规定了若干从宽处理的情节以及数罪并罚的原则等。[①] 镇压反革命运动后期,当时的主要任务是集中精力清理积案,组织犯人进行劳动改造,因此,建立各种制度,保证案件的妥善顺利处理是非常必要的。为适应这一需要,先后制定了以下法规:1951年2月4日中央人民政府政务院《关于没收战犯汉奸官僚资本家及反革命分子财产的指示》、1951年6月8日政务院颁布的《保守国家机密暂行条例》、1951年6月22日中央人民政府政务院《关于没收反革命罪犯财产的规定》、1952年6月27日政务院批准、公安部公布的《管制反革命分子暂行办法》及1954年8月26日《劳动改造罪犯刑满释放及安置就业暂行处理办法》等,这些规定与《惩治反革命条例》相互配套,是当时镇压反革命犯罪的有力武器。[②]

中华人民共和国成立前后,为了在全国范围内完成土地改革的任务,防止不法地主的破坏活动,为惩治不法地主的犯罪活动提供量刑的规格和标准,实行土地改革的各大行政区的军政委员会先后颁布了惩治不法地主的单行条例。如1950年9月19日《华东惩治不法地主暂行条例》、11月15日《西北军政委员会惩治不法地主暂行条例》、11月16日《中南区惩治不法地主暂行条例》、12月13日《西南区惩治不法地主暂行条例》。为了配合当时的"三反"运动,为惩治贪污分子提供法律依据,中央人民政府委员会于1952年4月21日公布施行了《惩治贪污条例》,作为当时惩治贪污腐败分子的法律依据。其规定了贪污罪的概念;确定了惩治贪污犯罪的政策原则,即过去从宽,今后从严,多数从宽,少数从严,坦白从宽,抗拒从严和对国家工作人员从严,对非国家工作人员(除一小部分罪大恶极者外)从宽的原则;规定了多样化的刑罚,具体包括死刑、无期徒刑、劳役、管制,以及罚金、没收财产和剥夺政治权利等;以赃计刑,将贪污罪的处罚划分为4个等级;设置了若干法定情节;等等。除了相关的单行刑法外,这一阶段的刑法立法还有许多附属刑法规范。这些法规中,有的制定了比较完整的刑法规范,有的规定得比较简略,但在法律不完备的条件下,与专门的刑事法

---

① 参见高铭暄、赵秉志编:《新中国刑法立法文献资料总览》,中国人民公安大学出版社2015年版,第59~60页。

② 参见高铭暄:《刑法肄言》,法律出版社2004年版,第113页。

规相互配合,共同构成了刑事审判工作的重要法律依据。[①]

(二)1979 年刑法典颁行至 1997 年刑法典修订前的刑法立法内容:逐步科学

从整体上说,1979 年刑法典确是保护人民、惩罚犯罪、维护社会秩序、保障改革开放和现代化建设的有力武器。但是,由于受当时历史条件和立法经验的限制,这部刑法典不论在体系结构、规范内容还是在立法技术上,都还存在一些缺陷。为此,自 1981 年至 1997 年刑法典通过前,全国人大常委会先后通过了 25 部单行刑法。除此之外,还在 107 个非刑事法律中设置了附属刑法规范。[②]这些单行刑法以及非刑事法律中的附属刑法规范,对 1979 年刑法典作了一系列的补充和修改。概言之,这些补充和修改的科学性主要体现在:

第一,在空间效力上,增设了普遍管辖权原则。所谓普遍管辖权,是指对危害国际利益的犯罪,无论犯罪发生于何处,也无论犯罪人、被害人具有何国国籍,各有关义务国均须对其行使刑事管辖权,以惩治国际罪行的一种管辖制度。随着中国改革开放进程的加快与深入,中国先后加入了惩治劫机、劫持人质、侵害受国际保护人员、贩毒等罪行的国际公约,在国际事务中的地位和作用亦日显重要。根据这些国际公约的规定,缔约国应采取必要的措施,对国际罪行行使刑事管辖权,而无论犯罪人是否为本国人、犯罪行为是否发生于其国内。为将这一国际义务同国内刑法相衔接,中国第六届全国人大常委会于 1987 年 6 月 23 日通过了《关于对中华人民共和国缔结或者参加的国际条约所规定的罪行行使刑事管辖权的决定》,规定:对于中华人民共和国缔结或者参加的国际条约所规定的罪行,中华人民共和国在所承担条约义务的范围内,行使刑事管辖权。

第二,在溯及力问题上,采取了从旧兼从轻的处理原则。1979 年刑法典规定了从旧兼从轻原则作为新旧法适用的原则,该法第 9 条规定:“本法自一九八〇年一月一日起生效。中华人民共和国成立后本法施行以前的行为,如果当时的法律、法令、政策不认为是犯罪的,适用当时的法律、法令、政策。如果当时的法律、法令、政策认为是犯罪的,依照本法总则第四章第八节的规定应当追诉的,

---

① 参见高铭暄、赵秉志:《中国刑法立法之演进》,法律出版社 2007 年版,第 37 页。

② 例如,《文物保护法》《专利法》《兵役法》《森林法》《渔业法》《矿产资源法》《邮政法》《海关法》《进出口商品检验法》《传染病防治法》《军事设施保护法》《铁路法》《国家安全法》《对外贸易法》《戒严法》《煤炭法》《保险法》等法律中,都有“构成犯罪的,依法追究刑事责任”的规定。

按照当时的法律、法令、政策追究刑事责任。但是,如果本法不认为是犯罪或者处刑较轻的,适用本法。”1979年刑法典将从轻理念纳入刑法典,至此,中国刑事法律之溯及力正式进入首部刑法典,并且一直是刑法典的必备内涵。①

第三,在犯罪主体问题上,增加了某些罪的单位犯罪的规定。在中国1979年刑法典中,并没有将单位作为犯罪的主体加以规定。然而,随着社会的发展,出现了一些以企事业单位、社会团体等名义实施犯罪的现象,由此在刑法学界引发了单位能否实施犯罪以及应否作为犯罪主体在刑法中加以规定的争论。全国人大常委会于1987年1月22日通过了《海关法》,该法第47条第4款规定:“企业事业单位、国家机关、社会团体犯走私罪的,由司法机关对其主管人员和直接责任人员依法追究刑事责任;对该单位判处罚金,判处没收走私货物、物品、走私运输工具和违法所得。”海关法的这一规定,拉开了中国立法承认单位犯罪主体的序幕。自1988年1月以后,全国人大常委会通过的一系列单行刑法除了再次明确单位可以成为走私罪的主体外,又进一步规定企业事业单位、机关、团体可以成为逃汇套汇罪、非法倒卖外汇牟利的投机倒把罪、受贿罪、行贿罪、偷税罪、淫秽物品犯罪、商标犯罪、伪劣商品犯罪等罪的主体。

第四,补充了共同犯罪定罪和处罚原则。例如,1988年1月21日全国人大常委会通过的《关于惩治贪污罪贿赂罪的补充规定》第1条第2款规定:“与国家工作人员、集体经济组织工作人员或者其他经手、管理公共财物的人员勾结,伙同贪污的,以共犯论处。”这一规定表明,身份犯与非身份犯共同犯罪时,按身份犯的犯罪性质定罪。再如,1988年1月21日全国人大常委会通过的《关于惩治走私罪的补充规定》第4条第2款规定:“二人以上共同走私的,按照个人走私货物、物品的价额及其在犯罪中的作用,分别处罚。对走私集团的首要分子,按照集团走私货物、物品的总价额处罚;对其他共同走私犯罪中的主犯,情节严重的,按照共同走私货物、物品的总价额处罚。”可见,在经济性、财产性犯罪中,对犯罪的总数额负责的,不仅是犯罪集团的首要分子,而且还有其他情节严重的主犯。

第五,在刑罚制度上进行了补充,除了1979年刑法典规定的刑罚制度外,还增设了新的缓刑制度。如《惩治军人违反职责罪暂行条例》第22条规定:“在战时,对被判处三年以下有期徒刑没有现实危险宣告缓刑的犯罪军人,允许其

---

① 参见熊建明:《中国刑法溯及力规范演化辨考》,载《中山大学法律评论》2016年第2期。

戴罪立功,确有立功表现时,可以撤销原判刑罚,不以犯罪论处。”对于这一规定,中国刑法学界称为“战时缓刑”。

第六,在罪状(具体犯罪构成)上,对某些罪补充规定了概念、特征,使这些犯罪的构成要件更加明确、具体。如《关于惩治贪污罪贿赂罪的补充规定》规定了贪污罪、受贿罪、行贿罪的概念、特征;《关于惩治偷税、抗税犯罪的补充规定》规定了偷税罪、抗税罪的概念、特征。有些单行刑法根据犯罪的情节、数额档次,细化了某些犯罪的法定刑档次,从而便于司法的操作。例如,1979年刑法典对贪污罪规定的法定刑为三个档次,而《关于惩治贪污罪贿赂罪的补充规定》则将贪污罪的法定刑细化,即根据情节轻重,将贪污罪规定的法定刑调整为四个档次。

从上述补充和修改情况来看,由于在刑法典之外,还有这么多单行刑法和附属刑法,缺乏一个体系上的归纳,显得有些零乱,不便于全面掌握。我国1979年刑法典开启了新中国刑法立法系统化的征程。但在1979年刑法典颁行之后至1997年刑法典颁行之前这一阶段,我国刑法立法力求科学但仍存在诸多不甚科学之处。这主要体现在:一是刑法立法的工具色彩明显。在罪刑法定原则缺失的背景下,立法者赋予了司法机关追究几乎所有严重违法行为的可能性。刑法的入罪功能极度扩张,出罪功能限缩。刑法作为一个独立的体系,更多地服务立法者惩治犯罪的目的,而疏于贯彻现代刑法保障人权的基本精神和制度要求。二是刑法的制度建设不够全面。一方面,1979年刑法典及之后特别刑法规范已有制度的规定存在较多问题,如未成年人犯罪的刑法立法不够全面,死刑适用范围过宽,累犯、数罪并罚等刑罚制度不够完备;另一方面,1979年刑法典存在多种制度缺失,如老年人犯罪从宽制度的缺失,保安处分制度的缺失等。三是刑法的罪名体系不科学。这不仅体现为这期间大量已有犯罪的规定不科学,归类不合理,犯罪的成立条件和处罚不适当,还体现为大量新型犯罪的刑法立法缺失,如缺乏网络犯罪、环境犯罪、国际犯罪等具体犯罪的立法。

(三)1997年刑法典至今的刑法立法内容:更加科学

刑法立法的科学水平是一国刑事法制建设整体水平的反映。我国1997年刑法典在1979年刑法典的基础上较好地推进了刑法立法的科学化。我国1997年刑法典吸收、整合并完善了1979年刑法典及之后的全部单行刑法和附属刑法规范,使刑法立法更为完备和科学。一方面,刑法制度设置更为完备科学,兼顾了对犯罪的惩治和对人权的保障，包括确立了属人管辖权，将单位犯罪法定化，放宽了累犯的条件，严格了缓刑、减刑、假释条件，修改反革命罪为危害国家安全罪，放宽正当防卫的限度标准并增设特殊防卫制度，增设追诉时效延长的规定，加强了对被害人的保护，并在此基础上强化了对未成年人等特殊群体犯罪的特别从宽制度；另一方面，刑法罪名设置完备，兼顾了对犯罪的全面惩治和重点惩治。1997 年刑法典设置了 412 种罪名，几乎涵括了社会生活的各个方面，同时为适应国内改革的需要，将惩治破坏社会主义市场经济犯罪和危害社会治安的犯罪作为惩治的重点，其中“破坏社会主义市场经济秩序罪”一章共 92 条，“妨害社会管理秩序罪”一章共 91 条，两者占分则全部 350 个条文的 52%。[①] 在此基础上，之后的 1 部单行刑法和 10 个刑法修正案进一步完善了我国刑法的立法内容，包括增设了老年人犯罪从宽制度，进一步严格控制和减少死刑的适用，完善管制、累犯、坦白、缓刑、假释等制度的适用，增设了禁止令、从业禁止制度，进一步完善了刑法的罪名体系和法定刑设置，刑法立法的科学性得到了进一步增强。这些立法特别是《刑法修正案（八）》《刑法修正案（九）》的立法，引发了社会的广泛关注并获得了刑法学界、实务界的充分肯定。[②]

经由系列立法修改，我国刑法立法的科学性得到了进一步的提升。这主要体现在以下四个方面：

第一，刑法立法理念的科学化。刑法立法需要一定的观念指引。合理的刑法立法理念对推动刑法立法的科学化具有积极作用。我国刑法立法较好地坚持了科学立法的基本理念：（1）始终坚持以解决实践问题为主的立法导向。1997 年刑法典颁行后的 20 多年间，我国社会发展迅速，违法犯罪的形势变化很大，新型犯罪层出不穷。在此背景下，我国刑法立法坚持问题导向，一方面针对新出现的违法犯罪行为，增设了大量的新罪名，如恐怖主义犯罪、极端主义犯罪、信息网络犯罪等，进一步严密了刑事法网；另一方面针对犯罪态势的变化，适时调整了诸多原有犯罪的构成要件和刑事处罚规定，如取消了嫖宿幼女罪，调整了绑架罪、组织卖淫罪、强迫卖淫罪等多种犯罪的法定刑。通过这些立法调整，我国司法实践中面临的许多突出问题都得到了较好的解决。（2）始终坚

① 参见赵秉志：《中国刑法的百年变革——纪念辛亥革命一百周年》，载《政法论坛》2012 年第 1 期。

② 参见赵秉志：《〈刑法修正案（八）〉宏观问题探讨》，载《法治研究》2011 年第 5 期。

持以解决重点问题为重心的立法方向。当今我国社会正处于新的转型期,各个领域都有诸多问题需要立法作出回应和应对。1997 年刑法典颁行 20 多年来,我国刑法立法主要致力于解决社会领域的各种突出问题,其中最为突出的当属特殊群体的刑法保护、刑事制裁措施的调整以及恐怖主义犯罪、极端主义犯罪、信息网络犯罪、金融犯罪、腐败犯罪的立法完善等。对这些重点问题的解决,提高了刑法立法的针对性和效率,促进了刑法立法的科学性。

第二,刑法立法政策的科学化。我国 1979 年刑法典创制时,强调要立足于惩办与宽大相结合的基本刑事政策。[①] 后来在 20 世纪 80 年代初开始奉行的"严打"刑事政策对惩办与宽大相结合的基本刑事政策造成了冲击和影响,以致到 1997 年修订刑法典时并未像 1979 年那样再在法律中载明惩办与宽大相结合的刑事政策,但惩办与宽大相结合作为我国基本刑事政策的地位并未被否定,而且在 1997 年刑法典中也得到了基本的体现。自 2005 年起,我国开始将基本刑事政策由惩办与宽大相结合逐步调整确立为宽严相济。宽严相济的刑事政策是惩办与宽大相结合刑事政策的继承与发展,该政策要求在刑事法治领域要宽中有严、严中有宽、宽严相济、宽严有度。[②] 作为我国现阶段的基本刑事政策,它既指导刑事司法,也指导刑事立法和刑事执行。[③] 以宽严相济的基本刑事政策为指导,2009 年的《刑法修正案(七)》开始注意刑法立法内容上的从严与从宽相结合,2011 年的《刑法修正案(八)》和 2015 年的《刑法修正案(九)》进一步强化了刑法立法上的宽严相济,其中值得特别关注的是刑法立法在从宽方面的三大举措:(1)死刑制度的趋宽改革,包括提高死缓犯执行死刑的门槛、对老年犯罪人原则上不得适用死刑、针对贪污受贿犯罪增设具有死刑替代功能的终身监禁制度、废止 22 种罪名的死刑、取消 3 种犯罪之绝对确定的死刑规定等。通过严格限制死刑的适用,我国刑罚体系的严厉性有所降低。(2)特殊群体犯罪的从宽处理。这除了对老年人原则上不适用死刑外,还包括对老年人犯罪的从宽处理,对未成年人、怀孕的妇女和老年人适用缓刑从宽,未成年犯罪人

---

① 1979 年刑法典把惩办与宽大相结合的刑事政策载明为制定刑法的政策依据,其第 1 条规定:"中华人民共和国刑法,以马克思列宁主义毛泽东思想为指针,以宪法为根据,依照惩办与宽大相结合的政策,结合我国各族人民实行无产阶级领导的、工农联盟为基础的人民民主专政即无产阶级专政和进行社会主义革命、社会主义建设的具体经验及实际情况制定。"

② 参见赵秉志:《和谐社会构建与宽严相济刑事政策的贯彻》,载《吉林大学社会科学学报》2008 年第 1 期。

③ 参见马克昌:《论宽严相济刑事政策的定位》,载《中国法学》2007 年第 4 期。

不成立累犯等。(3)具体犯罪处理的从宽。这除了死刑改革所涉及的具体犯罪外,还包括提高了逃税罪、贪污罪、受贿罪等多种犯罪的入罪门槛,降低了绑架罪等多种犯罪的法定刑,削减了组织卖淫罪、强迫卖淫罪等多种犯罪的加重处罚情节。通过这些方式,我国刑法对相关犯罪的处罚力度有所降低。

第三,刑法重要制度的科学化。我国刑法立法的改革以具体犯罪的改革为重心,同时重视刑法制度的重大改革,并取得了积极成效:(1)实现了刑事制裁措施的多元化。长期以来,我国刑事制裁措施总体上较为单一,主要以自由刑为核心,着重追求实现刑事制裁的报应正义。随着我国犯罪圈的扩张,人身危险性在犯罪结构中的地位逐渐得到提升,单一化的刑事制裁措施已难以适应犯罪结构的这一变化。在此基础上,我国通过《刑法修正案(八)》《刑法修正案(九)》先后增设禁止令、从业禁止等多项预防性措施,同时增设了专门针对特重大贪污罪受贿罪的终身监禁制度,推动了刑事制裁措施的多元化,有助于提升刑法的治理效果和水平。(2)促进了刑罚制度的实质化改革。我国传统刑事制裁体系在一定程度上存在重刑(主要是较重的刑种)过重、轻刑(主要是较轻的刑种和刑罚制度)过轻的缺陷。为了弥补这一缺陷,我国《刑法修正案(八)》在轻刑设计方面专门增设了社区矫正制度。该制度对我国刑罚制度进行了多方面的实质化改革,包括通过完善社区矫正的内容和措施进一步充实了管制刑的内容,避免了管制刑因处罚过轻而容易被虚置;赋予缓刑、假释更具体的内容,提升了缓刑、假释的社会效果。(3)推动了刑罚体系的轻缓化。如前所述,这主要体现在死刑制度改革、特殊群体犯罪从宽、若干具体犯罪从宽三个方面。它们共同推动了我国刑事处罚的轻缓化发展。(4)死刑制度改革取得了显著成效。《刑法修正案(八)》废除了 13 种犯罪的死刑,在此基础上《刑法修正案(九)》又一次性废除了 9 种犯罪的死刑,使我国刑法分则的死刑罪名由之前的 68 种减至 46 种;提高了死缓犯执行死刑的门槛,《刑法修正案(九)》将死缓犯执行死刑的条件由之前的"故意犯罪"修改提高为"故意犯罪,情节恶劣的",同时规定,死缓犯"故意犯罪"但不属于"情节恶劣的",不执行死刑但应重新计算死刑缓期执行的期间并报最高人民法院备案;适度限制、调整死缓犯的减刑、假释,根据《刑法修正案(八)》的规定,死缓犯在死刑缓期执行期间,如果确有重大立功表现,2 年期满以后,减为 20 年有期徒刑。对被判处死刑缓期执行的累犯以及因故意杀人、强奸、抢劫、绑架、放火、爆炸、投放危险物质或者有组织的暴力性犯罪被判处死刑缓期执行的犯罪分子,人民法院根据犯罪情节等情况可以同时决定在减为无期徒刑或者 20 年有期徒刑后,不得再减刑。这大大提高了死缓犯的实际执行期限;原则上废止老年犯罪人的死刑适用,根据《刑法修正案(八)》的规定,审判时已满 75 周岁的老年人,除以特别残忍手段致人死亡的外,不适用死刑;《刑法修正案(九)》废止了 3 种犯罪绝对确定的死刑,将绑架罪、贪污罪和受贿罪原来绝对确定的死刑修改为相对确定的死刑,赋予了司法机关在刑罚适用上更多的选择权,有利于限制死刑的适用。

第四,罪刑关系设置的科学化。我国通过刑法立法调整,从多方面完善了罪刑关系:(1)定罪量刑标准的调整。例如,《刑法修正案(八)》将《刑法》第 153 条走私普通货物、物品罪的定罪量刑标准由过去单纯的"数额"(偷逃应缴税额)修改为"数额 + 其他情节";《刑法修正案(九)》进一步将贪污罪受贿罪的定罪量刑标准由过去单纯的"数额"(贪污受贿数额)修改为"数量 + 其他情节"。[①] 这样既突出了数额在相关经济犯罪和腐败犯罪中的地位,又可避免因单纯的数额标准所可能导致的罪刑失衡,从而提高了刑法立法的科学性。(2)量刑档次的调整。这一方面体现为法定量刑档次的增设,如《刑法修正案(七)》针对《刑法》第 395 条的巨额财产来源不明罪增加了一档"差额特别巨大的,处五年以上十年以下有期徒刑"的法定量刑幅度;另一方面体现为量刑档次内量刑幅度的调整,如《刑法修正案(九)》将贪污罪受贿罪的量刑档次由原来的"四大档四小档"(总体上分为四个大的量刑幅度,但在每个量刑幅度内又包括另一个小的量刑幅度)修改为"三大档一小档"(总体上分为三个大的量刑幅度,但在最高量刑幅度内又包括另一个小的量刑幅度)。这样,法定量刑幅度得到了适当的扩大,并且避免了修法之前该罪不同量刑幅度之间的交叉,具有相当的科学性。(3)具体犯罪的刑罚增设。1997 年刑法典颁行 20 多年间,我国针对大量的经济犯罪、计算机网络犯罪、职务犯罪等增设了财产刑,提高了刑罚惩治的针对性和力度,也更好地促进了罪刑关系设置的科学性。

四、立法技术:由粗疏立法走向精细立法

立法技术的粗疏与精细能够在很大程度上反映一国刑法的立法水平。从总体上看,我国 1979 年刑法典的立法技术相对粗疏,直到 1997 年全面修订刑法典,我国日益重视刑法立法技术,刑法立法技术也逐步由粗疏走向精细。

---

① 参见赵秉志:《贪污受贿犯罪定罪量刑标准问题研究》,载《中国法学》2015 年第 1 期。

(一)1997年刑法典之前的立法技术:粗疏立法

在1997年刑法典颁行之前,我国刑法立法的重点是应对当时不断涌现的新型违法犯罪行为,大量增设新的犯罪,并普遍提高原有犯罪的法定刑。受立法重点的影响,同时由于当时立法缺乏统一性,刑法立法对技术的关注较少。这除了不同刑法条文之间的关照较少、相互之间存在许多不统一甚至矛盾之外,刑法用语过于概括、刑法含义不甚明确也是这一阶段我国刑法立法技术粗疏的重要体现。主要体现在:(1)刑法立法的确定性不够。在一般情况下,法条规定的内容越明确,对司法机关就越具有指导性,因而亦越具有较大的可操作性,对于贯彻刑事法治原则和加强刑法保障功能具有重要意义。但是,1979年刑法典由于立法经验不足,根据实际情况,刑法规定了类推,所以理论上说1979年刑法还不是完全的罪刑法定。对每一个公民来说,定罪处刑是严肃的事情,国家必须通过法律明示出来。另外,1979年刑法对投机倒把罪、流氓罪、玩忽职守罪规定得比较抽象,实践中称为"口袋罪",口袋罪的特征是采取了空白罪状或者兜底式条款的规定方式,使其行为和其他构成要件要素处于一种开放的状态。改革开放前,为保持经济稳定,老百姓异地运输、买卖商品赚差价,就被说成是投机倒把,对搞活经济是一个束缚,不符合改革开放的需要。[①] 总之,1979年刑法中存在的投机倒把罪、流氓罪和玩忽职守罪三个口袋罪,是典型的立法粗疏的表现,[②]这大大影响了刑法立法的确定性,不利于一般公民对于刑法的预知和对公民合法权利的保障。(2)刑法立法语言的准确性和规范性不够。刑法立法用语是否准确,在一定意义上能反映出刑法立法技术水平的高低。1979年刑法典关于反革命罪的规定,对于维护国家安全,曾经起了很大作用。但是随着国家政治、经济和社会情况的发展,反革命罪名的适用遇到了一些新情况、新问题。有些反革命罪,规定"以反革命为目的"在实践中有时很难确定,而且"反革命"用语并非严格意义上的法律用语。另外,反革命犯罪条款中有很多规定是属于普通刑事犯罪性质的,如"聚众劫狱或者组织越狱""制造、抢夺、盗窃枪支、弹药"等。1979年刑法典在第1章"刑法的指导思想、任务和适用范围"中,增加了刑法指导思想的内容,体现在第1条中,表述为"以马克思列宁主义毛泽

---

① 参见胡康生:《1997年修改刑法:废止类推罪刑法定》,载《光明日报》2018年12月17日,第13版。

② 参见陈兴良:《回顾与展望:中国刑法立法四十年》,载《中国法学》2018年第6期。

东思想为指针”,这种将政治指导思想写入刑法的做法前所未见,我国其他部门法中也极为罕见。[①]

(二)1997年刑法典及其之后的立法技术:精细立法

1997年全面修订刑法典后,我国刑法的立法技术逐步受到重视,并逐渐走向精细。这主要体现在四个方面:

(1)刑法用语的精细化。与之前的刑法立法相比,1997年刑法典及之后的单行刑法和刑法修正案更加注重刑法用语的精确性。例如,1979年刑法典中的许多模糊用语都被改为更加明确、具体的用语。这使我国刑法对具体犯罪构成要件的规定更加明确,犯罪圈更加清楚,有利于更好地发挥刑法的人权保障功能。以《刑法修正案(七)》第4条规定的“组织、领导传销活动罪”为例,为便于司法实践中准确认定这一新型的经济犯罪,立法者采用了叙明罪状的表述方式,对该罪的核心概念“传销”以及罪状进行了详细描述,这就大大增强了该条文内容的明确性与可操作性。

(2)法条关系的精细化。根据罪刑法定原则的明确性要求,我国1997年刑法典对具体犯罪的设置采用了更加精细的分类,如诈骗罪被分解成了普通诈骗罪、合同诈骗罪、金融诈骗罪(类罪)等十多个罪名。同样地,致人受伤或者死亡的行为,也依据其发生的情形不同而规定在不同的犯罪之中。这种刑法立法在一定程度上有利于提高人们对具体犯罪行为的认识,提升司法适用的准确性和统一性。在此基础上,我国刑法立法又对一些特殊情形作了更进一步的技术处理。例如,《刑法修正案(九)》为了减少死刑适用的罪名,在取消组织卖淫罪、强迫卖淫罪死刑的同时,规定组织、强迫卖淫“并有杀害、伤害、强奸、绑架等犯罪行为的,依照数罪并罚的规定处罚”。这进一步明确了不同犯罪规定之间的法条关系,既减少了我国死刑罪名,又保持了刑法对杀害、伤害等严重危及人身安全犯罪的惩治力度。[②]

(3)条款设置的精细化。这方面的典型体现是1997年刑法典第199条的“开天窗”立法。1997年刑法典第199条原本规定的是集资诈骗罪、票据诈骗罪和信用证诈骗罪的死刑适用。在《刑法修正案(八)》取消了票据诈骗罪、信

---

① 参见陈兴良:《回顾与展望:中国刑法立法四十年》,载《中国法学》2018年第6期。

② 参见赵秉志、袁彬:《中国刑法立法改革的新思维——以〈刑法修正案(九)〉为中心》,载《法学》2015年第10期。

用证诈骗罪的死刑后，该条变成了集资诈骗罪死刑规定的专门条款。在《刑法修正案(九)》讨论废止集资诈骗罪死刑的过程中，对于能否“开天窗”使该条文成为空白条文，各方存在不少争议。不过，《刑法修正案(九)》最终借鉴国外经验采取了“开天窗”式立法，其第12条规定：“删去刑法第一百九十九条”。这使我国刑法立法的形式和内容更为统一和合理。

(4)强调刑法修正文件形式的完备性。刑法立法工作(包括刑法修正工作)是一门科学和艺术。刑法修正不仅要讲究科学性和技术性，同时也应当重视其形式的完备性。如在送交全国人大常委会会议审议的《刑法修正案(七)》的有关文件中，除有国家立法工作机关负责人关于修法的系统说明外，在《刑法修正案(七)(草案)》条文后还附有“《草案》修改条文对照表”，修法内容十分清晰，刑法修正的技术水平有明显提高。

在立法技术上，《刑法修正案(九)》有两点值得特别关注，表明我国刑法正在积极探索以技术手段革新带动刑法立法的创新和发展：

(1)《刑法修正案(九)》首次在刑法典的条文上“开天窗”。《刑法修正案(九)》第12条规定：“删去刑法第一百九十九条。”这意味着，经《刑法修正案(九)》修正后，刑法第199条就空缺了。对这一现象，刑法理论上习惯地将其称为“开天窗”，并对刑法上是否应当“开天窗”存在一定的争议。不过，在国外，“开天窗”的立法现象十分常见。例如，历经多次修改的《德国刑法典》共有约50个条文的内容被废除，《日本刑法典》也有约10个条文的内容被废除，二者对内容完全被废除的条文都采取了保留其条文号，在后加括号标注“废除”的做法，对刑法典开了“天窗”，而这些刑法典的条文总数并未因此而变化，未影响刑法典的完整性，也未对司法适用造成障碍。[①]《刑法修正案(九)》采取类似立法，既表明我国立法机关对于废止集资诈骗罪死刑的坚决态度，也是我国刑法立法技术的一次革新，值得肯定。

(2)《刑法修正案(九)》开始注重取消死刑罪名的技术革新。死刑罪名过多是我国死刑立法长期受到多方诟病的重要原因。《刑法修正案(八)》和《刑法修正案(九)》排除多重阻力先后共取消了22种犯罪的死刑，是我国死刑立法改革的重大进步。不过，为了减少取消死刑罪名所遇到的改革阻力，同时也为了不因此影响刑法功能的发挥，《刑法修正案(九)》进行了两项技术处理：一是

---

① 参见董文辉：《刑法修正必要时可考虑“开天窗”》，载《检察日报》2011年5月18日，第3版。

取消了组织卖淫罪、强迫卖淫罪的死刑，但同时规定组织、强迫卖淫“并有杀害、伤害、强奸、绑架等犯罪行为的，依照数罪并罚的规定处罚”。而我国刑法典对故意杀人罪、故意伤害罪等都规定有死刑，据此对组织、强迫卖淫过程中采取暴力、胁迫手段构成相关犯罪的，仍有适用死刑的余地和空间。二是取消了走私枪支、弹药罪和走私核材料罪的死刑，但保留了《刑法》第 125 条对非法制造、买卖、运输、邮寄、储存枪支、弹药、爆炸物罪和非法制造、买卖、运输、储存危险物质罪的死刑。对于走私武器、弹药、核材料等行为造成严重后果的，如果按走私武器、弹药罪或者走私核材料罪无法体现罪责刑相适应，实践中也不排除适用《刑法》第 125 条规定的重刑甚至死刑的可能。《刑法修正案（九）》的上述第一项处理方法，表明我国死刑立法改革正由传统的单纯取消死刑罪名走向技术性取消死刑罪名，可视为我国刑法立法的一种技术革新，值得以后的立法借鉴。

五、立法民主：由部门立法走向公众参与

立法民主，一般体现为立法过程的民主，是指立法的整个过程，包括立法议案的提出、审议、表决通过、公布等立法的各个环节应该体现民意，参与者可以充分表达民意，参与讨论、交涉和表决等，最终形成符合多数人意见和声音的权威性法律。[①] 新中国成立 70 年来，我国刑法在立法过程中越来越重视立法主体，并且在立法内容上注重与民情民意的交相呼应，日趋民主化和规范化，刑法立法的修正在民主性轨道上亦渐行渐近。

（一）1997 年刑法典之前的立法：部门立法

综观 1997 年刑法典之前的刑法立法，其立法过程的民主性并未得到较突出的体现，在很大程度上体现为立法机关的部门立法，社会公众的参与度不高。下面以 1979 年刑法典的立法过程为例进行阐释。

新中国第一部刑法典于 1979 年 7 月宣告诞生。这部刑法典的诞生，经历了十分曲折的路程。[②] 早在新中国成立初期，当时的中央人民政府法制委员会就开始了刑法典的起草准备工作。从 1950 年到 1954 年 9 月，草拟了两部立法草案：一部是《刑法大纲草案》，共 157 条；另一部是《刑法指导原则草案（初

---

① 参见熊永明：《论我国刑法立法民主性的贯彻与提升》，载《南昌大学学报》（人文社会科学版）2018 年第 2 期。

② 参见高铭暄：《刑法肄言》，法律出版社 2004 年版，第 91 ~ 95 页。

稿)》,共76条。[1] 由于当时正在进行抗美援朝、改革土地制度、镇压反革命以及"三反""五反"等运动,国家的注意力并没有集中在立法工作上,所以上述两部草案也就只能停留在法制委员会范围内作为两份书面材料保存下来,它们始终没有被提上立法程序,更没有公开向社会征求过意见。

1954年9月召开的第一届全国人民代表大会第一次会议,通过了新中国第一部宪法和5个组织法,[2]标志着中国法制建设进入了一个新的阶段。这对刑法典的起草工作是一个很大的推动。那时,刑法典起草工作由全国人大常委会办公厅法律室负责。法律室于1954年10月开始起草,到1956年11月,已草拟出第13稿。[3] 1956年,在社会主义建设的新形势下,刑法典起草工作加紧进行,到了1957年6月28日,已经草拟出第22稿。[4] 这个稿子经过中共中央法律委员会、中央书记处审查修改,又经过全国人大法案委员会审议,并在第一届全国人民代表大会第四次会议上发给全体代表征求意见。这次会议还曾作出决议:授权人大常委会根据人大代表和其他方面所提的意见,将第22稿进行修改后,作为草案公布试行。决议作出了,征求意见的工作也做了,但"左"的思想倾向急剧抬头,刑法典草案并没有被公布。到了1961年10月,全国人大常委会办公厅法律室又开始对刑法典草案进行一些座谈研究。其中,相关草案的草拟基本上也都是由相关的立法部门进行具体负责,并未有向民众公开的相关报道和做法。

从1962年5月开始,全国人大常委会法律室在有关部门的协同下,对刑法典草案第22稿进行全面修改工作,经过多次的重大修改和征求意见,其中也包括中央政法小组的几次开会审查修改,到1963年10月9日,拟出了第33稿。[5] 但是,很快"四清"运动就起来了,接着又开始了为期十年的"文化大革命"。毛泽东主席一度批评过的"无法无天"此时竟成了全国性的现实。在这种形势下,刑法典草案第33稿被束之高阁。粉碎"四人帮"以后,1978年2月26日至3月

---

① 参见高铭暄、赵秉志编:《新中国刑法立法文献资料总览》,中国人民公安大学出版社2015年版,第86~95页。

② 这5个组织法是:《全国人民代表大会组织法》《国务院组织法》《人民法院组织法》《人民检察院组织法》《地方各级人民代表大会和地方各级人民委员会组织法》。

③ 参见高铭暄、赵秉志编:《新中国刑法立法文献资料总览》,中国人民公安大学出版社2015年版,第95~108页。

④ 参见高铭暄、赵秉志编:《新中国刑法立法文献资料总览》,中国人民公安大学出版社2015年版,第119~130页。

⑤ 参见高铭暄、赵秉志编:《新中国刑法立法文献资料总览》,中国人民公安大学出版社2015年版,第141~151页。

5 日举行的第五届全国人民代表大会第一次会议对法制工作开始有所重视。特别是中国领导人邓小平同志 1978 年 10 月的一次谈话(该谈话在刑法起草班子上作了传达),对民主与法制的问题讲得很透彻。就在这次谈话以后不久,中央政法小组立即召开法制建设问题座谈会,提出“组织各方面通力协作”来搞法制建设。从 1978 年 10 月中旬开始,刑法草案的修订班子对第 33 稿进行修改,先后修改了两部稿子。[①] 在此过程中,中国共产党召开了具有历史意义的十一届三中全会,三中全会的精神对于刑法典起草工作无疑是极重要的指导和强有力的推动。1979 年 2 月下旬,全国人大常委会法制委员会宣告成立,在彭真同志的主持下,从 3 月中旬开始,对立法工作抓紧进行。刑法典草案以第 33 稿为基础,结合新情况、新经验和新问题,征求了中央有关部门的意见,作了较大的修改,先后拟了 3 个稿子。[②] 第 2 部稿子于 5 月 29 日获得中央政治局原则通过,接着又在法制委员会全体会议和第五届全国人大常委会第八次会议上进行审议,审议中又作了一些修改和补充,最后在第五届全国人大第二次会议上于 7 月 1 日下午 4 时 5 分获得一致通过。7 月 6 日正式公布,并规定自 1980 年 1 月 1 日起施行。至此,中国 1979 年刑法典宣告诞生。这也是中华人民共和国成立近 30 年第一次有了刑法典。

可见,在 1979 年刑法典的制定过程中,主要是在中央机关内部进行讨论,虽然也曾吸纳相关专家进入刑法修改小组,比如,高铭暄教授曾参与由全国人大常委会办公厅法律室负责组建的起草班子,参与草拟条文、收集资料等工作,[③]但是主要也是为相关立法部门的刑法立法工作提供相关的智力支持,是作为立法部门的工作人员参与工作的,所以此时的刑法立法工作主要还是体现为中央立法机关的部门立法。

(二)1997 年刑法典及其之后的立法:公众参与立法

刑法立法的民主性是刑法立法科学性的重要基础和保障,也是刑法充分发挥其功能的重要前提。近年来,我国刑法立法的民主性得到了较大的提升。这

---

① 参见高铭暄、赵秉志编:《新中国刑法立法文献资料总览》,中国人民公安大学出版社 2015 年版,第 151 ~ 175 页。

② 参见高铭暄、赵秉志编:《新中国刑法立法文献资料总览》,中国人民公安大学出版社 2015 年版,第 188 ~ 225 页。

③ 参见张雪、张伟:《新中国刑法铭刻他的心迹——访刑法学家高铭暄》,载《检察风云》2009 年第 13 期。

主要体现在两个方面：

其一，刑法立法工作注重听取社会意见和建议。我国1997年系统修订刑法典时，就曾向社会公开征求意见，并引发社会各界的广泛讨论。这一立法工作趋向在1997年刑法典之后得到了进一步加强。在法律草案出台后向社会公开征求意见，已经成为我国刑法立法工作的常态和国家立法机关修法中的基本工作方式。与以往不同的是，这一立法常态于过去20年间在三个方面得到了进一步拓展：(1)立法调研的民主性不断加强。广泛的立法调研是增强立法科学性的重要保障，也是立法民主的具体体现。过去20年间，我国立法工作机关的立法调研已经由单纯的部门调研走向社会调研，不仅广泛征求相关部门、专家学者的意见，还注重听取行业协会、行业代表和社会民众等各方面的意见。(2)立法过程的公开性不断增强。立法的公开性是立法民主性的重要承载和保证。不公开的立法很难体现民主。过去20年间，我国刑法立法过程的公开性不断增强。一方面，刑法立法审议的透明度明显提高，全国人大常委会对刑法草案的每次审议意见都能够由媒体广泛报道，为社会所知悉；另一方面，刑法立法草案更加公开透明。在《刑法修正案(九)》之前，每个刑法修正案的草案都是在第一次立法审议后向社会公开；《刑法修正案(九)》立法审议期间，我国立法机关不仅将草案的第一次审议稿向社会公开，还将之后的第二次审议稿也向社会公开，实现了刑法修正草案向社会公开的最大化。(3)修法意见被采纳的程度得以提高。在刑法修正草案向社会公开的基础上，我国立法机关还十分注重听取各方意见，每次都会整理、研究社会各方面的意见和建议，并在立法审议过程中将整理、研究的情况向全国人大常委会汇报，这进一步提升了刑法立法的民主性。

其二，社会各界对刑法立法的参与程度明显提升。随着公民权利意识的提升，人们逐渐认识到刑法立法内容的重要性，社会各界对刑法立法的参与度明显提升。例如，《刑法修正案(九)》因其涉及内容广泛且重要，社会各界高度重视并积极参与。据统计，《刑法修正案(九)(草案)》一审稿向社会公开征求意见后，共有社会民众15,096人提出了51,362条意见；二审稿向社会公开征求意见后，共有76,239位网民通过网络提出了110,737条意见。[①] 这一数字要远远高于同期进行的其他立法，表明社会各界对刑法立法的高度重视和积极参与。

---

① 参见第十二届全国人大常委会第十六次会议参阅资料(一)：《中华人民共和国刑法修正案(九)(草案三次审议稿)参阅资料》，第23～33页。

第四章 新中国刑法立法未来的发展前瞻

党的十八大提出,依法治国是党领导人民治理国家的基本方略,法治是治国理政的基本方式,要更加注重发挥法治在国家治理和社会管理中的重要作用,全面推进依法治国,加快建设社会主义法治国家。新中国成立 70 年间,我国刑法立法在立法理念、模式和内容上都取得了积极进展,刑法立法的民主性、科学性和完备性都得到了不同程度的增强。但不可否认的是,我国刑法立法在观念、结构和制度设计上仍然存在一些缺陷。可以预见的是,尽管我国现行刑法典的体系能够基本满足现阶段犯罪治理和刑法修正的需要,但随着社会发展对完善刑法典呼声的不断增强,我国全面修订刑法典的时机正逐步来临。我国未来的刑法立法改革走向,是要总结我国刑法立法的既往经验,正视其存在的不足,在纷繁复杂的现实之中,坚持理性的刑法立法观,积极探索刑法立法的结构优化、制度改革和立法技术完善,不断地从结构、制度和立法技术这三个方面完善刑法典。唯有如此,我国刑法立法的统一性、民主性、科学性和完备性才能持续地提升,从而进一步推动我国刑事法治建设的进步。

一、刑法立法发展的基本条件

新中国 70 年,我国改革开放总体上经历了一个起步、全面展开、加快发展和新发展的过程。其中,1978 年至 1982 年是我国改革开放的起步阶段,中共十二大到邓小平 1992 年南方谈话前是我国改革开放全面展开阶段,邓小平南方谈话开始到 20 世纪末是我国改革开放的加快发展阶段,21 世纪开始至今是我国改革开放新的发展阶段。[①] 与此相伴随,我国刑法立法也经历了一个起步、扩张和发展完善的过程,两者基本同步。从刑法立法发展的轨迹来看,刑法立法的发展水平与社会状况、形势政策、刑事司法、国际社会等因素密切相关。刑法立法的科学发展依赖于和谐稳定的社会发展状况为刑法立法创造良好的基本社会条件;刑事政策对刑法立法有直接的指导意义,刑事政策是刑法立法的根据,刑事政策的演进要求刑法立法作出相应的调整;刑事司法是刑法立法的具体运用,并起到补白、促进、改进刑法立法的作用;刑事立法同时也要因应社会治理的需要;在改革开放深入发展的社会情境下,国际准则和国外先进立法经验,必然会对我国的刑法立法产生影响。

(一)和谐稳定的社会发展状况是刑法立法的基本社会条件

立法要以社会物质生活条件为基础,这是马克思主义法学的核心思想,也是马克思主义法学关于立法的一个最著名的观点。刑法立法当然亦无法脱离社会物质生活条件的制约和时代的局限。事实证明,社会生活状况决定法律的废、改、立,法律只有立足于社会发展的客观实际,才有生命力,刑法也不例外。[②] 我国刑法立法的发展历程表明,国家和社会政治与经济的发展状况决定着刑法立法的走向。政治清明、民主,立法才会得到健康、良性的发展;政治纷乱、动荡,则会导致立法的停滞和倒退。同时,经济发展平稳,经济建设成为党和政府的工作中心时,便会从客观上要求刑法立法工作的积极跟进,满足经济发展的客观需要,为经济建设保驾护航;经济发展停滞,其中心地位让位于"阶级斗争"时,对刑法立法的需求就会减弱。例如,在 1957 年下半年开展"反右派"运动以后,"左"的思想倾向急剧抬头,法律虚无主义思想甚嚣尘上。受此影响,直接导致刑法典草案第 22 稿未能公布试行,刑法立法工作也因此陷入长期的停滞、徘徊甚至倒退状态。而党的十一届三中全会之后,经济建设取代阶级斗争成为国家的工作中心,民主法制思想亦逐步确立,这对刑法典起草工作无疑起到了极

---

① 中共中央党史研究室第三研究部编:《中国改革开放史》,辽宁人民出版社 2002 年版,第 5 ~ 8 页。

② 参见陈兴良:《规范刑法学》,中国政法大学出版社 2003 年版,第 9 页。

为重要的指导和强有力的推动作用。1979年刑法典的颁行,宣告了我国长期没有刑法之常典,而主要凭政策、司法解释及几部单行刑法治理犯罪之非常局面的终结,标志着我国刑法规范的基本具备,我国的刑事法治从此也步入了一个新的阶段。不过,由于受当时历史条件、立法经验和立法指导思想的局限,这部刑法典无论在体系结构、规范内容,还是在立法技术上,都还存在一些问题和缺陷。新中国刑法立法发展曲折的历程足以说明,“以阶级斗争为纲”的思想、法律虚无主义以及连绵不断的政治运动,对新中国法制建设的冲击何其大矣!历史已经充分昭示,如果政治动荡、经济瘫痪,刑法立法将会成为无源之水、无本之木,丧失其生命力;只有立足于和谐的政治氛围,依归于稳定的社会发展,坚持围绕并服务于经济建设之大局,刑法立法才能日臻繁荣、成熟与完善。

基于以上事实,在我国保持和谐稳定的社会发展状况下,未来我国刑法立法的发展应以“适应经济社会发展和全面深化改革的要求”为必要,积极服务于改革开放之全面深化的需要,这样不仅有助于促进和保障和谐稳定的社会发展状况,同时,也为刑法立法的科学发展创造良好条件。这主要体现在两个方面:一是刑法直接适应全面深化改革的需要进行立法调整。当前我国刑法立法上规定的犯罪,绝大多数都属于法定犯,是以行政管理为前提的。而随着改革开放的全面深化,我国必然要对现有的行政管理体制作出一定的调整(如对进出口政策的调整、对金融管制的调整等),这势必对我国刑法上相关犯罪的构成条件产生影响,进而影响我国犯罪圈的划定以及相关刑法制度的完善。二是刑法间接适应全面深化改革的需要进行立法调整。改革开放的全面深化会对我国国民意识、社会风俗习惯甚至社会文化等产生深远影响。例如,随着改革开放的全面深化和经济的发展,人们的权利意识必将继续强化,民众对违法犯罪行为的容忍度和对刑法制裁措施的感受都将发生变化。我国刑法立法需要进行调整以适应社会的这一变化,这样才能为社会经济发展创造良好的条件。

(二)刑事政策是刑法立法发展的政策指导

刑事政策是由犯罪这一社会现象所引发的国家和社会的整体反映体系,它包括治理犯罪的立法、司法及行政方面的对策。[①] 通常认为,“政策是法律的依

① 参见[日]大谷实:《刑事政策学》,黎宏译,法律出版社2000年版,第3页。

据,法律是政策的具体化”。以此为基础,刑事政策是刑法的灵魂与核心,刑法是刑事政策的条文化与定型化。[①] 因此,刑事政策对刑法立法有直接的指导意义。新中国成立以来,随着形势的变迁,我国的基本刑事政策亦审时而变,经历了由“镇压与宽大相结合”至“惩办与宽大相结合”,再到“宽严相济”的刑事政策的演进历程。而基本刑事政策的演进必然在刑法立法中得到相应的反映。刑事政策是刑法立法的根据,刑事政策的演进要求刑法立法作出相应的调整。

新中国成立以后,党中央明确提出实行“镇压与宽大相结合”的刑事政策,这一政策成为当时制定单行刑法的基本依据。[②] 在社会主义改造基本完成后,随着社会形势的发展,“镇压与宽大相结合”的政策又演变为“惩办与宽大相结合”的政策。不过,该政策在形成之后的十多年内未能很好地发挥正确的作用,直到十一届三中全会后才重新受到重视,并对新形势下的刑事立法产生了全面的影响。1979 年刑法典第 1 条便明确规定:“中华人民共和国刑法,以马克思列宁主义毛泽东思想为指针,以宪法为根据,依照惩办与宽大相结合的政策,结合我国各族人民实行无产阶级领导的、工农联盟为基础的人民民主专政即无产阶级专政和进行社会主义革命、社会主义建设的具体经验及实际情况制定。”以此为依据,刑法典在犯罪成立、共同犯罪处罚、犯罪形态的认定以及刑种设置、量刑、自首、立功等刑罚制度中,都全面体现出“惩办与宽大相结合”刑事政策的要求。

自 20 世纪 80 年代初开始,随着改革开放的提出和深入,因历史的积累与现实因素的诱发,犯罪总量开始增加。正是在这种犯罪形势下,作为对改革开放初期出现的犯罪增长的一种感应式反应,“严打”政策得以出台。“严打”并不是一项基本的刑事政策,但其作为“惩办与宽大相结合”刑事政策中“惩办”方面的突出表现而受到重视,在相当长的时期内,其在一定程度上主导了我国的刑法立法和刑事法治。[③] “严打”刑事政策的实施,对于打击、震慑严重刑事犯罪起到了相当重要的作用。然而,过于强调“从重、从快”打击严重刑事犯

---

① 参见卢建平:《刑事政策与刑法关系的应然追求》,载《法学论坛》2007 年第 3 期;刘远:《刑事政策哲学解读》,中国人民公安大学出版社 2005 年版,第 185 ~ 191 页。

② 参见彭真:《彭真文选(一九四一——一九九〇年)》,人民出版社 1991 年版,第 211 页。

③ 参见张远煌、袁彬:《宽严相济刑事政策研究》,载赵秉志主编:《刑事法治发展研究报告》(2006 ~ 2007 年卷),中国人民公安大学出版社 2008 年版,第 49 ~ 50 页。

罪，也在一定程度上偏离了"惩办与宽大相结合"的基本刑事政策之精神，导致了实践中过于强调打击、忽视综合治理与防范，过于突出惩罚犯罪、漠视犯罪人权利的现象相当严重，在这样的历史背景下，基于新时代构建社会主义和谐社会宏伟目标的要求，总结"严打"刑事政策实施的经验与教训，提出、实施"宽严相济"刑事政策可谓水到渠成。"宽严相济"是党和国家逐步确定的我国现阶段的基本刑事政策，这一政策的指导作用应当贯彻于我国刑事法治的全过程和各个领域，当然也应当贯彻于我国刑法立法领域。在"宽严相济"作为我国现阶段的基本刑事政策提出和确立之后不久，2009年2月通过的《刑法修正案（七）》即打破了以往刑法修正仅注意从严从重之修法惯例，又开始注意在修法中对从严与从宽的兼顾，以体现"宽严相济"的基本刑事政策。[①] 在2011年2月通过的《刑法修正案（八）》中，"宽严相济"的基本刑事政策得到了进一步的重视和体现，从而成为《刑法修正案（八）》修法的首要特点。[②] 在2015年8月通过的《刑法修正案（九）》中，国家立法机关更加注重把坚持"宽严相济"的刑事政策、维护社会公平正义作为修法的一个重要的指导思想，强调"对社会危害严重的犯罪惩处力度不减，保持高压态势；同时，对一些社会危害较轻，或者有从轻情节的犯罪，留下从宽处置的余地和空间"。[③] 从《刑法修正案（九）》的修法内容来看，既有大量的增设新罪、从严从重修改补充原有罪刑规范而属于"从严"的一面，也有一系列删除死刑、提高死缓犯执行死刑的门槛、将绑架罪和严重腐败犯罪之绝对死刑改为相对死刑等而属于"从宽"的一面，在增设的多种新罪之罪刑规范设置上也注意贯彻了罪责刑相适应和"宽严相济"。

立足于新中国成立以来基本刑事政策与刑法立法关系的动态分析，可以归纳出如下启示：(1) 基本刑事政策是刑法的灵魂，刑法是基本刑事政策的具体化。作为统领刑事活动的基本策略，刑事政策的演进当然会对刑法立法产生直接的影响。但是，不能基于此以刑事政策取代刑法立法。在法治社会，刑事政策与刑法立法应各自归位，各就各位，不能越俎代庖、互相替代，更不能混为一

---

① 参见赵秉志：《〈刑法修正案（七）〉的宏观问题研讨》，载《华东政法大学学报》2009年第3期。

② 参见赵秉志主编：《〈刑法修正案（八）〉的理解与适用》，中国法制出版社2011年版，第5页。

③ 参见李适时：《关于〈中华人民共和国刑法修正案（九）（草案）〉的说明》（2014年10月27日在第十二届全国人民代表大会常务委员会第十一次会议上）。

谈。[①] (2)刑法立法具有规范性和稳定性,但亦有其局限性,这就决定了刑事政策存在的价值。同时,刑事政策的制定又必须受刑法立法的制约,不能与刑法立法相矛盾。刑法立法应是刑事政策的边界和不可逾越的樊篱,是防止权力的自我扩张与膨胀本能将刑事政策的灵活性蜕变为随意性的限制手段。刑事政策只有契合刑法立法才能实现从抽象到具体的转变。申言之,有效的刑事政策必须在刑法立法设定的框架内发挥导向性作用。(3)只有在科学的刑事政策的指导下,刑法立法才能根据犯罪的控制目标科学地划定犯罪圈,为具体的犯罪类型配置有效的刑罚量,进而使刑法立法符合社会状况,满足犯罪治理的需要,增强刑法立法的针对性和有效性。作为当下我国应对犯罪的基本方略,"宽严相济"刑事政策是我国在树立科学发展观、构建社会主义和谐社会的新时代背景下提出的基本刑事政策,其科学性与合理性毋庸置疑。为切实贯彻宽严相济的基本刑事政策,刑法立法应适时作出进一步调整,诸如合理削减死刑罪名,逐步完善刑罚结构,努力扩大适用非监禁制度,健全赦免制度与社区矫正立法等。

(三)刑事司法是刑法立法的渊源和要求

刑法立法与刑事司法是刑事法治不可或缺的两个方面,它们彼此之间具有紧密的联系。刑法立法是刑事司法的前提和基础,而刑事司法则是对刑法立法的具体运用,并起着补白、促进、改进刑法立法的作用。新中国刑法立法在其演进历程中,始终与刑事司法彼此胶着、互动,并深受刑事司法实践的影响。

第一,刑事司法经验的总结是刑法立法的重要渊源。在新中国刑法立法进程中,最高人民法院、最高人民检察院等最高司法机关也是推动刑法立法发展进步的重要力量。在1979年刑法典的起草、修订过程中,司法机关便充当了非常重要的角色,为第一部刑法典的出台提出了大量宝贵的建议和意见。在1997年刑法典的修订过程中,最高人民法院、最高人民检察院、公安部等最高司法机关和中央政法机关甚至还成立了专门的刑法修改小组,参与刑法典的修订工作。这些中央司法领导部门还根据司法实践经验,针对本系统适用刑法过程中出现的问题及时地进行了总结。例如,最高人民检察院和最高人民法院于1987

---

① 参见卢建平:《刑事政策与刑法关系的应然追求》,载《法学论坛》2007年第3期。

年分别在全国范围内向本系统征集了对刑法的修改补充意见。① 这些意见有力地促进了刑法立法的完善和发展。此外,刑法立法并非空中楼阁,而有其诸多的渊源。司法机关的实践经验则是其中非常重要的方面。我国《刑法》第1条规定:"为了惩罚犯罪,保护人民,根据宪法,结合我国同犯罪作斗争的具体经验及实际情况,制定本法。"这一规定即明确了我国刑法的根据,包括法律根据和实践根据。调查研究,实事求是,一切从实际出发,是我国刑法立法的根本指导原则。按照这一原则,刑法立法应当认真总结我国长期同犯罪作斗争的司法经验,立足于刑事司法实践。而刑事司法解释、刑事判例则是促成刑法立法的主要实践考量因素。事实上,我国刑法立法中,有很多条款便是在相关刑事司法解释的基础上形成的。例如,在死刑制度改革等诸多重大敏感问题上,由刑事司法先行予以改革、摸索、积累经验,待条件成熟后再行立法改革,也是当前获得普遍认同的模式。

第二,刑事司法可以对刑法立法的缺漏进行补救,并对刑法立法的变革提出客观要求。面对复杂纷繁、变化万千的社会生活,刑法立法并非无所不包、无所不能。尤其是社会转型时期,各种新情况、新问题层出不穷,无论立法者多么具有前瞻性,刑法立法多么超前,在复杂多端的社会现实面前,总会显得捉襟见肘,法律缺漏在所难免。相对而言,刑事司法则具有更大的灵活性,完全可以在司法运作过程中,根据立法的基本原则和基本精神进行司法解释和刑事裁判,对这些法律缺漏进行补救,以填补法律空白。同时,司法机关还可以就这些法律缺漏向立法机关提出立法建议,从而促进刑法立法的改进。例如,1997年刑法典并未将与国家工作人员有近亲属、情妇(夫)以及其他共同利益关系的特定关系人受贿行为纳入贿赂犯罪的规制范围,而这显然是一种立法疏漏。为此,最高人民法院、最高人民检察院于2007年7月发布《关于办理受贿刑事案件适用法律若干问题的意见》,明确规定对该行为以受贿罪论处。这就是通过司法解释对刑法立法缺漏的补救,也从客观上对贿赂犯罪的完善提出要求,并有力促成了《刑法修正案(七)》对利用影响力受贿罪的增设。再如,我国2011年通过的《刑法修正案(八)》增设了危险驾驶罪,将醉酒驾驶和情节恶劣的追逐竞驶行为入罪。之后的司法实践表明,超载、超速行驶等行为也对公共安全造成了重大威胁,而现有的刑法立法无法对相应行为进行有效制裁。考虑到相关行

① 参见赵秉志:《刑法改革问题研究》,中国法制出版社1996年版,第43页。

为的危害性,2015 年 8 月通过的《刑法修正案(九)》在原来危险驾驶罪的基础上新增了两种危险驾驶行为,即“从事校车业务或者旅客运输,严重超过额定乘员载客,或者严重超过规定时速行驶”“违反危险化学品安全管理规定运输危险化学品,危及公共安全”的行为。这些都表明,刑事司法可以对刑法立法的缺漏进行补救。

刑法立法所具有的稳定性也必然会使其滞后于社会的发展。随着时势的变迁,有些原本合理公正的立法可能会趋于不合理、不公正。如果此时司法机关仍按照原法律规定进行刑事裁判,必然会导致不合理、不公正,从而丧失立法应有的价值追求。因为公平与正义应是法律不变的价值取向。此时,社会公正、公平的实现只能依赖于刑事司法灵活、能动的运作,依赖于司法机关根据立法精神和原则合理裁判。同时,这种刑事司法活动又可以促进立法,改进立法,使其不断适应社会的发展。[①] 通过对新中国成立以来刑法立法与刑事司法互动关系的揭示,我们可以得出如下启示:(1)只有从刑事司法中广泛汲取营养,使刑法立法根基于实践、服务于实践,刑法立法才更具科学性、民主性、合理性,也才更有生命力。(2)公正、公平、合理的刑事司法根基于完善的刑法立法之上,没有刑法立法制约的刑事司法将会恣意妄为,从而对公民基本权益造成极大冲击。为了避免刑事司法的过度膨胀,刑法立法应该具有明确性、超前性,以合理压缩刑事司法的空间。(3)对于刑法立法疏漏,刑事司法可以进行补救,但这种补救不能对刑法立法作实质破坏,只能以罪刑法定原则为边界进行有限修补。(4)刑事司法的经验总结是刑法立法的重要渊源之一,可以对刑法立法的改进提出客观的要求,并直接促成刑法立法的修改与完善。

(四)社会治理是刑法立法的价值目标

马克思主义法学认为,“无论是政治的立法或市民的立法,都只是表明和记载经济关系的要求而已”。[②] 经过 40 年的改革开放,我国社会取得了巨大进步。但由于我国现阶段仍处于变动而复杂的社会转型期,由经济发展、科技进步及

---

① 参见刘万啸:《司法与政治、立法、行政、舆论的关系》,载《宁波大学学报》(人文科学版)2004 年第 3 期。

② 马克思、恩格斯:《马克思恩格斯全集》(第三卷),中共中央马克思恩格斯列宁斯大林著作编译局译,人民出版社 1960 年版,第 121 ~ 122 页。

其所带来的政治、社会、文化、治安等方面变化所决定所影响的犯罪也出现了一系列新情况、新问题、新特点,这在暴恐犯罪、网络犯罪、腐败犯罪、妨害社会管理犯罪等方面都有突出的表现。“犯罪和现行统治都产生于相同的社会条件”,[①]刑法是现代国家遏制犯罪的基本手段,犯罪发展变化了,以遏制犯罪为使命的刑法当然要有针对性地予以调整。

中国共产党第十八届中央委员会第三次全体会议通过的《中共中央关于全面深化改革若干重大问题的决定》(以下简称《决定》)提出:“全面深化改革的总目标是完善和发展中国特色社会主义制度,推进国家治理体系和治理能力现代化。”这是《决定》的最大亮点,国家治理体系和治理能力的现代化被认为是“第五个现代化”。它的提出意味着政治理念、治国方略的重大调整。推进国家现代化的根本目的是促进社会和谐,其与构建和谐社会是一脉相承的。刑法是国家治理体系的重要组成部分,是国家运用刑罚手段治理犯罪的工具,运用刑法治理社会的能力也是国家治理能力之一。因此,刑法的现代化影响国家治理体系和治理能力的现代化。中共十八届四中全会 2014 年 10 月 23 日通过的《中共中央关于全面推进依法治国若干重大问题的决定》则在“加强重点领域立法”中明确提出了完善反腐败刑法和加强互联网领域立法(其中涉及刑法问题)等任务。这些立法重点问题其实也是国家社会治理的需要,只有坚决贯彻中央有关精神,切实发挥好刑法的社会治理功能,才能保证刑法的立法方向和科学的立法内容。

比如,《刑法修正案(九)》的诸多立法都反映了当前社会生活领域的重大热点问题,也是国家重点加强治理的社会领域,其立法修改主要体现在三大方面:一是针对我国一些地方近年来多次发生的严重暴力恐怖案件、网络犯罪,从总体国家安全观出发,统筹考虑刑法与反恐怖主义法、反间谍法等维护国家安全方面法律草案的衔接配套,修改、补充刑法的有关规定;二是随着当今我国反腐败斗争的深入,需要进一步完善刑法的相关规定,为惩腐肃贪提供法律支持;三是需要落实中共十八届三中全会关于逐步减少适用死刑罪名的要求,并做好劳动教养制度废除后法律上的衔接。[②] 再如,《刑法修正案(七)》的出台,乃是

---

① 马克思、恩格斯:《马克思恩格斯全集》(第四卷),中共中央马克思恩格斯列宁斯大林著作编译局译,人民出版社 1958 年版,第 379 页。

② 参见李适时:《关于〈中华人民共和国刑法修正案(九)(草案)〉的说明》,载中国人大网:http://www.npc.gov.cn/wxzl/gongbao/2015-11/06/content_1951884.htm,最后访问日期:2019 年 5 月 1 日。

立足于我国的现实国情，在刑事法治领域对我国经济和社会发展的维护与促进，是对危害、阻碍社会进步的几类突出的犯罪行为的法律遏制与回应，也是对我国经济、社会发展过程中出现的新问题、新情况予以刑法规范的集中反映。例如，将严重破坏金融管理秩序，损害公众投资者利益的“老鼠仓”行为犯罪化，就是对当前金融市场存在的突出问题的准确把握；规定侵犯公民个人信息安全的犯罪、组织未成年人实施违反治安管理活动的犯罪等，既是基于当前实际的需要，也充分表明国家对公民权益的刑法保障和对未成年人的特殊保护；等等。

立法是通过一种能够使人类行为受制于规则治理的过程。任何部门法都以各自的形式承担着社会管理的职能，在这个意义上，刑法亦具有社会管理法的性质。但刑法参与社会治理是以矫正正义的方式实现的，刑法本质上属于司法法，以法的安定性为最高价值，这就决定了刑法不同于一般意义上的社会管理法，也不属于公共利益服务法，我们不能过分强调刑法积极介入社会治理。刑法是社会的产物，但刑法毕竟是以剥夺和限制公民基本权利为主要内容的，无法否认其“恶”的本质，所以，国家毫无疑问应“竭力把刑罚强制限制在最小的范围之内并且不断寻求减少使用它的机会，而不是增加强制的机会并且把它当作挽救一切道德败坏的药方”。[①] 犯罪源于社会基本矛盾，是社会矛盾和社会结构中诸多致罪因素综合力量作用的结果，确立由“国家与社会整体对付犯罪的二元反应体系”，要建立常态社会的犯罪治理模式，树立刑罚相对性观念。[②] 只有在消除或者至少是减少社会矛盾与社会结构中诸多致罪因素作用的基础上，刑罚才能发挥其预防犯罪的功能。在整个社会控制犯罪系统工程中，刑罚只是发挥有限和短促的作用。

（五）国际规范是刑法立法国际化的外在条件

刑法立法的发展进步首先应立足于本国的基本国情，但是，这也绝不意味着可以罔顾国际准则及国外先进经验而固步自封。只有放眼世界，以开阔的胸襟和视野科学地吸纳人类社会先进的立法理念、原则，剔其糟粕，取其精华，才能构建科学、严谨、理性的刑法立法体系。因此，在开放的社会情境下，我国的刑法立法也必须借鉴国际准则和国外先进立法经验。

---

① ［英］威廉·葛德文：《政治正义论》（下卷），何慕李译，商务印书馆 1980 年版，第 141 页。

② 参见何荣功：《社会治理“过度刑法化”的法哲学批判》，载《中外法学》2015 年第 2 期。

在新中国成立之初,即全部废除了国民党政府以六法全书为核心的法律制度。由于旧有的刑法制度被人为地割裂,而新的刑法体系尚未建立,因此,全面学习和移植苏联社会主义国家的刑法制度便是当然的选择。事实上,在新中国成立初期的刑法草案起草工作便充分参考了苏联刑法立法的经验,甚至全国人大常委会从 1954 年年底还聘请了苏联刑法专家叶夫根尼耶专门协助刑法草案的起草。[①] 1979 年刑法典仍留下了大量照搬苏联刑法立法的痕迹,尤其在刑法任务、犯罪概念、犯罪构成、刑事类推、刑罚的目的和任务、反革命罪等方面更是留下了苏联刑法立法模式的深深烙印。改革开放以后,我们的目光逐渐转向西方,一些先进法律制度逐渐被我国借鉴、吸纳。例如,1997 年刑法典借鉴西方先进经验确立了罪刑法定原则、罪责刑相适应原则、适用刑法面前人人平等原则等现代刑法的基本原则,从而大大促进了我国刑法的现代化和科学化。

联合国数十年来为改进全球刑事司法和预防犯罪作了不懈的努力,其制定的有关国际公约对各国刑法立法和刑事政策均具有指导意义。而我国作为联合国常任理事国,近年来一直积极参与国际事务,并积极签署了诸多联合国公约。事实上,作为负责任的大国,我国只有切实遵循国际刑事司法准则,及时将国际规范转化为国内立法,才能获得更高的国际声望。例如,我国政府历来旗帜鲜明地反对一切形式的恐怖主义,并断然采取有效措施防范和打击恐怖活动犯罪。为此,我国批准加入了联合国及安理会通过的一系列关于反对恐怖主义问题的决议,并在“9·11”事件后及时将相关国际规范转化为国内立法,在《刑法修正案(三)》《刑法修正案(九)》中,修改了有关惩处恐怖活动犯罪的法律,增设了资助恐怖活动罪、准备实施恐怖活动罪、帮助实施恐怖活动罪等新型犯罪。再如,2011 年 2 月通过的《刑法修正案(八)》积极借鉴、吸收国际社会的先进立法经验,贯彻相关国际公约的要求,在削减死刑罪名、设置老年人犯罪从宽暨免死制度以及增设对外国公职人员、国际公共组织官员行贿罪等方面作出了具体规定。

通过分析新中国成立后刑法立法对国际规范的借鉴历程,我们可以得出如下启示:(1)基于社会发展和法的发展的不平衡性,并由市场经济的客观规律和

---

① 参见高铭暄、赵秉志编:《新中国刑法立法文献资料总览》,中国人民公安大学出版社 2015 年版,第 1000～1008 页。

根本特征所决定，我国的刑法立法应当在不断总结本国司法实践经验的基础上，充分注意刑法发展的世界性潮流，合理吸取他国立法的有益经验。而这实际上既是遵循对外开放政策的应有之义，也是我国刑事法治实现现代化的一个过程和途径。（2）面对世界各国的刑法立法，我们既不能不加区分地一概予以排斥，也不能直接"移植"或全盘"拿来"，否则便会落入法律教条主义、法律工具主义或者法律虚无主义的窠臼。我们应当充分考虑国家社会发展的现实状况，从有利于实现刑法的根本任务出发，去细心地加以辨别，将其中符合时代需要而又切实可行的内容吸收到我国刑法中来，从而使我国的刑法立法更具鲜明的时代特征，充分体现其科学性和民主性。（3）由于我国在文化传统、社会政策、经济发展等方面与发达国家仍存在差异，因此，吸收贯彻有关国际公约规定的标准和规范以改革我国相关国内立法，依然是今后刑事法治发展所面临的重要任务。比如，我国虽已加入《联合国反腐败公约》，但在立法中为贯彻该公约还需要付出长期的巨大的努力；我国虽已签署但尚未批准《公民权利和政治权利国际公约》，说明在刑事法治进程中还需要进一步解决与该公约确立的标准全面接轨的问题。

二、新中国刑法立法未来的发展前瞻

基于我国改革开放全面深化的趋势，未来我国刑法立法将主要呈现出以下几个方面的发展方向：

（一）坚持理性的刑法立法理念

"立法应立足于法律制定中的自然意义，而非单单关注立法的人为环境和其他以人的因素为核心的非理性的东西。"[①]亚里士多德也认为，"法律可以被定义为不受主观愿望影响的理性"。[②] 刑罚的恶害性要求刑法立法必须保持适当的理性。正如德国著名刑法学家耶林指出的，"刑罚如两刃之剑，用之不得其当，则国家与个人两受其害"。[③] 事实上，"刑法不只反对犯罪人，也保护犯罪人，它的目的不仅在于设立国家刑罚权力，同时也要限制这一权力，它不只是可罚性的缘由，也是它的界限，因此表现出悖论性：刑法不仅要面对犯罪人保护国

① 关保英：《科学立法科学性之解读》，载《社会科学》2007 年第 3 期。
② ［古希腊］亚里士多德：《政治学》，吴寿彭译，商务印书馆 1996 年版，第 1 页。
③ 林山田：《刑罚学》，台北，商务印书馆 1975 年版，第 127 页。

家，也要面对国家保护犯罪人，不单面对犯罪人，也要面对检察官保护市民，成为公民反对司法专横和错误的大宪章”。① 刑法立法的理性要求在刑法立法问题上，国家应保持刑法法益保护机能与人权保障机能的合理平衡。

1. 刑法立法必须理性回应重大社会关切

我国《刑法修正案(八)》《刑法修正案(九)》针对社会关注的诸多重大问题进行了多方面的回应性立法，包括增设危险驾驶罪、考试作弊行为入刑、提升对拐卖妇女儿童行为的惩治力度、取消嫖宿幼女罪等。对此，刑法理论上有观点认为，我国刑法立法对重大社会关切的这种回应不够理性，是一种情绪性立法。② 我们认为，刑法的立法目的决定了刑法应当对社会关切的重大问题作出一定的回应，但这种回应必须立足于刑法的基本原则和原理，且必须符合刑法立法发展的基本趋势。从总体上看，1997 年刑法典颁行后的 20 余年来我国刑法对社会关切的回应基本上坚持了理性的立场，如只规定对暴力袭警从重处罚而没有将暴力袭警行为独立成罪。但在个别问题上也存在不够理性之处，如取消嫖宿幼女罪但保留了引诱幼女卖淫罪，这使取消嫖宿幼女罪是由于该罪对涉案幼女污名化之理由难以成立。未来，我国刑法立法应当更加审慎地回应重大社会关切。

2. 刑法立法应当坚持理性的犯罪观

理性的犯罪观的核心是要坚持适度犯罪化与适度非犯罪化相结合的立场。关于犯罪化，1997 年刑法典颁行 20 余年来，我国刑法立法总体上较好地坚持了这一立场。但刑法理论上也有学者提出要进一步推进积极的刑法立法观，不断地扩张犯罪圈。例如，近年来有观点提出我国应当走社会治理一元化的道路，取消行政处罚措施和犯罪概念中的定量因素，对所有违法行为均采取刑罚措施；③也有观点主张我国应当大量增设新罪，走大规模犯罪化的道路。④ 对此问题，赵秉志教授在十多年前就曾提出要采取适度犯罪化策略，主要是基于我国社会的快速发展和我国刑法规定的犯罪类型的有限性。⑤ 在此基础上，我们认

---

① [德]拉德布鲁赫：《法学导论》，米健、朱林译，中国大百科全书出版社 1997 年版，第 96 页。

② 参见刘宪权：《刑事立法应力戒情绪——以〈刑法修正案(九)〉为视角》，载《法学评论》2016 年第 1 期。

③ 参见卢建平、孙本雄：《危害社会行为治理体系二元论与一元论之比较》，载赵秉志、莫洪宪、齐文远主编：《中国刑法改革与适用研究》(上)，中国人民公安大学出版社 2016 年版，第 42 页。

④ 参见周光权：《积极刑法立法观在中国的确立》，载《法学研究》2016 年第 4 期。

⑤ 参见赵秉志：《刑法调控范围宜适度扩大》，载《检察日报》2004 年 3 月 25 日，第 3 版。

为,未来我国不仅要继续坚持适度犯罪化的方向,还要坚持适度非犯罪化的方向,即既不能过度犯罪化,也不能过度非犯罪化,而应保持适度犯罪化的态势。这也是当前我国犯罪形势不断发展和刑法法网不够严密背景下的合理选择。其中,适度犯罪化观点的理由仍是立足于我国社会治理的现实需要,即我国刑法需要根据违法犯罪形势的变化不断增设新的犯罪,刑法的调控范围即犯罪圈的大小不是由立法者的主观意志决定的,而是由许多客观因素决定的,其中最主要的因素就是社会抗制犯罪的客观需要。在中国,随着经济的迅速发展和各项改革的深入进行,以经济关系为主的社会关系日益复杂化,刑法立法对处于转型时期的多变的犯罪情势显得应接不暇。新型的、需要运用刑法进行抗制的危害社会行为不断出现,一些过去并不突出的危害社会行为日益突出且危害严重,需要运用刑法进行抗制。可以说,客观的社会情势决定了在较长时期内犯罪化将成为中国刑法立法的基本趋势。不过考虑到我国社会发展正逐步进入相对平稳期以及刑法谦抑原理,新型犯罪的增设必然要有所限制,犯罪的增设不宜过度。适度非犯罪化观点的理由是考虑到我国新刑法典颁行至今已经超过 20 年,人们对犯罪的认识也逐渐在发生变化,基于犯罪危害性的变化和刑法立法的观念调整,我国需要对部分犯罪(特别是无被害人的妨害风化类犯罪、纯粹属于社会管理类的行政犯罪)逐渐采取非犯罪化的做法。例如,对于非法吸收公众存款罪,我国司法解释就进行了极大的范围限缩,对于追诉前全部退回吸收资金的,可不予追究;同样地,非法经营罪的范围在我国近年来的司法实践中也出现了明显予以限制适用的倾向。因为未来刑法立法在确定犯罪圈时,应坚持立改废释并举的措施,对新型违法犯罪行为要及时入罪,对不合理的刑法规范要及时修改,对不使用的刑法规范要及时废除,对不明确的刑法规范要及时解释。通过动态调整刑事立法,有立有废,有改有释,改变当下我国刑事立法只立不废,小改大立,重有权解释轻学理解释等不合理现象,促进科学刑事立法体系的形成。①

3. 刑法立法还应当坚持理性的刑罚观

理性的刑罚观与理性的犯罪观是相呼应的。对未来我国刑法的立法而言,理性的刑罚观要求:(1)刑罚的轻缓化。我国目前的刑罚体系在整体上仍呈现出偏重于重刑的结构,即以自由刑为中心,兼及生命刑和财产刑,而资格刑在我

① 参见刘艳红:《以科学立法促进刑法话语体系发展》,载《学术月刊》2019 年第 4 期。

国刑罚体系中的种类较少且地位较低。这种重刑化的刑罚结构与我国犯罪圈的扩张不相适应,也与我国民众权利意识的提升不相适应。未来我国应当坚持刑罚轻缓化的改革方向,进一步减少死刑的立法和适用,提高财产刑的地位,增设更多的资格刑。(2)刑事制裁措施的多元化。刑事制裁措施包括刑罚措施与非刑罚措施两大类。我国传统的刑事制裁措施均以刑罚为核心,非刑罚措施基本不发挥实质作用。不过,《刑法修正案(八)》《刑法修正案(九)》增设的禁止令和从业禁止拓展了非刑罚措施,推动了保安处分的刑法改革。[①] 这是我国刑事制裁体系改革的重要举措,也与我国重视犯罪人的人身危险性因素有关,并且符合我国刑罚的预防目的。事实上,随着人身危险性因素在我国定罪量刑中地位的提升(如《刑法修正案(八)》将"多次盗窃"作为盗窃罪的入罪标准之一),保安处分的种类和地位需要得到进一步的增加和提升。

(二)维持法典化的刑法立法模式

对刑法的立法模式,理论上存在多种不同的主张,有的主张刑法立法走综合化的道路,认为集中性、统一性的刑事立法模式并不现实,我国应由刑法典、单行刑法、附属刑法、轻犯罪法分别规定不同性质的犯罪。[②] 也有的主张刑法立法走二元化的道路,认为我国刑法立法应采取以刑法典为主、以特别刑法为辅的立法模式。[③] 如何正确看待和处理这一问题,关乎刑法立法的科学化程度。

1. 未来刑法立法应坚持统一的刑法立法模式

刑法立法模式反映了一国对刑法立法方式的追求。关于未来刑法的修法模式,我们认为,我国应当发挥刑法法典化之优势,继续坚持统一的刑法典模式。这是因为:(1)1997年刑法典颁行20余年来我国刑法立法的经验表明,统一的刑法典模式是一种成功的刑法立法模式,应当予以坚持。如前所述,1997年刑法典颁行20余年来我国刑法修法主要采取的是刑法修正案方式,通过刑法修正案对刑法典进行了修改、补充和完善,不仅能够满足刑法立法的灵活性要求,而且有效地维护了刑法立法的统一,促进了刑法立法功能的发挥。

---

① 参见魏东:《我国废止劳教后的保安处分改革》,载《苏州大学学报》(哲学社会科学版)2015年第1期。

② 参见张明楷:《刑事立法的发展方向》,载《中国法学》2006年第4期。

③ 参见孙力、付强:《对我国刑事立法模式的反思与重构》,载戴玉忠、刘明祥主编:《和谐社会语境下刑法机制的协调》,中国检察出版社2008年版,第34~36页。

（2）我国现实国情要求刑法立法应采取统一的刑法典模式。我国现代刑事法治始于新中国成立。之后，经过长期努力，我国的法治建设水平得到了较大的提升，立法和司法能力得到了显著的增强，民众的法治观念也得到了大幅的提升。但不可否认的是，我国刑事法治建设距离我国法治和社会现代化建设的目标仍有较大的差距。立法、司法和守法能力与水平仍有待进一步提升。我国仍然需要积极增强刑法立法的适用性，提升司法水平和守法意识。在此背景下，统一的刑法典模式因其体系完整、结构完备、内容集中，更容易为司法者和民众所理解与掌握。相比之下，分散的刑法立法模式将刑法规范分散在刑法典、单行刑法和附属刑法之中，刑法规范之间的联系和对应被削弱。特别是附属刑法，其设置在民事、行政法律之中，对民事、行政法律具有很强的依附性，不容易为人们所掌握。可以说，对我国这样一个现代法治精神欠缺、法治资源尚待积累巩固的国家而言，统一的刑法典是具有号召力的法律文化力量，也是造就共同法律文化的有利因素。[①]

（3）国外的立法实践表明，我国刑法立法应采取统一的刑法典模式。受历史、文化、传统和观念的影响，当代中国刑法在理念和规范上都与大陆法系国家的刑法更为接近。不可否认，从代表性大陆法系国家刑法的立法模式来看，德国、日本等都在刑法典之外保留了单行刑法和附属刑法。造成这种立法状况的原因，一方面是德、日等代表性大陆法系国家刑法对犯罪采取的是“立法定性、司法定量”的模式，[②]其行政处罚几无存在的空间，因而这些国家将部分刑事责任规范规定在行政法律之中以明确行为的法律责任，有一定的合理性。而我国对犯罪采取的是“定性＋定量”的立法模式，行政法律对违法行为可以通过明确其行政责任的方式确立违法内涵，将比行政责任更严重的刑事责任规定在刑法典中并不会影响行政法律规范的强制性。另一方面是德、日等大陆法系国家刑法典的修法程序更为复杂，不利的影响因素更多。据介绍，这些国家各有关政党基于对自身利益的考虑，其立法机关的立法者们也往往更关注那些民众感兴趣的现实民生性议题，而较少关注刑法典这样的基本法的修改。受党派利益之争和民意代表们关注程度的影响，这些国家的刑法典修订工作变得更为复杂和

---

① 参见赵秉志、袁彬：《建议将惩治外汇犯罪决定纳入刑法典》，载《法制日报》2012 年 2 月 22 日，第 3 版。

② 参见欧锦雄：《犯罪的定义对犯罪构成边界之限制——以我国四要件体系与德、日等国三阶层体系相比较为例的分析》，载《法商研究》2016 年第 2 期。

困难。与这些国家相比,我国刑法典的修正不会遇到这类阻力和分歧,修法程序也相对快捷。因此,采取统一刑法典的立法模式,不会影响我国刑法修法的及时性。

2. 未来刑法修正的具体方式

立足于统一的刑法典模式,未来我国刑法的修正将可能采取以下两种方式进行:(1)刑法修正案方式。目前我国已经通过了十个刑法修正案。按照这一思路,我国今后还可能继续采取刑法修正案的方式对刑法典进行修正。不过,受全国人大常委会职权的限制,这种修正仍然局限于对刑法典的"部分"修正,且不得违反刑法的基本原则,并需切实贯彻全国人大常委会审议法律案的三次审议制度。(2)全面修订刑法典的方式。我国现行刑法典颁行于 1997 年,迄今已有 20 余年(我国 1997 年刑法典与 1979 年刑法典之间只间隔了 18 年)。1997 年刑法典颁行以来,我国刑法在立法的理念、政策等方面都有了较大的发展,其中对包括刑法基本制度、基本结构在内的刑法规范问题也有了新的认识。我国要将这些认识全面地体现在刑法典中,就需要对刑法典进行全面修订。

综合各方面的因素,我们认为,在统一的刑法典模式之下,我国未来应当考虑适时全面修订刑法典。这是因为:首先,这是全面调整刑法结构的需要。虽然当前我国刑法典的结构大体合理,但仍然存在若干有待改进之处。例如,我国刑法典关于空间效力的规定中,尚缺乏对香港特别行政区、澳门特别行政区和我国台湾地区与祖国内地(大陆)互涉刑事案件管辖权问题的规范;我国刑法典尚缺乏对特殊群体犯罪的专门规定,不利于加强对这些群体的刑法保护;我国刑法典规定的刑事制裁措施较为单一,有进行多元化改革的必要;我国刑法典分则尚缺乏国际犯罪等专章,不利于与国际社会加强惩治国际犯罪的要求相对接。我国刑法立法要解决这些问题,就需要对刑法典进行全面修订。其次,这是全面更新刑法理念的需要。1997 年刑法典颁行以来,我国刑法在人权保障、犯罪治理、刑罚改革等方面都取得了积极进展,人权保障观念进一步深入人心,对犯罪的治理逐渐转向强调惩罚与预防并重,刑事制裁措施也逐渐由单一的惩罚性走向惩罚与预防相结合。这些理念的贯彻涉及对刑法基本原理和制度的调整,显然不宜采取刑法修正案的方式进行。最后,这是将单行刑法纳入刑法典的需要。1998 年 12 月 29 日全国人大常委会通过的《关于惩治骗购外汇、逃汇和非法买卖外汇犯罪的决定》这部单行刑法对刑法典只作了增设骗购外汇罪和修改逃汇罪两点修正。尽管如此,该单行刑法与刑法典并存的局面仍在一定程度上影响了我国刑法体系的完整与统一。特别是骗购外汇罪涉及的是一个独立的条款,在体系上不属于刑法典的任何一条,在单行刑法的框架下难以直接纳入刑法典。从这个角度来看,我国要保持完全统一的刑法典模式,就需要将这一单行刑法的内容纳入刑法典。对此,最好的修法方式当然也是全面修订刑法典。

(三)增强刑法立法内容的科学性

我国《立法法》第6条将科学性作为一项立法基本原则,规定立法应当从实际出发,科学合理地规定公民、法人和其他组织的权利与义务、国家机关的权力与责任。我国有学者认为,刑事立法的科学性是指创制刑事法律规范时要贯穿科学思想,运用科学技术方法,使刑事法律规范内容全面、系统、明确、协调,富于理性。[①] 我们认为,刑法立法的科学性既体现为立法内容的科学性,也体现为立法方法的科学性,其内容的科学性还需要正确处理宽严相济、问题意识、刑法功能与刑法立法科学性之间的关系。

1. 科学认识和遵循"宽严相济"刑事政策

"宽严相济"是当前我国一项基本刑事政策,它要求根据不同的社会形势、犯罪态势与犯罪的具体情况,对刑事犯罪在区别对待的基础上,科学、灵活地运用从宽和从严两种手段,打击和孤立极少数,教育、感化和挽救大多数,最大限度地实现法律效果和社会效果的统一。其内涵是当宽则宽,该严则严,宽中有严,严中有宽,宽严有度,宽严适时。[②] "宽严相济"刑事政策是《刑法修正案(九)》等刑法立法的指导思想,[③]也是衡量刑法立法科学性的重要方面。因此,在我国未来刑事政策未作变动的情形下,刑法立法应当坚持宽严相济的刑事政策。但是,需要注意的是,评价立法是否全面贯彻了"宽严相济"刑事政策不能只立足于修正案的内容,还应看到修正案的立法背景和任务。"宽严相济"作为一项基本刑事政策,体现在整个刑法体系之中。在某次局部修正的立法中,因立法重点的不同,其"宽严"不可能做到绝对的平衡,而必然会根据立法的需要有所侧重。例如,《刑法修正案(九)》中逐步减少适用死刑罪名显然是属于从

---

① 参见黄明儒:《论刑事立法的科学性》,载《中南大学学报》(社会科学版)2003年第1期。

② 参见赵秉志:《和谐社会构建与宽严相济刑事政策的贯彻》,载《吉林大学社会科学学报》2008年第1期。

③ 参见李适时:《关于〈中华人民共和国刑法修正案(九)(草案)〉的说明》,载中国人大网:http://www.npc.gov.cn/wxzl/gongbao/2015-11/06/content_1951884.htm,最后访问日期:2019年5月1日。

宽的规定，而加大对恐怖主义犯罪的惩治力度、完善惩处网络犯罪的法律规定、加强对公民人身权利的刑法保护、加大对腐败犯罪的惩处力度、惩治失信背信行为和加强社会秩序保护等规定则偏向于从严。虽然《刑法修正案（九）》看起来是宽严失衡、以严为主，即《刑法修正案（九）》尽管在废除死刑与提高对死缓犯执行死刑的门槛方面体现出了从宽的一面，但主要还是增设新的罪名、扩大处罚范围与提高法定刑，[①]因而在贯彻"宽严相济"刑事政策时，"宽严"不可能做到绝对的平衡，应当根据刑法立法以及社会治理的需要进行适当调整。

2. 坚持刑法立法的问题意识

科学立法是对经验立法的否定。[②]"使一个国家的体制真正得以巩固而持久的，就在于人们能够这样来因事制宜，以至于自然关系与法律在每一点上总是协调一致，并且可以这样说，法律只不过是在保障着、伴随着和矫正着自然关系而已。"[③]毕竟，"过去的法律是不能约束现在的"。[④]这就要求刑法立法具有很强的针对性，能切实解决社会需要其解决的问题。

例如，问题意识是《刑法修正案（九）》修法的重要指导思想。以问题为导向进行立法，是实现刑法立法科学性的重要基础和保证。在修法过程中，问题意识贯穿立法始终。立法机关以问题解决为核心，从多个方面增强了刑法立法的科学性。《刑法修正案（九）》根据犯罪治理的需要，新增了26种犯罪，特别是加强了对恐怖主义犯罪、极端主义犯罪、网络犯罪的治理，同时增设了身份证件犯罪、考试作弊犯罪、妨害司法犯罪等。从目的上来看，"新的规定主要是为了解决目前定罪中的困惑和分歧，统一各地司法机关对这种行为的定性，彻底贯彻罪刑法定原则"，[⑤]体现了较强的问题意识。"立法者的任务不是建立某种特定的秩序，而只是创造一些条件，在这些条件下，一个有序的安排得以自生自发地建构起来，并得以不断地重构。"[⑥]科学的刑法立法并不单纯以某种特定秩序的建立为目标，而应追求刑法能够自给自足地运行并合理建构有序的社会生

---

① 参见周振杰：《宽严失衡、以严为主：〈刑法修正案（九）〉（草案）总体评价》，载新浪网：http://blog.sina.com.cn/s/blog-a4207ald0102vctq.html，最后访问日期：2015年9月5日。

② 参见关保英：《科学立法科学性之解读》，载《社会科学》2007年第3期。

③ ［法］卢梭：《社会契约论》，何兆武译，商务印书馆1982年版，第71～72页。

④ ［英］罗伯特·欧文：《欧文选集》（第1卷），柯象峰等译，商务印书馆1984年版，第116页。

⑤ 周光权：《〈刑法修正案（九）〉（草案）的若干争议问题》，载《法学杂志》2015年第5期。

⑥ ［德］弗里德利希·冯·哈耶克：《自由秩序原理》，邓正来译，生活·读书·新知三联书店1997年版，第201页。

活。在我国现阶段,以宽严相济为指引、以问题意识为导向进行立法,反映了我国刑法立法科学性的提升。

3. 合理确定刑法立法的预防功能

德国社会学家 R. 达伦多夫认为,社会现实有两张面孔:一张是稳定、和谐与共识;另一张是变迁、冲突和强制。① 社会问题的存在与变化要求社会管理不断创新。同样地,刑法要实现其立法目的,也必须不断进行创新以适应社会的发展和变化。长期以来,我国刑法立法主要坚持客观主义立场,以行为及其实害作为定罪量刑的主要基础。② 刑法更多地强调对犯罪人的惩罚,并将惩罚视为实现刑罚预防目的的主要手段。不过,近年来,我国刑法立法对刑法功能的规定有所变化。风险社会使刑法开始被定义为保护风险社会稳定的基本前提条件,重点被用来满足安全政策的公共需求,通过禁止危险的方式实现对安全的维护和保障,试图抑制绝对危险犯的发生。风险社会促使现代刑法的使命发生改变,应对不确定的风险和维护安全秩序已然成为刑法必须实现的重要目标,也凸显了风险刑法本质上是一种预防刑法的新思维。③《刑法修正案(九)》中采取预备行为实行化、帮助行为正犯化等方式将刑法保护的法益范围大幅提前或扩张,正是刑法预防性立法的具体体现。面对复杂多变的社会形势,未来刑法立法应当重视立法的实证调研,突出立法的准备工作,确保预防性立法具有相应的社会基础、民意基础,避免象征性立法。风险社会下预防性刑事立法的正当性问题,实质上是刑法将一个危险行为作入罪化处理或者使刑罚提前到来的合理依据问题,重点是划分犯罪化与非犯罪化以及危险犯与实害犯的界限。在坚守近现代刑法作为人权保障"大宪章"的前提下,预防性刑法观念的发迹与发达是可预见的趋势,但也应时刻保持警惕并树立科学的风险防控观。④

4. 对刑法制度予以合理改革

我国未来刑法改革的关键是刑法制度的改革。在制度设计上,我国有必要结合现有制度,积极推进以下四个方面的刑法制度改革:(1)进一步加强对特殊群体的刑法保护。除了前述死刑制度改革涉及的特殊群体犯罪问题,我国有必

---

① 参见王文华:《社会管理创新与刑法理念的发展》,载《东方法学》2011 年第 6 期。

② 参见张明楷:《刑法的基本立场》,中国法制出版社 2002 年版,第 56 页。

③ 参见高铭暄、孙道萃:《预防性刑法观及其教义学思考》,载《中国法学》2018 年第 1 期。

④ 参见高铭暄、孙道萃:《预防性刑法观及其教义学思考》,载《中国法学》2018 年第 1 期。

要对未成年人、老年人、孕妇、新生儿母亲、聋哑人、精神障碍人等特殊群体犯罪的刑法适用规定专门的政策、原则和制度,特别是要明确对特殊群体犯罪从宽的原则和措施。(2)进一步推进死刑制度改革。如前所述,1997年刑法典颁行20余年来,我国在死刑制度改革方面取得了重大进展。但我国死刑制度的现状与我国死刑制度改革的目标之间尚存在较大的差距。未来我国应当进一步推进死刑制度的改革,包括严格限制死刑的适用条件,将死刑的罪种限定为联合国人权公约所倡导的"最严重的犯罪"之范围;严格限制死刑的适用对象,禁止对老年人、新生儿母亲、聋哑人、精神障碍人等特殊群体适用死刑;进一步提升死缓制度的地位并提高死缓犯执行死刑的条件;进一步废止死刑适用的罪名,逐步将死刑适用的罪名缩小至致命性暴力犯罪,直至最终全部予以废止。(3)进一步推动刑事制裁的多元化和轻缓化。一方面,我国应进一步探索建立并完善保安处分等预防措施,完善资格刑,提升财产刑的刑法地位,探索不同刑事制裁措施之间的转换制度,推动刑事制裁措施的多元化;另一方面,我国应进一步推动刑事制裁的轻缓化,包括推广和改进社区矫正制度,扩大管制刑的适用,完善缓刑适用,探索建立一整套完善的刑事赦免制度,改进具体犯罪的法定刑设置,合理推动相关犯罪法定刑的轻缓化。(4)进一步完善重点领域的犯罪治理。我国应当进一步完善对恐怖主义犯罪、极端主义犯罪、黑恶势力犯罪、金融犯罪、信息网络犯罪、环境犯罪、腐败犯罪等重点犯罪的刑法治理,完善其入罪门槛、定罪量刑标准、法定刑设置;同时要适应犯罪治理的需要,积极增设必要的新罪(包括前述的增设国际犯罪等)。

(四)促进刑法立法的民主性

良法的产生有赖于民主的立法程序。现代意义上的立法都与民主的理念及制度息息相关,否则将有可能蜕变为服务于少数利益集团的"私人产品"。[①]因此,立法的民主性是现代法治的基本要求和体现。

1. 刑法立法的民主要求立法公开

立法的民主性是以其公开性为前提的。"现代立法,说到底是以民主的方式分配正义。倘若缺失立法的公开性,立法的民主性便如沙漠之塔。"[②]立法的公开开放主要有两个方面:一是整个立法过程的全程公开开放;二是立法机关

---

① 参见刘武俊:《立法程序的民主性与公开性》,载《人民法院报》2001年5月29日,第5版。

② 阿计:《"立法新政"力推立法民主》,载《政府法制》2008年第14期。

场所和立法会议对社会公众开放。[①] 因此，在未来刑法立法的过程中应当坚持刑法立法公开，而《刑法修正案（九）》的相关做法则较好地体现了刑法立法公开，未来刑法立法应予以坚持。

《刑法修正案（九）》在立法的公开性上延续了之前刑法立法的两个做法：一是在草案一稿立法审议后即向社会公布并征求社会意见。2014 年 10 月 27 日，全国人大常委会法工委主任李适时受全国人大常委会委员长会议的委托，在第十二届全国人大常委会第十一次会议上发表了《关于〈中华人民共和国刑法修正案（九）（草案）〉的说明》。2014 年 10 月 31 日，第十二届全国人大常委会第十一次会议对《刑法修正案（九）（草案）》进行了分组审议。第十二届全国人大常委会第十一次会议初次审议《刑法修正案（九）（草案）》之后，法工委一方面将该草案印发中央有关部门、各省（自治区、直辖市）和一些较大的市以及有关社会团体、教学科研机构征求意见；另一方面自 2015 年 11 月 3 日起将该草案发布在中国人大网上向社会公布征求意见，为期一个月。二是全国人大常委会对《刑法修正案（九）（草案）》的审议面向媒体公开，允许新闻记者跟踪报道。全国人大常委会对《刑法修正案（九）（草案）》的历次审议过程和内容也得以通过媒体及时传递给社会公众。

与以往刑法立法公开不同的是，《刑法修正案（九）》首次向社会公开了立法草案的二次审议稿并征求意见。2015 年 6 月 26 日，第十二届全国人大常委会第十五次会议对《刑法修正案（九）（草案二次审议稿）》进行了审议。2015 年 7 月 1 日第十二届全国人大常委会第十五次会议闭幕。7 月 6 日起《刑法修正案（九）（草案二次审议稿）》在中国人大网站上再次向社会公布并征求意见，历时一个月。社会各界对《刑法修正案（九）（草案二次审议稿）》又进行了深入讨论。鉴于刑法修正案一般都是由全国人大常委会进行三次审议即付诸表决，因此立法机关两次向社会公布草案的审议情况，基本已做到了最大限度的公开。这是我国刑法立法在公开性上的新举措，表明我国刑法立法的民主性在不断增强。因此，未来的刑法立法也应对相关的立法草案予以公开，以有助于民众进行深入讨论，促进刑法立法的科学性。

2. 刑法立法的民主要求提高立法的直接参与程度

“民主是一种社会管理体制，在该体制中社会成员大体上能直接或间接参

---

① 参见刘佩韦：《论立法的民主性》，载《山西大同大学学报》（社会科学版）2009 年第 5 期。

与影响全体成员的决策。"[①]立法的直接参与性反映了民众对立法的参与程度，即民意表达的程度。而扩大立法的公众参与，有助于广大人民群众感受立法、了解立法，深刻认识法律的权威与价值，从而提高法律实施的效果，也有助于多元利益诉求通过立法程序得到合理的平衡，从制度源头上预防与减少社会矛盾冲突。[②]

在立法的直接参与方面，《刑法修正案(九)》坚持了之前刑法立法的一些传统经验，包括向社会公众征求意见，向有关单位和部门征求意见，向全国人大代表征求意见，向专家学者征求意见，等等。与以往不同的是，《刑法修正案(九)》在立法的直接参与方面有两点值得特别关注：一是立法机关(包括立法工作机关)十分重视社会各界对刑法立法的参与。立法机关不仅在立法草案研拟前广泛调研，积极听取各方意见和建议，并在研拟过程中召开各种座谈会、专家论证会听取各个单位、部门和专家的意见(据了解，这些会议不下数十场，仅在北京举行的专家论证会就达十多场)，而且还首次组织召开了刑法修正案通过前的立法评估会。2015 年 3 月 15 日，第十二届全国人大第三次会议修正 2000 年的《立法法》补充了第 39 条："拟提请常务委员会会议审议通过的法律案，在法律委员会提出审议结果报告前，常务委员会工作机构可以对法律草案中主要制度规范的可行性、法律出台时机、法律实施的社会效果和可能出现的问题等进行评估。评估情况由法律委员会在审议结果报告中予以说明。"按照这一规定，全国人大常委会法工委 2015 年 8 月 10 日在京召开了《刑法修正案(九)》通过前的立法评估会，邀请部分全国人大代表、专家学者、律师和公检法部门基层执法人员参加，对《刑法修正案(九)(草案)》中主要制度规范的可行性、修正案出台时机、实施的社会效果和可能出现的问题进行评估。二是社会各界参与刑法立法的积极性非常高。此次刑法修改因涉及的内容广泛、重要，受到社会各界的高度重视和积极参与。据统计，《刑法修正案(九)(草案)》第一次向社会公开征求意见后，共有社会公众 15,096 人提出了 51,362 条意见；[③]第二次向社会公开征求意见后，共有 76,239 位网民通过网络提出了110,737 条

---

① [美]科恩：《论民主》，聂崇信等译，商务印书馆 2007 年版，第 10 页。

② 参见韩大元：《在科学立法民主立法方面迈出新步伐》，载《人民日报》2011 年 3 月 4 日，第 15 版。

③ 参见第十二届全国人大常委会第十五次会议参阅资料(二)：《中华人民共和国刑法修正案(九)(草案二次审议稿)参阅资料》，第 26～89 页。

意见。[①] 相比之下，民众对全国人大常委会同期审议的其他立法的参与程度明显不如刑法。除了社会公众、网民的意见，在此次修法过程中，许多单位、部门和科研机构也都针对《刑法修正案（九）（草案）》提出了大量意见。这些意见都由我国立法机关收集、整理，对其中一些重要意见还进行了专门研究，表明立法机关对各方面意见的重视，也反映出我国刑法立法的民主性正不断增强。

3. 刑法的立法民主要求适当限制全国人大常委会的职权

关于刑法修正案是否应提交全国人大审议通过的问题，在前七次刑法修正案出台过程中并不突出，而主要出现在《刑法修正案（八）》和《刑法修正案（九）》的立法过程中。有观点认为，这两次刑法修正案的内容都非常重大而且修法数量较多。对于修法内容多、幅度大的刑法修正案，应由全国人大而不是全国人大常委会审议通过。[②]

我们认为，此问题涉及《立法法》第 7 条关于全国人大常委会职权的理解，我国《立法法》第 7 条第 3 款规定："全国人民代表大会常务委员会制定和修改除应当由全国人民代表大会制定的法律以外的其他法律；在全国人民代表大会闭会期间，对全国人民代表大会制定的法律进行部分补充和修改，但是不得同该法律的基本原则相抵触。"这其中有两个概念十分关键，即"部分"和"基本原则"。对这两个概念既可以作形式上的狭义理解，也可以作实质上的扩大或限制理解。笔者赞同应对这两个概念作实质的理解。其中，对"部分"应作限制性解释，将其解释为"局部"，即如果补充和修改的刑法条文数虽然没有超过半数，但已经数量很大且涉及的方面也较多，就应认定其不属于"部分"。对"基本原则"则有必要作扩大的解释，即它既包括《刑法》第 3 ~ 5 条明文规定的基本原则，也包括那些没有明文规定但对立法、司法具有重要指导作用的基本原则、原理。[③] 据此，刑法修法具有以下两种情形之一的都应交由全国人大表决：(1) 刑法修法的条文数量较多。如果修法的条文达到了刑法典总条文数的五分之一

---

① 参见第十二届全国人大常委会第十六次会议参阅资料（一）：《中华人民共和国刑法修正案（九）（草案三次审议稿）参阅资料》，第 23 ~ 33 页。

② 参见全国人大常委会法工委刑法室编：《地方人大和中央有关部门、单位对刑法修正案（九）草案的意见》（法工刑字〔2015〕1 号），2015 年 1 月 4 日；全国人大常委会法工委刑法室编：《刑法修正案（九）草案向社会公众征求意见的情况》（法工刑字〔2015〕2 号），2015 年 1 月 4 日。

③ 参见赵秉志、袁彬：《刑法最新立法争议问题研究》，江苏人民出版社 2017 年版，第 16 页。

或者四分之一以上,即可认为超出了“局部”修改。(2)刑法修法的内容重大。例如,《刑法修正案(九)》增设的终身监禁制度涉及刑罚体系的调整和罪责刑相适应原则的贯彻,应认为涉及“刑法基本原则”问题。

4. 刑法的立法民主要求刑法修正应实行相对严格的法律案三审制

近年来,我国在刑法立法过程中临时新增条款的现象正日益受到关注。在《刑法修正案(九)》的立法过程中,这主要涉及修正案草案第三次审议稿新增加的暴力袭警从重处罚、取消嫖宿幼女罪和增设贪污罪受贿罪的终身监禁制度等,其中特别是增设贪污罪受贿罪的终身监禁制度尤其受到广泛关注。全国人大常委会对此只进行了一次立法审议即予以通过。有观点认为,在《刑法修正案(九)》修法过程中,草案第三次审议稿增加的这些重要内容没有经过全国人大常委会的三次审议,其立法程序存在瑕疵。① 事实上,相关制度在修法过程中争议很大,有不少意见对刑法增设这一制度持反对态度。②

我们认为,从提升刑法立法民主性的角度考虑,我国刑法修正案应实行相对严格的法律案三审制。

我国《立法法》第 29 条第 1 款规定:“列入常务委员会会议议程的法律案,一般应当经三次常务委员会会议审议后再交付表决。”从提升刑法立法民主性的角度来审识,我们认为,应对该条规定中的两个概念(“法律案”和“一般”)作适当的限定。一方面,该条中的“法律案”不应被机械地理解为仅指整个法律草案,而应该也包括法律草案中的重要内容。法律案都是由若干法律规范组成的,特别是一些重要法律条款对法律案的存在和价值具有重大甚至决定性影响。因而对该条规定的“法律案”应作实质性理解。否则,立法机关完全有可能在第三次审议时对第一次或者第二次审议的草案内容进行大量调整,进而虚置《立法法》第 29 条规定的法律案三审制。另一方面,该条中的“一般”指的是常例,表明了一种立法的原则性倾向要求,除非有特别原因,否则不能打破。这也是以往我国法律解释的基本思路。应该看到,《立法法》第 29 条之所以对被列入全国人大常委会会议议程的法律案作“一般应当经三次常务委员会会议审议后再交付表决”的规定,其目的是让全国人大常委会委员们和社会各方面能够

---

① 参见赵秉志、袁彬:《中国刑法立法改革的新思维——以〈刑法修正案(九)〉为中心》,载《法学》2015 年第 10 期。

② 参见全国人大常委会法工委刑法室编印:《一些部门、法学专家对刑法有关问题的意见》,2015 年 7 月 16 日。

对立法的内容进行更加全面而充分的讨论，以增进立法的民主性。因此，从立法民主性的角度来看，全国人大常委会应当将涉及重大刑法制度的立法内容交由全国人大常委会会议进行全面审议。[①]

（五）优化刑法立法技术

刑法条文是刑法规范的载体。刑法条文关系在形式上体现为不同条文之间的对应、转承关系，在实质上则反映了刑法规范之间的关系。刑法条文关系的合理配置是保证刑法体系完整、规范适用准确的重要基础。但长期以来，人们对刑法的条文设置存在一些固有认识，并在一定程度上影响了刑法立法的科学性。刑法要增强其适应社会生活的能力，就既要维护自身的确定性，又要具有一定的灵活性，而对于此二者的协调，立法技术在其中发挥着重要的作用。[②]在未来的刑事立法过程中，应注意以下方面的问题：（1）刑法立法用语需具有明确性和准确性。按照罪刑法定原则的要求，刑法的语言必须清楚、准确、具体，不能含糊、抽象、模棱两可，刑法规范应该具有精确性，精确性包含了对语言的明确性和准确性两项要求。明确性要求制定刑法的语言必须是肯定的而不是游移不定的、清楚的而不是模糊不清的、简单的而不是复杂繁冗的，准确性要求制定刑法的语言必须符合实际地描摹事物、毫无歧义地传递价值、逻辑严密地设定规范。[③]（2）刑法条文的表述应繁简得当，该详尽时则详尽，该简括时则简括，其表达应该足够明确，而又能具有较高的涵盖性，使类似的反社会行为都能被法网所覆盖，这就要求我们慎重设置兜底式规定，避免绝对确定和绝对不确定的法定刑，恰当对待刑法规范的例外规定等，有助于在刑事立法上实现上述平衡。与此同时，刑法用语也应该尽量避免粗糙、追求精致。[④]（3）刑法立法应当合理关照总则与分则的关系。法典体系技术的优劣直接影响刑法功能的生成。刑法典各部分的相互配合，尤其是通过总则规范和分则规范的相互配合，将会产生数量庞大的组合关系，从而可以实现以简单的、数量有限的法律条文适应无限复杂的社会生活的目的。[⑤]

---

① 参见赵秉志：《中国刑法最新修正宏观争议问题研讨》，载《学术界》2017 年第 1 期。

② 参见周少华：《立法技术与刑法之适应性》，载《国家检察官学院学报》2011 年第 3 期。

③ 参见周少华：《立法技术与刑法之适应性》，载《国家检察官学院学报》2011 年第 3 期。

④ 参见付立庆：《论刑法用语的明确性与概括性——从刑事立法技术的角度切入》，载《法律科学》2013 年第 2 期。

⑤ 参见周少华：《立法技术与刑法之适应性》，载《国家检察官学院学报》2011 年第 3 期。

《刑法修正案(九)》在取消组织卖淫罪、强迫卖淫罪死刑的同时,规定犯组织卖淫罪、强迫卖淫罪"并有杀害、伤害、强奸、绑架等犯罪行为的,依照数罪并罚的规定处罚",体现了我国死刑改革的立法技术探索。在此基础上,我国未来应当进一步加强刑法立法的技术革新,可以考虑致力于以下四个方面:

1. 对刑法结构予以合理调整

我国1997年刑法典确立了"总则""分则""附则"三编暨"总则"五章、"分则"十章的基本结构。1997年刑法典颁行20余年来,我国刑法修法没有对刑法典的结构进行调整。但从进一步完善刑法典结构的角度来考虑,我国有必要从以下两个方面调整其结构:(1)适当增设必要的章节。其中,在刑法典总则方面,将"刑法的适用范围"独立成章,并增设"正当行为""罪数""特殊群体的刑事责任""保安处分(预防性措施)"等专节,这一方面是为了进一步充实相关部分的刑法规范内容,另一方面也是为了保持其与刑法典总则已有章节之间的协调与平衡;在刑法典分则方面,增设"国际犯罪"专章以方便增加规定相关国际罪行,同时对恐怖活动犯罪、信息网络犯罪等单独设节,并将危害婚姻家庭罪、环境犯罪独立成章,以合理调整刑法对这些类型犯罪的惩治。① (2)适当调整现有的章节。一方面,在刑法典分则各章之下均设"节"的层次,这样既有利于彻底贯彻刑法典分则的章节制,也有利于保持刑法典分则各章之间的平衡;另一方面,合并刑法典分则的部分章节,如可以根据犯罪侵害的同类客体,将"贪污贿赂罪"与"渎职罪"两章合并为"职务犯罪"专章,将"危害国防利益罪"和"军人违法职责罪"两章合并为"危害国家军事利益罪"专章,同时在"章"下设"节",并在此基础上根据客体的重要程度调整不同章节的顺序。②

2. 死刑罪名的技术性删除

尽管经过第八和第九两个刑法修正案,我国已经取消了22种罪名的死刑,但当前死刑罪名仍多达46种。而从司法实践的角度来看,其中大部分死刑罪名都属于备而不用或者备而少用。许多罪名死刑的适用也仅限于致人死亡的情形(如抢劫致人死亡、强奸致人死亡等)。根据这一情况,我国应当扩大运用牵连犯等罪数原理,对以杀人手段实施的犯罪,确立按照故意杀人罪与相关犯

---

① 参见赵秉志:《当代中国刑法体系的形成与完善》,载《河南大学学报》(社会科学版)2010年第6期。

② 参见赵秉志等:《中国刑法的修改完善论纲》,载《刑法论丛》2012年第4卷。

罪数罪并罚或者从一重罪处罚的原则，将其死刑适用问题全部纳入故意杀人罪内进行解决。据此，在保留故意杀人罪死刑的前提下，我国完全可以大量取消现有犯罪的死刑。

3. 对过度类型化犯罪的技术整合

在立法罪名的设置上，我国刑法存在对许多类似犯罪区分过细的问题，如刑法典对诈骗犯罪、盗窃犯罪、抢劫犯罪的行为类型就明显分类过细。虽然其旨在细化罪刑关系，但相近似犯罪在定罪量刑标准上的差异也容易导致刑法适用的矛盾与冲突。对此，有观点认为，刑法过度类型化思维不仅造成了“不典型”与“典型”关系的混乱，而且造成了犯罪行为方式以及犯罪形态等问题上所体现出来的规范的混乱。[①] 我们认为，这种看法有一定的合理性。鉴于此，应当探索犯罪类型化的合理规则，根据罪刑关系的需要，合理地进行类型化立法。

4. 关于刑法明确性的技术处理

“法律只能订立一些通则，不能完备无遗，不能规定一切细节，把所有的问题都包括进去。”[②]就刑法立法而言，立法技术的局限性决定了刑法规范的明确性只能是相对的，一定的模糊性与不确定性不可避免。[③] 正是基于对这种立法特点的考虑，1997 年刑法典颁行 20 余年来，我国已将一些犯罪的定罪量刑标准由明确具体的刚性规定（如“偷逃应缴税额五万元以上”）修改为相对模糊的概括规定（如“数额较大”）。这种立法的模糊性和概括性赋予了司法机关更大的弹性和张力。但刑法必须在立法的明确性与模糊性之间有所抉择，要保持一个合理的限度。未来我国应当在刑法立法上积极探索进一步细化量刑情节、慎用兜底条款等措施，合理把握刑法明确性的程度。

---

① 参见马荣春：《警醒刑法学中的过度类型化思维》，载《法律科学》2012 年第 2 期。

② ［古希腊］亚里士多德：《政治学》，吴寿彭译，商务印书馆 1996 年版，第 163 页。

③ 参见刘艳红：《刑事立法技术与罪刑法定原则之实践——兼论罪刑法定原则实施中的观念误差》，载《法学》2003 年第 8 期。

第二编

新中国刑法司法70年

第五章　新中国刑法司法70年的发展历程

司法，是国家司法机关运用法律处理案件的专门活动。因此，作为司法机关运用刑法规范处理案件的专门活动，刑法立法与刑法司法互相依存、相辅相成。尤其是在我们这样一个既有数千年成文法传统又有数十年法治不昌实际并正在努力走向现代社会主义法治的国度里，刑法立法对刑法司法活动的影响具有鲜明的中国特色。如果说刑法司法以刑法规范为直接法律依据，刑法立法的发展状况就在基础上决定了刑法司法的质量与效果，而刑法立法从理念到体系、从内容到技术的重大变革，并由此形成理念先进、体系完善、结构合理、内容科学的现代刑法体系，[①]对刑事司法活动的影响是基础性、根本性的。因此，以新中国成立以来刑法立法的历史发展为线索进行研究，有助于全面透视刑法司法在历史进程中的时代脉络。

一、基本无法可依：1949年新中国成立至1979年刑法典颁行

新中国成立至1979年刑法典通过和实施以前，我国没

① 参见赵秉志：《中国刑法的百年变革——纪念辛亥革命一百周年》，载《政法论坛》2012年第1期。

有颁行统一的刑法典，单行刑法也屈指可数。在这一阶段，我国司法机关仅根据零星的单行刑法和司法文件等规范性文件甚至直接依据刑事政策惩治犯罪行为，刑法司法活动呈现出鲜明的时代色彩，即基本上是“无法可依，政策统领”。从司法定位来看，这一时期我国的刑法司法活动以维护国家政权稳定为主要目的，但在不同时期也会因政治需要而使实现这一目的的方式有较大差异。

（一）1949年新中国成立至1956年社会主义改造完成

新中国成立之初，敌我斗争尖锐、国内外颠覆势力猖獗，建立于战火之中的人民政权面临着数量庞大的土匪恶霸、特务间谍以及其他反革命分子的威胁与破坏。面对国家政权遭受的安全威胁，我们党和国家沿袭革命年代运动式的刑事犯罪治理行动，在军事斗争以外，通过司法手段维护国家政权安全和人民民主专政的政治制度，遂成为当时我国司法机关的首要任务。这一时期我国的刑法司法活动，主要是针对危害国家政权安危与社会基本稳定的犯罪行为进行查处和制裁，即严厉查处、惩治反革命分子、贪污腐败干部和不法资本家。为此，司法机关紧密配合国家开展镇压反革命运动、“三反”运动和“五反”运动，追诉和制裁相关犯罪活动，以此维护新生的人民政权。当然，作为一项政治运动的必然结果，诸多普通的犯罪现象被提升到意识形态的高度，而司法机关也将犯罪治理视为阶级斗争的新形式。由此带来的影响是，司法机关在很大程度上忽视了犯罪认定的程序限制，在犯罪认定的标准上也失去了正当性，甚至时常演变为一种对数字的追求，以至于为完成司法指标而采取偏执手段，频繁发生刑讯逼供并酿成冤假错案。①

从司法依据来看，该时期我国的刑事司法政策填补了刑法立法的严重不足，成为刑法司法的主要依据。新中国成立前夕，中国人民政治协商会议于1949年9月颁布了《中国人民政治协商会议共同纲领》。其第17条明确提出：“废除国民党反动政府一切压迫人民的法律、法令和司法制度，制定保护人民的法律、法令，建立人民司法制度。”因此，随着新中国新政权的建立，包括“中华民国”1935年刑法典在内的旧法统（也称“伪法统”）被统统废除。然而，面对惩治犯罪的现实需要，新中国只有少量零乱的单行刑法和附属刑法，如为适应惩治反革命犯罪的需要而由中央人民政府委员会颁行的《惩治反革命条例》（1951

---

① 参见孙万怀：《刑事政策合法性的历史》，法律出版社2016年版，第159～162页。

年2月20日),为配合土地改革运动由各大行政区军政委员会颁发的惩治不法地主的单行条例,为配合"三反""五反"运动施行的《惩治贪污条例》(1952年4月21日)和《在"五反"运动中关于工商户分类处理的标准和办法》等。[①] 整体来看,当时大多数刑法规范性文件的立法层级较低,难以满足刑法司法活动的客观需求。但是,与革命根据地时期相比,此时对这些犯罪的治理呈现出区别既往的根本性不同,即虽然法律规范并不健全,但是在有限的规范体系内,法律终于成了解决政治问题的一种有效方式,并最终由人民法院来作出最终的司法认定。[②] 当然,从革命时期带有浓厚军事色彩的犯罪惩治发展到带有一定法律色彩的司法手段,与新中国司法机构的建立不无关系。1949年9月27日,中国人民政治协商会议第一届全体会议通过了《中央人民政府组织法》,其中明确规定中央人民政府委员会组织最高人民法院及最高人民检察署作为国家的最高审判机关及检察机关,分别行使审判权和检察权。自此,我国开始加强司法机制建设,规范刑事司法行为。直至1954年,第一届全国人民代表大会第一次会议颁布《人民法院组织法》《人民检察院组织法》,人民代表大会下的"一府两院"体制从此形成,司法制度的基本框架也构建起来,[③]在加强社会主义刑事法制的建设方面稳步前进。

(二)1956年社会主义改造完成至1979年刑法典颁行

在1956年顺利完成社会主义改造以后,虽然国家的主要矛盾已经转变为人民群众对经济文化迅速发展的需要同当时经济文化不能满足人民群众现实需要的状况之间的矛盾,我国刑法司法的主要任务也应当随之改变,但随着1957年"反右"运动扩大化和1959年"反右倾"运动的影响,特别是1962年中共八届十中全会上作出关于我国过渡时期长期存在"社会主义和资本主义这两条道路的斗争"的基本政治判断,我国刑法司法的主要任务依然被定位于保卫无产阶级专政的社会主义制度,政治使命成为这一时期我国刑事司法活动的重要责任。

从惩治对象来看,我国刑法司法的政治属性被进一步强化,并随着1966年

---

① 参见赵秉志:《中国刑法的百年变革——纪念辛亥革命一百周年》,载《政法论坛》2012年第1期。

② 参见卢建平:《刑事政策与刑法变革》,中国人民公安大学出版社2011年版,第126页。

③ 参见陈卫东:《中国共产党与新中国司法制度的创立、发展及其完善》,载《法学家》2001年第4期。

“文化大革命”的爆发而成为维护国家政治安全的主要手段，甚至完全沦为政治斗争的一种普遍方式。正如有学者所概括的，这一时期国家注重对思想犯的惩罚，将许多普通犯罪作为敌我矛盾来对待，刑罚的标准尤其是死刑的标准失去确定性，仅仅根据政策需要而运用，民粹主义盛极一时，死刑等重刑缺少应有的程序制约，刑事体制完全紊乱，刑罚完全成为一种所谓“革命旗帜”下的帮凶。[①]可以说，“文化大革命”爆发，使新中国成立初期的法治建设很快被动乱的狂涛所湮没。当然，客观而言，虽然这一时期的刑法司法因被视为维护国家安全的重要工具而呈现出较强的随意性，但的确对国家政权的巩固发挥了重要作用。

从司法运动的形式来看，群众运动成为查处犯罪的主要形式。从1956年之后相继开始的“大跃进”、人民公社运动、“四清”运动等仍然采用以前大规模群众运动的形式，司法方式在社会治理中的地位被进一步削弱。在1959年5月的全国公检法先进工作者大会上，时任国家副主席董必武的讲话将政法工作路线确定为“服从党委领导，依靠人民群众，参加生产劳动，为全党全国中心工作服务”。“这在客观上极大地损害了国家司法机关的地位，直接导致了法律虚无主义的进一步蔓延，国家的法律法规往往被束之高阁。”[②]在这一时期，“中央规定地方司法机关向地方党委负责。辩护制度、律师制度被批判为‘替坏人说话，敌我不分，为阶级敌人开脱、掩护’”。而随着20世纪60年代“砸烂公检法”这一口号的提出并波及全国，整个国家的司法活动陷入一片混乱。

从规范依据来看，党的政策逐渐超越法律而成为司法活动的主要依据。新中国成立以后，党的政策一直是制定国家法律的依据，而我党历史上习惯于用政策来指导革命的成功经验，以及这段时间接二连三的群众运动，又使政策比法律具有更多的优越性，[③]因此，随着群众性社会治理行为的频繁展开，政策在国家司法活动中的地位越来越突出。直至“文化大革命”期间，甚至极少几部单行刑法也被彻底废弃，形成刑法立法的“真空”。这一时期作为司法依据使用的，除个别沿用下来的法规外，主要是“文化大革命”中制定的政策性文件，如1967年1月13日中共中央、国务院发布的“公安六条”等。1970年年初，中共中央连续发出《关于打击反革命破坏活动的指示》《关于反对贪污盗窃、投机倒

---

① 参见孙万怀：《刑事政策合法性的历史》，法律出版社2016年版，第164～167页。

② 曾宪义：《新中国法治50年论略》，载《中国人民大学学报》1999年第6期。

③ 参见曾宪义：《新中国法治50年论略》，载《中国人民大学学报》1999年第6期。

把的指示》《关于反对铺张浪费的通知》，要求在全国范围内开展一场“一打三反”运动，更是体现了完全以政策替代了刑法规范的特征。[①] 可以说，随着法律虚无主义的蔓延，“镇压与宽大相结合”的刑事政策、“惩办与宽大相结合”的刑事政策相继成为刑法司法活动的主要依据，[②]严重影响了我国刑法司法的法定性和明确性。

毋庸讳言，这种对政策治国的推崇以及对法律规范的彻底抛弃，直接导致从中央到地方对司法机关的地位与价值的强烈质疑。从1967年开始，全国出现了一股“砸烂公检法”的潮流。司法系统的许多人员也受此影响而被戴上了“特务”“反革命”等反动分子的帽子。刑事司法因上述原因出现严重混乱并造成了大量的冤假错案。[③]

二、基本有法可依：1979年刑法典颁行至1997年刑法典修订通过

1978年12月召开的党的十一届三中全会，开启了我国新时期改革开放的伟大历史征程，我国的整个法制建设包括刑法建设也由此开始获得前所未有的发展机遇。[④] “对林彪、江青反革命集团的审判，是我国健全社会主义法治的重要开端。在‘文化大革命’结束后，法治重新受到重视，并作为治国的基本方略。”[⑤]因此，从1979年刑法典生效至1997年刑法典修订，我国刑法司法也随之进入新的历史时期，并呈现出从保障政治安全的司法导向向维护社会稳定与发展转变的时代特色。

（一）从1979年刑法典颁行到1982年

就司法目的而言，该时期刑法司法活动以稳定社会秩序、保障国家经济建设的顺利进行为重要使命。党的十一届三中全会果断否定了“无产阶级专政下继续革命”的错误观点，并提出从1979年起把全党工作重点转移到社会主义现

---

① 参见孙万怀：《刑事政策合法性的历史》，法律出版社2016年版，第166页。

② 参见赵秉志：《新中国60年刑事政策的演进对于刑法立法的影响》，载《中国社会科学报》2009年第3期。

③ 参见曾宪义：《新中国法治50年论略》，载《中国人民大学学报》1999年第6期。

④ 参见赵秉志：《改革开放30年我国刑法建设的成就及展望》，载《北京师范大学学报》（社会科学版）2009年第2期。

⑤ 《林彪、江青反革命集团案——我国健全社会主义法制的重要开端（1980～1981）》，载正义网：http://www.jcrb.com/xztpd/ZT2018/fogang/fzjs/dayaoan/201812/t20181218_1943989.html，最后访问日期：2019年5月25日。

代化建设上来的战略决策,同时确立了健全社会主义民主、加强社会主义法制的改革任务,自此开始了持续多年的平反冤假错案工作,取得了良好的法治效果。可以说,自 1979 年制定刑法典伊始,国家立法机关便明确将刑法的任务确定为巩固和发展安定团结、生动活泼的政治局面,保障社会主义现代化建设的顺利进行。[①] 作为实现刑法机能、目标的主要途径,刑法司法也积极树立经济刑法观,增强服务意识,拓宽服务视野,提高服务质量,严格按照党和国家决策部署为经济发展保驾护航。[②] 我国的刑法司法活动进入拨乱反正的历史时期,主要表现在三个方面:

一是重塑司法观念。随着 20 世纪 50 年代“反右”运动的扩大化,法律虚无主义日益盛行,以革命的思维推进社会建设,以人治思维积极进行深刻的阶级斗争,成为国家的主流认识,并在此后“文化大革命”年代“砸烂公检法”的喧嚣中,法治思维日渐式微,“人治”成为社会治理的主要观念。[③] “文化大革命”对社会经济发展和公众幸福造成的严重破坏,宣告了“人治”思维的彻底破产,而强化依法而治在国家领导人的观念中得以恢复,并深刻影响了这一时期的刑事司法理念。具体而言,可以概括为以下四点:一是坚持严格依法办案的理念,提出不得按照“左”的政策和红头文件办案;二是坚持依照事实证据定罪量刑的理念,强调不能把公民的过激言行、错误思想等作为犯罪行为处理;三是树立严格依照法律程序独立办案的理念,取消了联合办案、党委批案等做法;四是树立实事求是、有错必究的理念,各级法院大胆解放思想,坚决纠正历次政治运动中造成的冤假错案。[④]

二是完善司法机制。要扭转人治带来的社会混乱,建立法制主导社会发展的国家机制,就必须健全完善司法体系,避免个人的肆意妄为,进而规范司法活动。其实,早在 1975 年 1 月第四届全国人民代表大会常务委员会第一次会议上,江华当选为最高人民法院院长后,就积极整顿各级人民法院组织,恢复、重建在“文化大革命”中被取消的各级人民法院及其审判业务。随着党的十一届

---

① 参见高铭暄:《中华人民共和国刑法的孕育诞生和发展完善》,北京大学出版社 2012 年版,第 14 页。

② 参见赵秉志、鲍遂献:《论刑法观念的更新和变革》,载《中国法学》1994 年第 2 期。

③ 参见陈耿、傅达林、欧阳晨雨:《从“人治”到“法治”——新中国法治六十年线路图》,载《中国改革》2009 年第 10 期。

④ 参见胡云腾:《改革开放 40 年刑事审判理念变迁》,载《人民法院报》2018 年 12 月 18 日,第 T31 版。

三中全会确立了"有法可依、有法必依、执法必严、违法必究"作为基本的法制原则，建立健全法律体系，完善司法运行机制，建立司法行为准则，成为国家法制发展的一项重要任务。此后，全国人大相继颁行了《刑法》《刑事诉讼法》等法律规范，同时重建检察制度，恢复公开审判原则、辩护原则、法律面前人人平等原则等。司法部和律师制度的恢复，使刑事诉讼的框架基本健全，[①]从而为建立规范的刑法司法机制，规范刑法司法行为夯实了制度基础。

三是纠正冤假错案。"十年'文革'导致人民法院事业遭到严重破坏，司法职能被'阶级专政'所取代，造成大量冤假错案。十年间，共判处刑事案件145万件，其中反革命案件40万件，普通刑事案件105万件。经'文革'后复查，反革命案件绝大部分属于错判，普通刑事案件约有10%属于错判。大多数冤假错案是1968年至1972年由军管会判处的。"[②]最高人民法院为此召开了第八次人民司法工作会议和旨在平反冤假错案的全国法院第二次刑事审判工作会议，贯彻实施新宪法，落实党中央提出的平反冤假错案要求。"1978年，人民法院开始全面复查'文革'期间刑事案件，到1981年年底，全国各级人民法院共复查'文革'期间判处的120多万件刑事案件，依法改判纠正冤错案30.1万余件，涉及当事人32.6万余人。"[③]

（二）从1983年"严打"到1997年刑法典颁行

自20世纪80年代初开始，随着改革开放的日益深入，因历史积累与现实因素的诱发，我国的犯罪总量开始增加。对此，作为对此时犯罪增长的一种感应式反应，"严打"的刑事政策得以出台，逐渐成为我国司法政策的主要导向，并在相当长的时期内主导了我国的刑法司法活动。[④]

1983年8月25日，中央召开全国政法工作会议，作出了《关于严厉打击刑事犯罪的决定》，提出了"从严从重、一网打尽"，严厉打击刑事犯罪活动的政策导向，掀开了第一次"严打"的序幕。同年9月2日，第六届全国人民代表大会

---

① 参见胡云腾：《改革开放40年刑事审判理念变迁》，载《人民法院报》2018年12月18日，第T31版。

② 高憬宏、刘静坤：《建国六十年刑事审判事业发展历程与经验研究》，载《法律适用》2009年第12期。

③ 张晨：《70年平冤纠错，不懈努力诠释司法公平正义》，载《法制日报》2019年6月19日，第1版。

④ 参见赵秉志：《新中国60年刑事政策的演进对于刑法立法的影响》，载《中国社会科学报》2009年第3期。

常务委员会第二次会议颁布了《关于严惩严重危害社会治安的犯罪分子的决定》，规定对多种类型的严重危害社会治安的犯罪分子，可以在刑法规定的最高刑以上处刑，直至判处死刑。此后，刑法司法呈现出从严、从重的实践特点。其突出表现就是：(1)在入罪方面，司法机关降低入罪标准，扩大犯罪的处罚范围。在国家立法机关通过单行刑法等方式使犯罪圈不断扩大的背景下，司法机关还通过类推解释、扩张解释等方式推动犯罪化，扩张不法行为之刑事惩治的范围。在证据认定方面，主张抓大放小，不纠缠细节，刑事案件的证据只要符合"两个基本"(基本事实清楚和基本证据充分)的即可定罪量刑，犯罪认定的标准被进一步放大。[①] (2)在量刑方面，重刑化的司法倾向较为突出。1983 年和 1996 年开展了两次全国范围的"严打"斗争，中间还多次针对特定犯罪开展专项斗争，刑法司法活动带有明显的行政化色彩和运动型特征，犯罪与刑罚的博弈呈此消彼长的态势。1983 年，人民法院判处的重刑比例(判处 5 年以上有期徒刑到死刑的人数占全部犯罪人数的比例)创纪录地达到了 47.39%，1996 年第二次"严打"也达到了 43.05%。[②] 同时，随着立法机关通过单行刑法大量增设死刑罪名，在"从严、从重"的政策导向下，这一时期的死刑适用大幅度增加。此后，1996 年 3 月两会期间，许多全国人大代表、政协委员对治安状况提出尖锐意见，要求整顿社会治安秩序。为此，中央决定从 1996 年 4 月到 1997 年 2 月开展第二次全国性的"严打"行动，从而使"严打"活动在司法实践中得以延续。

就司法依据而言，司法解释在刑法司法活动中的地位日益突出，刑事政策对司法活动的影响得以弱化。1979 年刑法典的颁行为刑法司法提供了明确的裁判依据，提高了司法活动的规范性和公信力。同时，为了有效应对严峻的犯罪形势，单行刑法、附属刑法以及司法解释的广泛运用提高了刑法司法活动的规范性。(1)单行刑法、附属刑法为刑法司法活动提供了较为明确的法律依据。自 1981 年至 1997 年刑法典通过前，全国人大常委会先后通过了 25 部单行刑法，国家立法机关还在 107 部非刑事法律中设置了数量可观的附属刑法规范。1979 年刑法典只有 130 种罪名，经过单行刑法和附属刑法的不断补充，至 1997

---

① 参见胡云腾：《改革开放 40 年刑事审判理念变迁》，载《人民法院报》2018 年 12 月 18 日，第 T31 版。

② 参见胡云腾：《改革开放 40 年刑事审判理念变迁》，载《人民法院报》2018 年 12 月 18 日，第 T31 版。

年刑法典通过之前,已增加到了263种罪名。[①] (2)司法机关积极运用司法解释权制定了数量庞大的刑法司法解释。据统计,从1978年到1997年刑法典实施前,最高人民法院单独以及与最高人民检察院联合发布的刑事司法解释共254件,另外还制定了大量指导刑事审判工作的规范性文件。[②] 虽然这些规定带有一定的应急性,但也有助于刑法司法摆脱直接依据刑事政策定罪量刑的历史窠臼。

三、有法必依:1997年刑法典颁行以来

改革开放推动我国社会发展的同时,给刑法司法活动带来的直接影响,就是整个社会的司法观念得以转变,从过去注重国家安全和社会稳定转向社会保护与人权保障兼顾。因此,这一时期的刑事司法开始定位于维护国家安全与社会主义市场经济秩序的稳定发展,而且突出强调公平、合理是刑法司法的价值目标。

(一)从1997年刑法典颁行至2005年

在刑事司法政策方面,"严打"政策备受质疑,刑法司法活动呈现出刑罚轻缓化、人道化的趋势。"严打"政策在扭转社会治安形势、保障社会经济发展的同时,对犯罪嫌疑人、被告人盲目从严从重甚至随意从重处罚等偏重打击而轻人权保障的方式日益引起人们的警惕和反思。[③] 1997年刑法典实施以后,司法机关尤其是最高司法机关积极推动犯罪惩治的司法转型,虽然"严打"刑事政策仍然发挥一定的作用,也酿成了一些冤假错案,但"严打"行动和专项斗争逐步减少,刑法司法中的重刑主义得到了一定程度的遏制并向轻缓化的方向转变。在此期间,2001年全国开展了第三次"严打",但无论是持续时间还是刑罚的适用情况,都远不及前两次"严打"。不仅死刑适用受到严格控制,而且重刑率也呈现逐年下降的态势,到2005年,重刑率已经下降到了17.86%。[④]

在刑法适用方面,1997年刑法典取消了不利于被告人的有罪类推制度,规定了罪刑法定、罪责刑相适应、适用刑法人人平等三项基本原则,对于刑法司法

---

① 参见赵秉志、王俊平:《改革开放三十年的我国刑法立法》,载《河北法学》2008年第11期。

② 参见沈德咏:《改革开放30年的刑事审判工作》,载《中国审判》2009年第1期。

③ 参见赵秉志:《对"严打"中几个法律关系的思考》,载《人民检察》2001年第9期。

④ 参见胡云腾:《改革开放40年刑事审判理念变迁》,载《人民法院报》2018年12月18日,第T31版。

理念产生了重要影响。然而,观念的改变并非一朝一夕的事情,刑法立法所确立的罪刑法定原则等刑法基本原则对刑法司法的影响是循序渐进的过程,因此,这一时期的刑法司法呈现出较强的过渡性特征,即一方面强调刑法基本原则对刑法司法的根本性指导作用;另一方面贯彻罪刑法定原则仍然存在诸多问题。比如,司法机关对于入罪标准的把握不够严谨、规范,个别罪名如非法经营罪、寻衅滋事罪等逐渐演变成新的口袋罪,不断扩大其适用范围,使其成为破坏社会主义市场经济秩序犯罪、妨害社会管理秩序犯罪的兜底性条款。此外,司法解释文件中的一些规范为了解决法律适用中的疑难问题会突破刑法规定也有违反罪刑法定原则的嫌疑。例如,2002年2月25日最高人民检察院发出通知,要求依法严肃处理足球黑哨腐败问题,并将足球比赛裁判员的受贿行为按照公司、企业人员受贿罪论处,明显超越了刑法立法对公司企业人员规定的应有之义。①

(二)从2006年"宽严相济"刑事政策出台至今

进入21世纪以后,随着建设社会主义和谐社会的全面推进,"宽严相济"的基本刑事政策应运而生并逐步替代了"惩办与宽大相结合"的基本刑事政策。此后,我国刑法的司法工作也及时作出相应调整,不仅严格限制死刑的适用条件,减少死刑适用的数量,而且在刑罚裁量中逐渐扩大适用非监禁刑,推动社区矫正制度的实施等,顺应了刑罚轻缓化的世界潮流。

"宽严相济"刑事政策的提出是这一时期刑法司法从重刑思维向宽缓化转型的根本因素。在2004年12月和2005年12月的当年全国政治工作会议上,时任中共中央政治局常委、中共中央政法委书记罗干在讲话中均提出治理犯罪要重视和正确运用宽严相济的刑事政策,为这一政策的正式出台进行准备。②2006年10月11日,中国共产党第十六届中央委员会第六次全体会议通过了《中共中央关于构建社会主义和谐社会若干重大问题的决定》,其中明确提出要实施"宽严相济"的刑事司法政策。不过,此时对于"宽严相济"只是被定位为一项刑事司法政策,并没有改变"惩办与宽大相结合"作为基本刑事政策的地位。同年11月6日,最高人民法院召开第五次刑事审判工作会议,提出要正确

① 参见陈志军:《刑法司法解释研究》,中国人民公安大学出版社2006年版,第406页。

② 参见赵秉志:《和谐社会构建与宽严相济刑事政策的贯彻》,载《吉林大学学报》(社会科学版)2008年第1期。

执行“宽严相济”的刑事司法政策，贯彻执行“惩办与宽大相结合”的基本刑事政策，充分发挥政策的感召力，促进罪犯改过自新。即便如此，“宽严相济”刑事政策的提出也在客观上对刑事司法活动产生了积极影响。2007 年，作为贯彻“宽严相济”刑事政策的主要举措，最高人民法院收回了全部死刑案件的核准权，从而促进了死刑案件的严格控制，有利于规范死刑的司法适用。而在 2008 年以后，最高人民法院又大力推进量刑规范化改革，连续几年出台规范性文件，促进了常见犯罪的量刑均衡和量刑过程的公开公正。司法实践中出现了死刑适用和重刑率明显下降、重大犯罪案件也随之下降的良性循环态势。[①] 2010 年，最高人民法院出台了《关于贯彻宽严相济刑事政策的若干意见》，明确指出“宽严相济”刑事政策是我国的基本刑事政策，是“惩办与宽大相结合”政策在新时期的继承、发展和完善。此后，“宽严相济”基本刑事政策所要求的司法机关要根据犯罪的具体情况，实行区别对待，做到该宽则宽，当严则严，宽严相济，罚当其罪，对刑法司法工作发挥了重要的指导作用。

从司法依据来看，除了刑法典及其修正案、单行刑法以外，司法解释、指导案例制度对司法规范化的影响也日益显著。刑法司法解释是我国刑事法制建设的重要环节，也是连接刑法立法和刑法司法的桥梁。[②] 自 1997 年以来，仅最高人民法院制定和参与制定的刑事司法解释或者规范性文件就有 200 余件，这对于解决刑法司法活动中的疑难问题发挥了重要作用，也积极促进了司法公正和司法公信力的提升。与此同时，最高司法机关积极推行指导案例制度，从典型疑难案件中提炼裁判理由作为司法解释之外推动刑事司法统一、完善刑法适用标准的重要补充。

1997 年刑法典确立罪刑法定原则是我国刑法臻于现代化的重要标志之一。从此，依法保障犯罪嫌疑人的权利也名正言顺地成为我国刑法司法活动的重要任务。自此以后，虽然仍然有过“严打”的阶段，但已不是我国治理犯罪的主要司法手段，并且逐步实现了从偏重秩序保护到注重人权保障的转变，同时也注意强化了民生安全的刑法保护，积极推进建设公正、高效、权威的社会主义司法制度。总体而言，在这一时期，我国司法机关通过严格限制死刑适用，平反冤假

① 参见胡云腾：《改革开放 40 年刑事审判理念变迁》，载《人民法院报》2018 年 12 月 18 日，第 T31 版。

② 参见赵秉志：《我国刑事司法领域若干重大现实问题探讨》，载《南都学坛》2009 年第 2 期。

错案,强化对企业家合法权益的刑法保护等举措,积极贯彻人权保障原则。(1)严格限制死刑适用。2007年1月,最高人民法院全面收回死刑复核权,拉开了我国死刑制度改革的序幕。十多年来,全国法院系统严格按照"少杀慎杀"的死刑政策和相关法律规范,在死刑案件中奉行更严格的证据标准、实体标准,使被判处死刑的人数大幅度下降,在世界范围内产生了良好影响。(2)始终坚持积极纠正冤假错案。自1997年刑法实施以来,法院系统依法纠正了杜培武故意杀人案、佘祥林故意杀人案、赵作海故意杀人案等社会关注极高的案件,推动司法公正。仅自2015年以来,最高人民法院指导下级法院依法纠正了数十件重大刑事冤假错案和多起涉产权刑事错案,呼格吉勒图案、聂树斌案和张文中案等冤错案件的改判,伸张了社会正义,保护了人权和产权。而依法改判内蒙古王力军无证经营玉米案和天津赵春华非法持有枪支案,契合了人民群众的公平正义观念,彰显了刑事司法的温度,提升了刑事司法的公信力。① 在这一时期,司法机关对冤假错案的关注已经从传统暴力犯罪领域向经济犯罪等领域拓宽,全面加强审判监督,努力保障冤假错案当事人的合法权益。(3)刑法司法注重对民生安全的司法保护。司法机关在危害食药安全犯罪、危害环境安全犯罪、危害交通安全犯罪、涉黑涉恶犯罪等领域开展持续性的专项治理活动,致力于提高犯罪防控的社会效果。(4)在刑罚适用上,针对严重犯罪行为,在严格执行限制减刑、假释的同时,合理适用无期徒刑、终身监禁等刑罚措施,以实现犯罪预防的个别化和科学化。

① 参见胡云腾:《改革开放40年刑事审判理念变迁》,载《人民法院报》2018年12月18日,第T31版。

第六章　新中国刑法司法70年的发展特点

新中国成立70年来,我国司法机关通过刑法司法活动,不仅一贯注重全面维护国家政治安全和社会主义经济秩序,而且逐步注意保障公民的合法权益,维护社会公平正义,构筑了一条具有中国特色的社会主义刑法司法的道路。我们认为,新中国刑法司法70年的道路与实践,呈现出以下五个方面的显著特征。

一、始终坚持维护国家安全与社会稳定的大局观

无论是新中国成立初期的“镇压反革命”“三反”“五反”运动,还是改革开放以后频繁开展的针对特定犯罪的“严打”,无不是党和国家基于对国家安全与社会稳定形势的总体判断而对刑法司法活动作出的相应部署。对此,我国司法机关始终坚持服务党和国家工作需要,[①]积极维护国家安全与社会稳定。虽然在这一发展过程中,我国刑法司法曾经偏离了现代法治的运行轨道,在特定时期基于犯罪防控的特殊需要而在政策导向、司法裁判等方面出现了曲折甚至倒退,

---

① 参见袁春湘:《改革开放40年来司法审判之变化》,载《人民法院报》2018年10月31日,第2版。

但是司法机关保卫国家安全与社会主义制度方面的一贯立场是坚定不移的，其对国家与社会发展所发挥的积极影响也是毋庸置疑的。

（一）积极出台司法解释，为严厉打击危害国家安全与社会稳定犯罪统一裁判标准

1. 积极适应犯罪形势新变化，明确危害国家安全犯罪的法律适用标准

随着科学技术发展以及公共安全形势的变化，一些新的危害国家安全的行为不断出现，构成对国家安全的严重挑战，为了及时有效应对这些挑战，全国人大常委会、最高人民法院等司法机关相继出台了多部司法解释性文件，以提高法律适用的统一性。比如，1998年最高人民法院出台了《关于审理非法出版物刑事案件具体应用法律若干问题的解释》，2000年全国人大常委会发布了《关于维护互联网安全的决定》，2001年最高人民法院发布了《关于审理为境外窃取、刺探、收买、非法提供国家秘密、情报案件具体应用法律若干问题的解释》，2003年最高人民法院、最高人民检察院联合发布《关于办理妨害预防、控制突发传染病疫情等灾害的刑事案件具体应用法律若干问题的解释》以及2014年最高人民法院、最高人民检察院、公安部制定的《关于办理暴力恐怖和宗教极端刑事案件适用法律若干问题的意见》，在有效应对国家安全犯罪形势新变化方面发挥了重要作用。

2. 积极探索司法认定规则，为危害公共安全犯罪治理提供司法保障

科技的广泛应用在推动社会发展的同时，也催生了一些新型的危害公共安全犯罪，尤其是在食品安全、药品安全、环境安全等领域表现得特别突出，而传统的犯罪认定规则以及现有的司法技术资源难以满足犯罪认定的实践需要，因此，司法机关积极探索犯罪认定规则，以满足公共安全保障的客观需要。例如，最高人民法院、最高人民检察院于2013年发布的《关于办理危害食品安全刑事案件适用法律若干问题的解释》积极运用司法认定规则，通过对类型化的高度危险行为的抽象概括转移犯罪构成要件的证明，从而降低犯罪证明的难度，强化对不法行为的惩治。相应地，最高人民法院、最高人民检察院于2014年发布的《关于办理危害药品安全刑事案件适用法律若干问题的解释》以及2017年施行的《关于办理环境污染刑事案件适用法律若干问题的解释》都体现了这一点。

3. 认真贯彻中央决策精神，为犯罪专项治理行动提供明确的法律适用标准

虽然大规模从严、从重惩治犯罪的“严打”已经不是我们进行犯罪治理的重

要手段，但是在个别时期针对特定类型的犯罪行为展开专项治理仍然是维护国家安全与社会稳定的主要方式。比如，2000年4月，公安部联合相关部门掀起了“打击拐卖妇女儿童”专项斗争，最高人民法院、最高人民检察院联合有关部门共同发布了《关于打击拐卖妇女儿童犯罪有关问题的通知》，为此次“打拐”专项斗争提供规范指导。2000年12月，公安部在全国范围内启动了“打黑除恶”专项行动，最高人民法院于同年12月4日通过了《关于审理黑社会性质组织犯罪的案件具体应用法律若干问题的解释》。再如，2018年1月，中共中央、国务院发出《关于开展扫黑除恶专项斗争的通知》，为认真贯彻落实中央开展扫黑除恶专项斗争的部署要求，最高人民法院、最高人民检察院、公安部、司法部于2019年4月联合发布了《关于办理恶势力刑事案件若干问题的意见》，从而为有效打击恶势力违法犯罪统一了司法标准。

（二）始终将严厉打击危害国家安全与社会稳定犯罪作为工作重点

从刑法规范来看，1979年刑法典和1997年刑法典都把保卫国家安全、人民民主专政的政权和社会主义制度作为我国刑法的首要任务。全国司法机关在适用刑法打击犯罪的过程中，也始终坚持将危害国家安全与社会稳定的犯罪类型作为刑法司法的重点工作。且不说1997年刑法典实施以前为维护社会稳定而展开的“严打”运动，即便在1997年以后，此类犯罪行为依然是司法机关工作的重点所在。比如，《2003年最高人民法院工作报告》在开篇第一部分就明确提到，1998年至2002年，全国法院系统依法严惩危害国家安全犯罪和危害公民生命财产安全犯罪。“依法惩处颠覆国家政权、分裂国家等犯罪，恐怖犯罪，组织和利用‘法轮功’邪教组织破坏法律实施的犯罪。积极参加‘严打’整治斗争，重点打击黑社会性质组织犯罪，一批曾称霸一方、无恶不作的犯罪分子受到严惩。严厉惩处杀人、抢劫、绑架等严重暴力犯罪，爆炸、放火、投放危险物质等严重危害公共安全犯罪，盗窃等多发性犯罪。”《2008年最高人民法院工作报告》在开篇对过去五年工作进行总结时，仍然将维护国家安全与社会稳定的成效作为重点内容。其中提到，2003年至2008年，人民法院“坚持贯彻执行依法严厉惩罚严重刑事犯罪的方针，重点审判各种危害国家安全、危害公共安全和危害人民群众生命财产安全的犯罪，推动全国社会治安形势持续好转，共审结爆炸、杀人、绑架、抢劫等犯罪案件120万件，同比上升10.09%”。《2013年最高人民法院工作报告》也是如此，即在报告中明确指出，2008年至2012年，人民法院“依法严惩严重刑事犯罪,审结杀人、抢劫、绑架、爆炸、黑社会性质组织、拐卖妇女儿童等犯罪案件 135.7 万件,判处罪犯 185.8 万人;审结拉萨‘3·14’事件和乌鲁木齐‘7·5’事件所涉刑事犯罪案件以及湄公河中国船员遇害案等重大案件,有力打击分裂势力、恐怖势力和暴力犯罪分子;依法严惩危害人民群众生命健康犯罪,审结生产销售问题奶粉、瘦肉精、地沟油等有毒有害食品以及生产销售伪劣产品、不符合安全标准产品等犯罪案件 1.4 万件,判处罪犯 2 万余人”。同样地,在《2018 年最高人民法院工作报告》中,危害国家安全与社会稳定的犯罪仍然是过去五年法院工作的重心。2013 年至 2017 年,人民法院“严惩危害国家安全、暴力恐怖等犯罪。把维护国家政治安全特别是政权安全、制度安全放在第一位,加大反恐怖反分裂反邪教斗争力度,依法严惩煽动分裂国家、颠覆国家政权等犯罪,切实维护国家安全。会同有关部门出台办理暴力恐怖和宗教极端刑事案件意见,依法严惩天安门‘10·28’、昆明‘3·01’等暴恐犯罪,维护社会大局稳定”。

时至今日,维护国家安全与社会稳定依然是司法机关的重要任务,[①]“为维护国家政治安全特别是政权安全、制度安全,人民法院始终积极参与反恐怖反分裂反邪教斗争,依法严惩危害国家安全犯罪案件、暴恐犯罪,有力地震慑了试图破坏中国发展的不法分子”。[②] 除此之外,我国近期所进行的严厉打击贪污腐败犯罪以及依法开展的扫黑除恶专项治理,也是基于维护国家和社会长治久安而作出的必然选择。值得肯定的是,从新中国成立初期到今天,在保障国家安全与社会稳定这一目标毫不动摇的前提下,我国刑法司法活动的基本理念随着社会的进步发生了根本性的变化,逐步实现了从注重秩序维护、惩治犯罪向保障人权与追求司法公正的系统性转变,使国家安全与社会稳定的依法治理进入了新时期。

二、从偏重社会整体利益保护逐步转向兼顾维护秩序与保障人权

新中国成立以后相当长的时期内,我国刑法司法表现为重秩序而轻人权,

---

① 参见沈德咏:《改革开放 30 年的刑事审判工作》,载《中国审判》2009 年第 1 期。

② 姜佩杉、荆龙:《服务大局:保稳定谋发展促和谐》,载腾讯网:https://mp.weixin.qq.com/s? src = 11&timestamp = 1560070507&ver = 1657&signature = WCldC0Ywp7lWo34j0UEc * PC9vO0Mj * Zca5hdPlh7UX4Lb9EVU5XbAx4ttZ2BgOLWOK3eVKP2PnPMbgAnalTxbYlqzE * IOmv * I7S5eV5dU0RckoLhvUb5sDLvWauUKJWp&new = 1,最后访问日期:2019 年 5 月 30 日。

时常以公民权利被漠视乃至被践踏为代价换取社会安宁。[①] 党的十一届三中全会着重提出了健全社会主义民主和加强社会主义法制的任务,开辟了建设社会主义民主与法制的道路,也自此拉开了我国刑法司法现代化的改革序幕,推动刑法司法不断强化人权保障。尤其是随着1997年刑法典的颁行,我国刑法司法的人权保障观念开始不断增强并得以逐步主导了我国刑法司法活动的现代改革。

(一)司法机关开始严格依法保障犯罪嫌疑人、被告人的人权

随着新刑法典的修订和通过、实施,我国司法机关积极贯彻罪刑法定原则,摒弃类推和不利于被告人的溯及既往追诉制度,在刑法司法活动中严格依法司法,注意保障犯罪嫌疑人、被告人的人权。当然,从司法实践来看,虽然司法机关积极转变陈旧的司法观念,但是受重刑主义和法律工具主义的影响,在1997年刑法典适用过程中仍然存在违反刑法司法基本原则的情况。针对这一情况,最高司法机关通过制定司法解释、审判监督程序等强化对罪刑法定原则的贯彻。比如,(1)严格限制死刑的司法适用。《刑法》第48条第2款规定,死刑除依法由最高人民法院判决的以外,都应当报请最高人民法院核准。死刑缓期执行的,可以由高级人民法院判决或者核准。然而,从20世纪80年代以来,为了严厉震慑并打击严重危害社会的犯罪行为,死刑复核权被下放到高级人民法院行使,事实上违背了刑法典的明确规定。为此,最高人民法院于2007年1月在全国范围内统一收回死刑复核权,从而在死刑复核问题上落实了罪刑法定原则。同时,最高人民法院对死刑的适用条件作出严格限制,比如,《全国法院维护农村稳定刑事审判工作座谈会纪要》明确指出,"对于因婚姻家庭、邻里纠纷等民间矛盾激化引发的故意杀人犯罪,适用死刑一定要十分慎重,应当与发生在社会上的严重危害社会治安的其他故意杀人犯罪案件有所区别。对于被害人一方有明显过错或对矛盾激化负有直接责任,或者被告人有法定从轻处罚情节的,一般不应判处死刑立即执行"。《关于对怀孕妇女在羁押期间自然流产审判时是否可以适用死刑问题的批复》明确指出,怀孕妇女因涉嫌犯罪在羁押期间自然流产后,又因同一事实被起诉、交付审判的,应当视为"审判的时候怀孕的妇女",依法不适用死刑,从而强化了对犯罪嫌疑人的人权保障,也体现了刑法的人道主义。(2)严格限制"口袋罪"的扩张适用。法律语言具有抽象性、概

---

① 参见赵秉志:《全球化时代中国刑法改革中的人权保障》,载《吉林大学社会科学学报》2006年第1期。

括性的特征，这就给刑法解释提供了一定的自由空间，从而在罪与非罪、此罪与彼罪之间造成混乱；在更多的时候，通过形式化解释甚至类推解释导致犯罪圈的不当扩张，“口袋罪”就是这一司法乱象的典型表现，其中以非法经营罪最为突出。《刑法》第 225 条规定了“违反国家规定”“严重扰乱市场秩序的非法经营行为”这些较为模糊的用语，因此，自 1997 年刑法典实施以来，无论是违反国家规定，还是地方性规定，司法机关对非法经营行为并没有在刑法层面进行限制，导致只要出现了不符合有关规定的非法经营行为，就会随意入罪而滥施刑罚。为了贯彻罪刑法定原则，最高人民法院发布了《关于准确理解和适用刑法中“国家规定”的有关问题的通知》，对这两个要素进行明确：“各级人民法院在刑事审判工作中，对有关案件所涉及的‘违反国家规定’的认定，要依照相关法律、行政法规及司法解释的规定准确把握。对于规定不明确的，要按照本通知的要求审慎认定。对于违反地方性法规、部门规章的行为，不得认定为‘违反国家规定’。对被告人的行为是否‘违反国家规定’存在争议的，应当作为法律适用问题，逐级向最高人民法院请示。各级人民法院审理非法经营犯罪案件，要依法严格把握刑法第二百二十五条第(四)项的适用范围。对被告人的行为是否属于刑法第二百二十五条第(四)项规定的‘其他严重扰乱市场秩序的非法经营行为’，有关司法解释未作明确规定的，应当作为法律适用问题，逐级向最高人民法院请示。”自该文件发布以来，民间借贷、违规经营食品等多种原本被认定为非法经营罪的行为得以非犯罪化，既体现了刑法权威，也有助于充分保障公众的合法权益。

(二)司法机关积极探索被害人的合法权益保障机制，努力实现人权保障全覆盖

受传统观念影响，一直以来，我国刑法都被定位成惩罚犯罪的工具，其主要任务就是通过惩罚犯罪来保障国家利益、社会稳定和公共安全，被害人权益保障在很大程度上被忽视。但是，在犯罪以后，被害人的权益并非因犯罪行为得到惩治就自然获得了救济。其因犯罪行为而受到的损失往往因为犯罪人死亡或者没有赔偿能力，甚至因为无法查证犯罪人而无法被弥补，在这种情况下，由国家对其进行合理的救助就成为国家应当承担的义务。换言之，在刑法司法活动中，并非只有犯罪人的权利需要保障，被害人的利益同样需要保护，且不是只能由犯罪人来承担。鉴于此，2009 年 3 月，中央政法委员会、最高人民法院、最高人民检察院、公安部、司法部、财政部、民政部、人力资源和社会保障部联合印

发《关于开展刑事被害人救助工作的若干意见》,明确对因严重暴力犯罪造成严重伤残,无法通过诉讼获得赔偿,从而导致生活困难的刑事被害人或者刑事被害人因遭受严重暴力犯罪侵害已经死亡,与其共同生活或者依靠其收入作为重要生活来源,但无法通过诉讼及时获得赔偿,生活困难的近亲属,就可以申请国家救助。因过失犯罪或不负刑事责任的人(如精神病人、不满刑事责任年龄的人)实施的刑事不法行为,导致严重伤残或死亡的刑事被害人,也可以参照该规定申请救助。可以说,推动刑事被害人救助制度改革,是司法机关以切实维护被害人的合法权益、深入化解社会矛盾、彰显司法人文关怀的重大举措。此后,全国法院系统对生活确有困难的被害人及其亲属及时提供适当的经济资助,努力使被害人的损失减少到最低限度。一些地方法院也积极开展试点工作,取得了良好的社会效果。[①] 据悉,仅从2009年到2011年,全国法院向刑事被害人发放的救助金额就逐年递增,累计发放救助金2.3377多亿元,12,978名刑事被害人获得了救助,缓解了因遭受犯罪侵害而在生活、医疗方面面临的燃眉之急。[②] 同样,全国检察机关在积极开展救助刑事被害人工作方面,在2009年该项救助资金支出约666万余元,2010年全国检察机关则共救助了刑事被害人4875万余元。[③] 2019年3月7日,最高人民检察院、国务院扶贫开发领导小组办公室又联合下发了《关于检察机关国家司法救助工作支持脱贫攻坚的实施意见》,对受到犯罪侵害危及生命,急需救治,无力承担医疗救治费用的贫困当事人,扶贫部门应当立即告知检察院,检察院可以先行救助,救助后及时补办相关手续,从而使刑事被害人救助制度更加完善。

三、公平正义逐渐成为刑法司法活动的根本价值导向

公平正义是刑法司法的底线,缺乏公正的司法活动将从根本上侵蚀现代法治的权威性和公信力。考察我国刑法司法70年发展历程尤其是改革开放40年来的司法实践,"司法机关始终怀着司法为民之心,敢于纠错,勇于担当,为实现社会公平正义作出不懈努力"。[④] 可以说,随着中国刑法现代化的逐步推进,

---

① 参见沈德咏:《改革开放30年的刑事审判工作》,载《中国审判》2009年第1期。

② 参见张先明:《三年发放救助金二亿多　一万多刑事被害人获益》,载《人民法院报》2012年9月26日,第12版。

③ 参见肖荣:《检察机关开展刑事被害人救助有效化解矛盾》,载《检察日报》2011年3月2日,第3版。

④ 张晨:《70年平冤纠错,不懈努力诠释司法公平正义》,载《法制日报》2019年6月19日,第1版。

公平正义作为刑法司法现代化不可缺少的基本内涵,[①]也成为我国刑法司法活动的根本价值导向。

(一)司法机关强化刑事审判监督,纠正冤假错案,维护社会公平正义

虽然在新中国成立初期,基于维护国家政治安全的巨大压力而在刑法司法方面出现过严重背离法治的现象,但造成冤假错案只是政策主导司法的副产品,而非刑法司法的直接目的。这就不难理解,即便在改革开放之前"无法可依"的年代里,也曾经有过纠正冤假错案的司法行为。时至改革开放之初,我国对司法公正、民主法治的认识更为深刻,并由此开展了全国性的平反冤假错案专项工作,从而使刑法司法对公平正义的追求进入了一个新的历史时期。从那时至今,无论是经媒体曝光还是当事人申诉而得以昭雪的冤假错案,我们从中都能看到司法机关坚持有错必纠的司法理念,使社会公众不断感受到司法机关推动刑法司法实现公平正义的努力。尤其是近几年来,坚决纠正和防范冤假错案,坚持严格公正司法,更是司法机关持续关注并努力践行的重要司法理念。比如,2013年至2017年,全国法院坚持实事求是、有错必纠,加强审判监督,以对法律负责、对人民负责、对历史负责的态度,对错案发现一起、纠正一起,再审改判刑事案件6747件,其中依法纠正呼格吉勒图案、聂树斌案等重大冤错案件39件,并依法予以国家赔偿,让正义最终得以实现,以纠正错案推动法治进步。此外,深刻吸取教训,出台防范刑事冤假错案指导意见,落实罪刑法定、证据裁判、疑罪从无等原则,对2943名公诉案件被告人和1931名自诉案件被告人依法宣告无罪,确保无罪的人不受刑事追究、有罪的人受到公正惩罚。[②] 其中在2016年,各级法院再审改判刑事案件1357件,依法纠正陈夏影绑架案,陈满故意杀人、放火案等一批重大冤错案件,从中深刻吸取教训,健全冤错案件有效防范、及时纠正机制。[③] 而在2018年,各级法院按照审判监督程序再审改判刑事案件1821件,其中依法纠正"五周案"等重大冤错案件10件,审结国家赔偿案件1.5万件。[④] 可以说,通过纠正冤假错案,使社会公众深刻体会到司法机关追求司法公正的积极努力。

---

① 参见赵秉志、田宏杰:《刑事司法正义论》,载《中国刑事法杂志》2000年第6期。

② 参见《2018年最高人民法院工作报告》。

③ 参见《2017年最高人民法院工作报告》。

④ 参见《2019年最高人民法院工作报告》。

（二）积极贯彻罪责刑相适应原则，追求司法公平公正

1997年刑法典确立了罪责刑相适应原则，要求对行为人判处的刑罚应当与犯罪行为的性质以及应当承担的刑事责任相均衡。在刑罚裁量时，既不能一味从重，也不能任意从宽，而应当维持刑罚的公平公正。毋庸讳言，新中国成立70年间，中国传统文化中浓郁的重刑主义思想仍然对刑法司法活动有相当的影响。从新中国成立初期到镇压反革命、"三反"与"五反"运动，到改革开放之后的"严打"，刑法司法活动往往和重刑威慑联系在一起，刑法工具主义作祟也往往是因为司法人员将严苛刑罚与威慑性联系在一起，从而使"从重"成为20世纪我国刑法司法活动的显著特色。然而，随着罪责刑相适应原则的贯彻实施，人们对刑法的性质、刑罚的功能有了更为理性的理解，重刑主义观念和倾向得到了一定遏制。21世纪初，关于刑法轻缓化的理论与实践日益引起人们的关注，从而为宽严相济基本刑事政策的提出作了充分的社会动员，有助于彻底改变深藏于公众心理的重刑主义司法观念。"宽严相济"的刑事政策吸纳、承继了"惩办与宽大相结合"及"严打"刑事政策的合理成分，既避免了一味强调从严或从宽、过分僵硬、缺乏弹性的单极化趋向，也避免了与世界刑罚轻缓化之潮流相左，不符合现代刑罚谦抑精神的重刑主义。① 为了深入贯彻落实"宽严相济"的刑事政策，避免刑法司法重刑化，最高人民法院印发《关于贯彻宽严相济刑事政策的若干意见》，提出刑法司法"要正确把握宽与严的关系，切实做到宽严并用。既要注意克服重刑主义思想影响，防止片面从严，也要避免受轻刑化思想影响，一味从宽"。经过多年来的司法实践，重刑威慑的司法观念在我国刑法司法活动中逐步得到了一定程度的扭转，其突出表现就是在刑法司法层面严格限制死刑适用，死刑案件数量大幅下降，同时积极带动了刑罚适用的轻缓化和人道化。

（三）司法机关通过回应热点刑事案件的社会关切，积极营造司法公正的良好氛围

在相当长的时期里，刑法司法过程被蒙上了神秘的外衣，司法机关对民意乃至舆论监督普遍持排斥态度，从而使我国刑法司法活动的法律效果和社会效果都受到负面影响。比如，在引起社会舆论广泛关注的李昌奎强奸杀人案中，

---

①　参见赵秉志：《宽严相济刑事政策视野中的中国刑事司法》，载《南昌大学学报》（人文社会科学版）2007年第1期。

"喊杀"的舆论压力在云南省高级人民法院宣判李昌奎死缓以后很快释放出来。但是面对社会公众的热议,云南省高级人民法院表态:"这个国家需要冷静,这个民族需要冷静,这是一个宣泄情绪的社会,但这样的情绪对于国家法律而言,应冷静。我们不会因为大家都喊杀,而轻易草率地剥夺一个人的生命。"①虽然上述说法在逻辑上没有问题,但是面对舆论而作出的上述回应难免令人感到冷漠、傲慢,无助于获得良好的司法效果。因此,近年来,在公平正义司法理念的影响和推动下,我国司法机关日益重视通过回应热点刑事案件来强化公众的司法认同。一方面,最高人民法院印发了《关于推进司法公开三大平台建设的若干意见》,要求司法机关进一步深化司法公开,依托现代信息技术,打造阳光司法工程,全面推进审判流程公开、裁判文书公开、执行信息公开三大平台建设,增进公众对司法的了解、信赖和监督。2018年11月,最高人民法院又出台了《关于进一步深化司法公开的意见》,提出要坚持实质公开。"不断完善司法公开平台的互动功能、服务功能和便民功能,主动回应社会关切,努力把深化司法公开变成人民法院和人民群众双向互动的过程,让司法公开成为密切联系群众的桥梁纽带。"可以说,这些规定早已经超越了刑事诉讼法关于司法公开的形式性规定,而是从刑法司法效果的角度对舆论关注作出回应的实质性司法公开举措。另一方面,全国法院系统严格落实最高人民法院关于司法公开的有关规定,通过典型案件传递现代法治精神,获得了良好的法治效果。2016年11月5日,在第十二届全国人民代表大会常务委员会第二十四次会议上最高人民法院院长周强作了《最高人民法院关于深化司法公开、促进司法公正情况的报告》,其中明确提到"落实党的十八届四中全会提出的'谁执法谁普法'的普法责任制,通过公开裁判文书、庭审网络直播、强化裁判文书说理、发布典型案例、举办公众开放日活动等,传播法律知识,增强全民法治观念,推进法治社会建设"。事实也是如此,如在薄熙来贪污受贿案、于欢防卫过当案、张文中"诈骗"等案件中,司法机关的刑法司法活动通过与民意的积极互动都取得了良好的法律效果和社会效果,强化了司法正义的公众认同。

四、刑法司法的规范化举措趋于丰富

"加强司法规范化建设,是贯彻落实依法治国基本方略,构建公正高效权威

① 参见《李昌奎宣判死缓,云南高院称骑虎难下》,载《今日早报》2011年7月14日,第14版。

的社会主义司法制度的必然要求。”[①]改革开放以后尤其是进入21世纪以来，随着人权保障观念的深入发展，加强司法规范化，避免司法活动的肆意妄为，提高司法公信力，成为我国司法机关的普遍共识。因此，近年来，我国司法机关在改善司法理念、规范司法形象等方面加大探索与尝试，也取得了良好的司法效果。就刑法司法而言，我国司法机关着重从规范自由裁量权的角度强化刑事裁判的规范化，主要表现在建立健全案例指导制度和建立并推行量刑规范化制度等方面。

（一）最高司法机关通过建立健全案例指导制度，规范司法裁判

为了着力解决法律适用中的新问题，统一认识，创新规则，弥补法律规定或司法解释的不足，为实现审判案件法律效果和社会效果统一提供有力指导，[②]2010年7月29日，最高人民检察院第十一届检察委员会第四十次会议通过了《关于案例指导工作的规定》，同年11月26日，最高人民法院发布了《关于案例指导工作的规定》，从而正式建立了具有中国特色的案例指导制度。这些指导性案例不同于以往发布的仅作为司法机关参考的指导性案例，其本质是对法律法规条文或者法律规范的一种解释，甚至可能是对法律法规进行的一定程度的补充。[③] 截至目前，最高人民法院共发布了21批共计112个指导案例，其中刑事指导案例有21个。最高人民检察院发布14批共计56个指导性案例，其中刑事指导性案例有43个，对于推动刑法司法及时有效应对社会形势发展对法律稳定性和司法解释局限性带来的挑战发挥了重要作用。特别是指导（性）案例往往针对的是典型疑难案件中的法律适用问题，或者社会关注度极高的争议性案件。因此，这些案件中的裁判理由对法律适用问题的阐释、解读，已经成为司法解释之外规范司法活动的重要形式。虽然司法解释是最高司法机关针对法律适用中的疑难问题而对法律规范所作的解释，但往往针对的是法律适用的普遍性问题，社会发展给刑法司法带来的极大挑战，也会使司法解释表现出一定的滞后性，这也是司法机关频繁对司法解释进行修改的原因，如危害药品安全、食品安全犯罪领域的司法解释等就在短短几年内多次进行修改。相比之下，指导（性）案例的灵活性高、针对性强的特点有助于弥补司法解释的不足，对于提

① 李少平：《规范司法行为　促进司法公正》，载《中国审判》2012年第11期。

② 参见胡云腾：《中国特色的案例指导制度与指导性案例》，载《人民司法》2014年第6期。

③ 参见胡云腾：《打造指导性案例的参照系》，载《法律适用》2018年第14期。

高法律适用的规范性、应对法律适用疑难问题具有不可替代的重要价值。比如,正当防卫是维护公众权利、推动社会和谐发展的一项重要制度;但是,一直以来我国没有专门发布关于正当防卫领域的司法解释,从而导致司法实践中正当防卫条款几乎沦为“僵尸条款”。对此,最高人民法院在“于欢故意伤害案”引发社会舆论时,及时通过指导案例93号统一了刑法中正当防卫认定的具体裁判标准,对于被告人行为所涉法律适用问题,如是否具有防卫性,是否属于特殊防卫,是否属于防卫过当以及如何定罪量刑进行了明确。再如,虽然2013年最高人民法院、最高人民检察院发布了《关于办理危害食品安全刑事案件适用法律若干问题的解释》,明确了《刑法》第144条有毒、有害非食品原料的认定标准,但是从司法实践来看,许多新型化学物质是否属于该解释中可以认定为有毒、有害非食品原料的物质,仍然存在诸多争议。对此,最高人民法院指导案例70号“北京阳光一佰生物技术开发有限公司、习文有等生产、销售有毒、有害食品案”及时明确了该司法解释第20条规定的“其他有毒、有害非食品原料”的认定标准,即“行为人在食品生产经营中添加的虽然不是国务院有关部门公布的《食品中可能违法添加的非食用物质名单》和《保健食品中可能非法添加的物质名单》中的物质,但如果该物质与上述名单中所列物质具有同等属性,并且根据检验报告和专家意见等相关材料能够确定该物质对人体具有同等危害的,应当认定为《中华人民共和国刑法》第一百四十四条规定的‘有毒、有害的非食品原料’”。可以说,这些指导(性)案例的发布,对于正确适用刑法、切实提高刑事案件的司法水平起到了重要的指导和规范作用。

(二)最高人民法院通过发布量刑指导意见提高量刑规范化

量刑公正是刑事司法的一项重要原则,既体现罪责刑相一致,又体现刑罚的公正性,即对案情相近或相似的案件作相同的处理,在刑罚裁量上也保持大体上的均衡。与之相对应的是,量刑过重和过轻都违背了公正原则,而且都不利于刑罚目的的实现。量刑过重不利于保障犯罪人的合法权益,失之公平;量刑过轻则会放纵犯罪人,助长犯罪人的侥幸心理,失之公正,也削弱了刑罚的预防、威慑功能。[①] 因此,采取有效措施避免有损司法公正的量刑差异,是刑法司法的重要使命。然而,虽然刑法规定了刑罚裁量的适用范围、影响因素和具体

---

① 参见戴长林、张向东:《从四个维度审视量刑规范化改革的时代性》,载《法律适用》2011年第7期。

原则，但是量刑是一个主观性较强的司法行为，而量刑过程本身的特点也决定了实现量刑公正并非一件简单易行的事情。一方面，基于罪刑法定原则，刑法中往往规定了相对确定的法定刑，而不是绝对法定刑，这就为量刑不规范提供了空间。可以说，量刑幅度的存在是司法人员在确定刑罚时难免具有较强的随意性的前提。另一方面，犯罪发生以后，一个案件往往会出现单个或者多个法定、酌定的量刑情节，甚至出现从宽与从重等竞合情节，这时如何确定某一量刑情节是否可以对刑罚裁量产生影响以及影响的程度如何，会受制于司法人员本身的司法经验。这样势必导致量刑结果因司法人员的主体差异而出现同种情节不同量刑的情形，给社会公众造成司法不公的印象。这样一来，如何规范司法人员的自由裁量权，尽可能使相同的量刑情节在刑罚裁量上产生司法公平公正的效果，是刑法司法必须解决的问题。量刑规范化的意义正在于此，即通过对自由裁量权加以规范，对法官的主观判断加以约束，进而实现量刑结果的公平公正。基于此，为统一法律适用标准，规范裁量权，严格执行法律，准确裁量刑罚，最高人民法院近年来在全国各级司法机关积极推动了量刑规范化的改革。自2010年最高人民法院发布《人民法院量刑指导意见（试行）》以来，最高人民法院又相继出台了《关于常见犯罪的量刑指导意见（二）（试行）》《关于常见犯罪的量刑指导意见》等刑法司法文件。这些举措对于确保刑事案件办案质量、实现公平正义发挥了重要作用。总体来看，近年来量刑规范化改革具体操作包括：首先根据基本犯罪事实在相应的法定刑幅度内确定量刑起点；其次根据其他影响犯罪构成的犯罪数额、犯罪次数、犯罪后果等犯罪事实，在量刑起点的基础上增加刑罚量确定基准刑；最后根据量刑情节调节基准刑，综合考虑全案情况，依法确定宣告刑。从实践效果来看，量刑规范化改革对于提高刑法司法的规范性和公信力发挥了重要作用。据悉，“试点前后人民法院量刑尺度、轻重把握并无太大差别，至少是司法机关、当事人或律师并没有感受到明显差别。但是，被告人服判息诉的多了，上诉、抗诉的少了；怀疑、批评裁判不公的少了。因为过去的量刑活动，由法官个人依据法律、凭借审判经验独自作出判断。虽然也依法有据，但程序不公开、主观性强、庭审各方不能参与，量刑结果的公正性受到质疑”。①

---

① 杨维汉：《全国法院量刑规范化改革工作会议在海南三亚召开》，载中国政府网：http://www.gov.cn/jrzg/2010-09/16/content_1704302.htm，最后访问日期：2019年6月1日。

五、刑法理论对刑法司法的影响日益突出

新中国成立之初到改革开放之前，随着以前旧法统被全部废止、新中国刑法规范的空位以及对苏联刑法理论和司法制度的全盘移植，我国刑法学研究也日渐式微，刑法司法的政治性色彩过于浓重而缺少先进理论的支撑，以致我国刑法理论对刑法司法实务的影响极其有限。“由于受国家政治生活中存在的‘左倾’思想和‘法律虚无主义’的影响，当时的法治建设与法学研究、法学教育也存在不少欠缺。例如，在法学研究方面，不仅受苏联的法学体系、观念的影响较大，泛政治化乃至‘左倾’的痕迹也比较明显。”①即便在 1979 年刑法典颁布以后，由于在相当长的一个时期刑法理论界的研究重点集中在刑法立法的发展完善方面，②因而我国刑法司法与刑法理论的交流相对薄弱，刑法理论对刑法司法的影响极其有限。随着 1997 年刑法典的颁行尤其是罪刑法定原则的确立，刑法立法的改革问题趋于稳定，如何在贯彻罪刑法定原则的前提下规范刑法适用，保持刑法规范的稳定性与灵活性，就成为我国刑法司法的重要任务，刑法理论对刑法司法的影响也随之逐渐增强。

（一）刑法解释学的拓展对刑法司法活动产生了重要影响

通过合理的刑法解释填补刑法规范的漏洞，是刑法司法的职责所在。毕竟，刑法条文本身与刑法司法的现实需要存在一定的差距是不可避免的。一是刑法语言具有抽象性，需要通过合理解释加以明确。刑法规范对类型化的犯罪行为的高度概括，是从具体的生活行为中抽象出来的，这样在应用于司法实践时，必然存在刑法文本和实践样态是否对应的问题，从而产生刑法规范的实践需求。比如，《刑法》第 263 条规定“入户抢劫”属于抢劫罪的加重处罚情节，但是何为“户”，却是一个较为主观的用语。这就需要结合规范目的加以解释，从而合理限定“户”的范围。二是刑法语言具有滞后性，需要通过合理解释不断适应发展的需要。刑法作为国家的基本法律应当尽可能保持稳定，然而，社会生活日新月异，势必对成文的、稳定的刑法规范构成挑战。例如，随着经济发展出现了诸多区别于传统财物性状的财产性利益，这些利益是否可以被认定为财

① 曾宪义：《新中国法治 50 年论略》，载《中国人民大学学报》1999 年第 6 期。

② 参见陈兴良：《中国刑法学研究 40 年（1978—2018 年）》，载《武汉大学学报》（哲学社会科学版）2018 年第 2 期。

物,抑或哪些利益可以被认定为财物,就需要刑法的合理解释。三是刑法语言会出现不规范表述,需要进行合理解释以不断适应社会发展。刑法立法是立法者的主体行为,与立法者个人的专业、经历乃至素养都有很大的关系,因此,时常会出现一些缺乏规范性的用语,如《刑法》第 20 条中的"行凶",《刑法》第 144 条的"有毒、有害非食品原料"。这些只能通过合理解释予以明示,从而规范刑法司法行为。然而,要做到合理的刑法解释并非易事,如果缺乏充分的理论支持和专业素养,刑法解释最终会演化为一种随意解释,甚至违反罪刑法定原则。正是在这个意义上,我们说,发现法律的缺陷并不是什么成就,将有缺陷的法条解释得没有缺陷才是智慧。① 这恰是刑法解释学的价值所在。事实上,刑法解释学属于广义刑法学的一个核心分支学科,并具有自身独立的学科品格。② 所以,改革开放以后 40 年刑法学的发展历程,在某种程度上就是刑法解释学的发展过程。这一时期关于刑法解释的诸多理论日趋成熟,对刑法司法活动发挥了重要作用。比如,关于刑法解释权的争论有助于厘清刑法立法解释与刑法司法解释之间的关系,并推动刑法司法解释的规范化,有利于遏制司法解释立法化的倾向;关于刑法解释技巧与方法的研究,有助于在解释刑法规范时选择更为科学、合理的解释,避免解释结论的不合理从而侵蚀刑法权威。而刑法解释理论上关于形式解释与实质解释、主观解释与客观解释的持续争议,更是推动了刑法解释理论的日渐成熟,并为刑法司法活动中作出更为规范、科学的解释提供了理论支撑。

(二)关于死刑限制及其路径的探讨,为死刑的司法限制提供了充分的理论动员与指导

从古至今,死刑在我国的刑罚体系中占据极其重要的地位,也是统治阶级维护政权稳定的重要工具。然而,随着人道主义观念的不断深入以及人们对刑罚功能的理性认识,从迷信死刑的功能到客观看待死刑,社会公众对死刑的价值发生了根本性转变。逐步限制并最终在立法上彻底废止死刑逐渐成为越来越多学者以及实务人员的共识。当然,这与学者们一直以来关于死刑改革理论的研究是密不可分的。笔者认为,当下我国死刑改革的理论研究主要包括三个方面的内容:一是死刑是否应当存在。对此,学界长期存在有限的死刑存在论、

---

① 参见张明楷:《刑法格言的展开》,法律出版社 1999 年版,第 7 页。

② 参见徐岱:《刑法解释学的独立品格》,载《法学研究》2009 年第 3 期。

极端的死刑废止论和分阶段逐步废止死刑的观点。二是在认可应当最终废止死刑的前提下,如何逐步实现废止死刑的目标。对此,学者们进行了深入系统的分析,而分阶段逐步废止死刑的主张为越来越多的学者所赞同而成为通说。三是在当前不可能全面废止死刑的情况下,如何推动死刑制度改革,限制死刑的适用。对此,学者们的基本共识是,“中国死刑的废止应本着谨慎、务实的态度,遵循先易后难、逐步发展的法治变革之规律,以废止罪责刑严重失衡、长期备而不用或很少适用、社会心理反应不大的死刑条款为起点,分阶段、分步骤地进行”,同时,在司法层面严格把握死刑适用的条件,减少死刑适用的数量。①

从新中国成立至今,刑法理论关于死刑改革的争论持续了 70 年,死刑改革理论的不断发展与成熟为死刑改革奠定了坚实的理论基础,并获得了中央层面的高度认可,最终,“保留死刑,严格控制和慎重适用死刑”成为我国现行的死刑政策。② 在这一死刑政策的影响下,我国司法机关积极推动死刑改革,在刑法司法层面严格限制死刑适用,主要表现在:(1)坚定支持最高人民法院积极收回死刑复核权。由于历史原因,最高人民法院曾经授权多个省、自治区、直辖市的高级人民法院行使部分死刑案件的复核权。这不仅违反了刑法的明确规定,而且导致死刑适用标准的混乱。为此,在刑法理论界,死刑复核权收归最高人民法院统一行使应当说是大家的普遍共识。“事实上,对二元制死刑复核体制批评和反思的风暴,首先也是发酵于法学界。在一些法学理论刊物和学术研讨会上,死刑核准权下放的种种弊端,成为‘口诛笔伐’的靶子。”③当然,这也为最高人民法院收回死刑复核权做了充分的理论准备。事实上,收回死刑复核权绝不仅仅具有程序上的价值,在刑法司法层面,还有利于贯彻现行的死刑政策,有助于统一死刑的适用标准,避免死刑适用的随意性,从而充分保障人权。(2)制定规范性文件,严格把握死刑适用的条件。“在较长时期内,在司法上寻求限制死刑立即执行的适用从而达到实际削减死刑的效果是最现实可行的选择,也是限制死刑的最直接、最高效的方法。”④为此,学者们从不同类型犯罪的死刑司法限制、量刑情节等不同方面进行充分的理论研究,为司法机关规范死刑适用奠定

---

① 参见赵秉志:《全球化时代中国刑法改革中的人权保障》,载《吉林大学社会科学学报》2006 年第 1 期。

② 参见赵秉志:《当代中国重大刑事法治事件评析》,载《刑法论丛》2010 年第 3 卷。

③ 赵秉志:《当代中国重大刑事法治事件评析》,载《刑法论丛》2010 年第 3 卷。

④ 张伟珂:《中国死刑改革进程中的民意问题研究》,法律出版社 2016 年版,第 216 页。

了理论基础。比如,最高人民法院在 1999 年《全国法院维护农村稳定刑事审判工作座谈会纪要》中明确了民间矛盾激化引发的故意杀人犯罪适用死刑的问题。此外,最高人民法院、最高人民检察院通过指导(性)案例对典型案件中的死刑适用标准进行阐释,对于限制死刑适用起到了良好的指导效果。

此外,关于刑罚功能、刑罚轻缓化等刑罚理论的研究,不仅有助于改变司法人员的重刑主义观念,而且对于扩大资格刑适用、提高罚金刑的适用比例,乃至"宽严相济"刑事政策的提出和贯彻实施等,都具有重要的理论指导意义。

第七章　新中国刑法司法未来的发展前瞻

经过70年的探索和发展，当今中国进入了建设中国特色社会主义事业的新时期，中国特色社会主义法治建设包括刑事法治建设无疑是其中重要的一环。70年来，随着国家法治事业前行步伐的迈进，我国的刑法司法也经历了从政治主导到追求公正的历史转变，这一情形也与现代法治发展的历史轨迹趋于吻合。展望未来，在中国特色社会主义及其法治建设的新的历史时期，我国刑法司法活动应当坚守公平正义的法治生命线，坚持保障人权与维护秩序的兼顾和统一，为我们国家和社会的改革开放事业保驾护航。为此，我们认为，未来我国刑法的司法活动应当遵循以下法治发展的基本方向：

一、恪守罪刑法定原则，强化人权保障的现代刑法司法理念

自现行刑法典修订以来，罪刑法定原则已经成为我国刑法司法不可僭越的一项铁律。然而，从现实司法实践来看，如何恪守罪刑法定原则，并真正落实人权保障的现代司法理念，仍然是一个需要时常警示和不断强调的问题。可以说，不断强化罪刑法定原则的实践效果，应当是我国刑法司法活

动的长久命题。就此我们试提出如下要点。

(一)要准确理解罪刑法定原则,合理约束刑罚权

这一点在行政犯领域尤为重要。在当下的中国,基于维护公共秩序的客观需要,司法层面行政犯认定的形式化倾向以及由此导致犯罪圈的急剧扩张已成必然,近年来发生的内蒙古王力军无证收购玉米案、王鹏非法出售鹦鹉案、赵春华非法持有枪支案等即是这一趋势在刑法司法中的体现。然而,这些典型案件的司法裁判无不存在背离罪刑法定原则的隐忧。面对不断扩张的犯罪圈,通过罪刑法定原则对刑法规范进行合理解释进而使刑罚权保持适度谦抑,更契合良法善治的社会主义法治观。从刑法司法活动来看,关于罪刑法定原则在司法中的适用,涉及两大问题。

其一,罪刑法定原则的出罪功能如何理解。我国《刑法》第 3 条规定:"法律明文规定为犯罪行为的,依照法律定罪处刑;法律没有明文规定为犯罪行为的,不得定罪处刑。"该规定在我国刑法中确立了罪刑法定原则,但是如何正确理解罪刑法定原则则不无争议。尤其是在前半句的表述是否意味着只要符合法律的明文规定就一定认定为犯罪行为,即其是否只具有入罪功能,而不具有出罪功能的问题上一直分歧较大。事实上,罪刑法定原则作为现代法治国家确立的保障人权的一项基本原则,其初衷是限制国家权力的恣意行使,因此,只有法有明文规定才可作出有效裁判的原则,这表明其首先是一项限制入罪的原则。① 不过,即便在形式上符合刑法典明文规定的犯罪行为,也可能基于其他合理理由而出罪,如超法规的正当化事由等。这是罪刑法定原则的另一侧面,即其出罪功能也是客观存在的。

其二,如何把握罪刑法定原则司法适用的合规范性。在我们看来,一些司法人员在刑法司法活动中存在两个误区:一是只要不法行为表现出一定的社会危害性,就要将其认定为犯罪;二是只要不法行为形式上符合刑法条文规定,就要将其认定为犯罪。其实,这两种情形都有违反罪刑法定原则之嫌疑。一方面,具有社会危害性的行为,是否应当被认定为犯罪,必须考虑是否符合刑法典的明文规定,而不能予以类推适用;另一方面,形式上符合刑法条文规范,但实质上是否应当予以处罚,在特定情况下需要作出实质判断,以限制处罚范围。因此,坚持罪刑法定原则,不仅是为了限制入罪行为的肆意,而且要积极发挥其

---

① 参见陈兴良:《罪刑法定原则的价值内容和司法适用》,载《人民检察》2018 年第 21 期。

出罪功能,将不值得处罚的行为排除在刑法范围之外,这也是罪刑法定原则的应有之义。

在刑法司法中坚持罪刑法定原则,也是防范冤假错案的应有之义。既包括在未决案件中严格依照刑法规定定罪量刑,也包括对错误的已决案件及时依照刑法和刑事诉讼法的规定加以纠正。可以说,纠正冤假错案是刑法司法实现社会正义不可或缺的重要方面,也是刑法司法活动坚守罪刑法定原则的应有之义。从既往的研究来看,学者们往往将纠正冤假错案视为刑事程序的主要职能,也把冤假错案的发生归因于刑事程序。然而,即便大多数的冤假错案的成因是没有严格执行刑事诉讼法的有关规定,但是也存在诸多因刑法适用不规范而导致的冤假错案。比如,近年来发生的内蒙古王力军无证经营玉米案、云南李昌奎强奸杀人案等,都是因为司法机关没有准确理解刑法的有关规定而导致案件处理出现了错误。因此,如果说及时纠正冤假错案是我国司法机关的重要职能,司法机关在刑法司法过程中就必须准确理解并严格贯彻落实罪刑法定原则,只有这样,才能避免出现错误的判决,维护当事人的合法权益。

(二)要合理处理罪刑法定原则与司法解释的关系

最高司法机关制定和发布的刑法司法解释,是我国各级司法机关进行刑法司法活动的重要依据,也是推进司法裁判公信力的重要保障。然而,随着司法解释的作用越来越突出,"刑事司法解释文件与一般司法文件界限不清、解释权配置体制不合理、越权解释较为普遍地存在、生效时间的规定不科学、失效时间不明确、制定方式和修改方式不规范、在相当长的时间里制定程序无章可循或有章不循等。刑事司法解释的规范化和科学化,已经成为我国加强刑事法治建设进程中亟须解决的一个重要问题"。① 这其中最典型的表现就是司法解释立法化,即越权解释的问题。事实上,从现有规定来看,通过司法解释设定一些超出刑法规定嫌疑的解释规则并不鲜见。除了前述的问题,司法解释中关于交通肇事案件中共同过失犯罪的认定、危害食品安全犯罪中片面共犯的认定等,无不有越权解释的嫌疑。这些规范不仅会导致犯罪认定扩大化,而且从根本上有违背罪刑法定原则之嫌。正如有学者所言:"越权刑法解释尤其是越权刑法司法解释是类推制度废止后罪刑法定主义的最大敌人。"②

---

① 赵秉志:《我国刑事司法领域若干重大现实问题探讨》,载《南都学坛》2009年第2期。

② 赵秉志:《我国刑事司法领域若干重大现实问题探讨》,载《南都学坛》2009年第2期。

对此，我们认为，在制定司法解释过程中，必须恪守罪刑法定原则，要合理限定司法解释性规范文件的形式和适用范围。(1)就司法解释的形式而言，最高人民法院于2007年4月1日起实施的《关于司法解释工作的规定》明确了司法解释的形式分为"解释""规定""批复""决定"四种。其中，"批复"是对高级人民法院、解放军军事法院就审判工作中具体应用法律问题的请示制定的司法解释。"司法解释"是针对法律适用中的疑难问题而作出的法律解释，针对的应当是全国范围内具有典型意义的普遍性问题。然而，"批复类"司法解释最主要的特点在于它与个案裁判的关联性，而不是诸如其他类别的司法解释形式是对法律泛化的规定而作出的解释，更多的是针对个案的争议焦点给予下级法院相关意见性批复。[①] 这不仅可能导致个案批复与司法解释规则的冲突，而且会影响上下级法院案件审理的独立性。鉴于此，要适度减少甚至可以考虑废止通过"批复"等形式就个案作出司法解释的情形。(2)就适用范围而言，要合理限定司法解释的适用，尤其要处理好立法解释与司法解释的关系，特别要注意避免司法解释立法化，从而违反罪刑法定原则。具体而言，司法解释必须受到刑法规范所包含的文义限制，应当以文义解释的合理性作为优先解释原则。在此基础上，当这种形式化解释方式不能满足规范目的的价值导向时，才可以采取其他解释方法予以处理，但是不能超出罪刑法定原则的限制，即不能突破规范含义的一般外延。[②] 尤其需要改变为了实现对某种行为处罚即忽略刑法文本的规范含义而肆意进行实质解释的类推思维，以恪守罪刑法定原则的法治底线。为此，应当建立完善的刑法解释撤销机制，对撤销越权刑法解释的提请主体、审查主体和审查程序作出具体的法律规定。[③]

二、积极探索刑罚轻缓化路径，贯彻刑法司法的人道主义

刑罚轻缓化是人道主义发展与人权保障进步的结果，从世界范围内来看，刑罚轻缓化已然成为一股世界潮流，甚至成为评价一国刑事法治文明程度的重要标尺。[④] 因此，刑罚轻缓化也应当成为我国刑法司法的当然选择和发展方向。

---

① 参见刘风景、温子涛：《批复类司法解释的走向》，载《人民司法》2014年第3期。
② 参见詹红星：《刑法司法解释的宪法审视》，载《政治与法律》2013年第4期。
③ 参见赵秉志、陈志军：《论越权刑法解释》，载《法学家》2004年第2期。
④ 参见赵秉志、金翼翔：《论刑罚轻缓化的世界背景与中国实践》，载《法律适用》2012年第6期。

在刑法司法中实践刑罚轻缓化，贯彻人道主义的刑罚理念，应当强调以下两个方面：

（一）进一步限制死刑适用，切实降低死刑案件数量

严格限制并逐步废止死刑，已经成为当今世界上大多数国家的共识，我国也通过在立法层面废止死刑罪名和在司法层面严格限制死刑适用而大幅度削减了死刑案件的数量。但是从死刑适用的情况来看，无论是在适用死刑的绝对数量上还是在死刑案件的行为类型上，在司法实务中削减死刑适用乃至在事实上废止死刑，仍然有较大的改进空间。因此，进一步限制死刑适用数量应当成为我国刑法司法改革的一个重要方向。

一是将死缓作为死刑制度的主体，扩大死刑缓期执行制度的适用。根据刑法典的规定，死缓的适用条件是罪行极其严重且不是必须立即执行的情形。因此，是否属于必须立即执行的案件，就成为区别适用死刑立即执行和死刑缓期执行的关键所在。然而，由于死缓制度和死刑立即执行制度在刑法条文中的位置关系，给我们造成的错觉是死缓制度是死刑制度的补充，从而前者成为后者的例外。事实上，从限制死刑适用的角度来看，这种对死缓制度定位的误解不利于发挥死缓限制死刑的作用。从理论上讲，既然刑法典将死缓制度作为限制死刑适用的一种制度，那么它就是为限制死刑适用而存在的，给罪行极其严重但又不需要判处立即执行的犯罪人提供生的机会。故而，我们应当调整死缓制度的定位，使其在司法实践中发挥更大的作用，即将死缓作为死刑制度的主体，使之成为对罪行极其严重的犯罪行为适用刑罚时的首要选择。在此基础上，根据综合情节评判犯罪行为是否属于危害性程度最严重的罪行；如果不属于这种情形，则不能适用死刑立即执行，从而达到限制死刑的目的。事实上，这种处理方式对于非暴力犯罪的死刑适用而言具有特殊的价值。经济犯罪、贪污受贿犯罪等往往可能因为数额特别巨大而被认定为罪行极其严重，但是从其他情节来看又不同于严重暴力犯罪这些最严重的犯罪类型，所以可以更合理地作为死缓适用的对象。

二是统一并严格死刑适用的标准，减少死刑适用的数量。从《刑法》第48条的规定来看，我国可以把死刑适用标准拆分为两个要素：一是事实因素，即罪行极其严重；二是区分要素，即是否必须立即执行。因此，明确何种情形属于"罪行极其严重""必须立即执行"，对于统一死刑适用标准，减少死刑适用的数

量极其重要。这也是刑法司法活动中限制死刑适用的重要路径。我们认为：(1)对于罪行极其严重的认定标准，应该从主客观相一致的立场出发，将其理解为犯罪性质、危害后果都特别严重且犯罪情节特别恶劣的情形。[①] 当然，这里不宜直接将“罪行极其严重”的情形限定在暴力犯罪领域。因为在当前贪污犯罪等非暴力犯罪也依然存在死刑的情况下，将罪行极其严重的范围限定为严重暴力犯罪不符合刑法规定。相反，不作上述限定，就可以将罪行极其严重的贪污犯罪等非暴力犯罪适用死缓，从而达到限制死刑适用的目标。(2)对于是否需要判处死刑立即执行，应当从特殊预防角度来考虑，即只有根据犯罪情节综合判断，只能通过剥夺其生命的方式来预防再犯时，才能适用死刑立即执行；相反，则至多判处死缓，否则适用死刑立即执行不仅违背了当前的死刑政策，而且会导致刑罚适用的不公正。

(二)逐步扩大非监禁性质的刑罚措施的适用

一是要完善社区矫正制度。根据最高人民法院、最高人民检察院、公安部及司法部《关于开展社区矫正试点工作的通知》规定，社区矫正是与监禁矫正相对的行刑方式，是指将符合社区矫正条件的罪犯于社区内，由专门的国家机关在相关社会团体和民间组织以及社会志愿者的协助下，在判决、裁定或决定确定的期限内，矫正其犯罪心理和行为恶习，并促进其顺利回归社会的非监禁刑罚执行活动。社区矫正是我国近年来推动刑罚执行措施改革的重大举措，但是，从健全社区矫正制度、落实社区矫正任务的内在要求来看，仍然有诸多亟待完善的地方。为此，我们在提高社区矫正运行规范化的同时，应当及时调整社区矫正制度。比如，应当逐渐扩大社区矫正的适用对象。根据司法部、中央综治办等部门2014年11月14日印发的《关于组织社会力量参与社区矫正工作的意见》的规定，社区矫正的适用对象是管制、缓刑、假释、暂予监外执行的罪犯。很显然，这个范围明显过窄，包括被剥夺政治权利在社会上服刑的罪犯等都不在其中，不利于社区矫正制度推广。为此，在未来应当探索扩大社区矫正的对象范围，将其他罪犯在合适的时候纳入进来，同时建立社区矫正的辅助矫正机构参与制度，涵盖社区戒毒人员、附条件不起诉人员、轻微违法人员以及刑

① 参见马克昌：《论死刑缓期执行》，载《中国法学》1999年第2期。

满释放人员等。[①] 此外,还应当完善社区矫正的运行机制,尤其是健全配套机制建设,从而解决当前制约社区矫正规范化的管理机制、人员配备、工作模式、物质保障等问题。[②] 值得注意的是,2019 年 3 月,第十三届全国人大第二次会议上,全国人大常委会委员长栗战书作全国人民代表大会常务委员会工作报告时提到要集中力量落实好党中央确定的重大立法事项,这其中就包括社区矫正法。如果社区矫正法得以颁行,必将对社区矫正制度的规范化和实践效果产生更加重要的影响。

二是要进一步探索更多类型的非监禁性质的刑罚措施。例如,假释是刑罚执行过程中实现刑罚轻缓化的司法制度,积极探索扩大假释制度的宽缓化运作是实现刑罚轻缓化的重要路径。虽然最高人民法院《关于办理减刑、假释案件具体应用法律的规定》已经对"确有悔改表现"等条件进行了细化,而且明确了特殊犯罪人,如过失犯罪的罪犯、中止犯罪的罪犯、被胁迫参加犯罪的罪犯等从宽适用假释的规定,但从假释的法定条件来看,仍然有较大的改进空间。根据《刑法》第 81 条的规定,假释的适用条件包括可以假释的积极条件和不予假释的消极条件两类情形,因此,可以考虑从这两个方面扩大假释的适用。一方面,进一步合理限制不予假释的适用条件。对此,已有不少学者进行过深入的探讨。比如,考虑到一般累犯以判处有期徒刑以上刑罚为前提条件,因此,不加区分地将"累犯"作为不得假释的限制性条件就显得过于苛刻。如果对"累犯"作出进一步的区分,限定"累犯不得假释"的条件,就可以适度收缩不得假释的范围,有利于贯彻罪责刑相适应原则,体现刑罚人道主义。另一方面,探索法定假释与裁量假释并用的双轨制假释类型模式,将现行的"可以假释"规则向特定情形下的"应当假释"制度转变,从而实现假释政策的宽缓化。[③]

刑罚轻缓化是当代刑法司法发展的宏观趋势,但并不意味着在每一个案件中都要优先考虑从宽情节及其对量刑的影响。个案中的量刑仍然要做到罪责刑之间的相互均衡,而一味地从宽处罚不仅可能降低刑罚的预防效果,而且背离了刑罚人道化的初衷。毕竟,"量刑轻缓化的前提是社会治安状况良好,只有

---

① 参见吴宗宪:《论我国社区矫正的适用对象》,载《北京师范大学学报》(社会科学版)2017 年第 3 期。

② 参见吴宗宪:《我国社区矫正基层执法机构的问题及改革建议》,载《甘肃社会科学》2016 年第 6 期。

③ 参见刘政:《扩张非监禁刑视野下的假释政策宽缓化初探》,载《法学论坛》2016 年第 2 期。

在此基础上,量刑轻缓化才能循序渐进地展开,而当社会治安状况恶化的时候,量刑轻缓化则应当缓行。量刑轻缓化不是量刑畸轻,它受到罪责刑相适应原则的制约,受到法定刑区间的制约”。[①]

三、提高刑法司法效果,完善指导案例制度

刑法司法解释和刑法指导案例相互补充,共同构成了当下我国刑法司法活动中统一法律适用标准、统一司法裁判,解决法律适用疑难问题的重要机制。如前所述,刑法规范是针对类型化的犯罪行为而使用高度概括、抽象的语言明确其特征的,而刑法司法活动则是将一般规则适用于具体个案的过程。这其中必然存在难以一一对应的固有问题。即便司法解释已经成为解决法律适用疑难问题的重要方式,但其毕竟也是以设定“一般规则”的方式来解决普遍性的难点问题,故而一些情形可能面临再解释的问题。正如有观点所言,司法解释“不能结合具体的案件事实去阐释某一法律规定的含义,它走的是‘从一般到一般’的道理,而‘从一般到个别’这条路子仍然是封闭的”。[②] 这样一来,如何选择可以在抽象的刑法规范和司法解释规则之外强化对法律适用的指导路径,就成为司法活动亟待解决的问题。如果说英美国家选择了判例制度作为成文法之外的另一种法律渊源,那么,基于我们国家特有的体制和司法传统,指导案例制度则成为较为合适的选择。具体而言,指导案例制度的优势主要在于,一是基于成文法的文本特点,其不可避免地具有一定的模糊性和抽象性。建立指导案例制度,可以有效弥补成文法的上述缺陷。二是指导案例制度不仅具有指导功能,还具有监督、制约作用。建立指导案例制度,是约束自由裁量权的需要,从而避免“同案不同判”现象。这也成为司法机关探索建立指导案例制度的主要动因。[③] 然而,从司法实践来看,指导案例制度的实践效果面临诸多问题,值得我们思考。

(一)指导案例制度面临的实践问题

作为规范司法活动的重要方式,最高司法机关颁行的指导案例对于解决司法人员法律适用过程中出现的疑难问题、统一法律适用具有重要价值,但是,从

---

① 赵秉志、金翼翔:《论刑罚轻缓化的世界背景与中国实践》,载《法律适用》2012 年第 6 期。

② 孙谦:《建立刑事司法案例指导制度的探讨》,载《中国法学》2010 年第 5 期。

③ 参见孙谦:《建立刑事司法案例指导制度的探讨》,载《中国法学》2010 年第 5 期。

指导案例制度的实施状况来看,其效果并不理想。有学者在某地法院系统的调研发现:“在接受调查的法官群体中,有 25% 的法官对案例指导制度只停留在听说的层次,甚至有 8.5% 的法官不知道这项制度;对最高人民法院发布的指导性案例,也有 26% 的法官没有学习,甚至有 14.5% 的法官不知道。”[①]虽然这一状况反映出司法机关在推广指导案例制度时没有获得司法人员的高度重视,但更重要的是指导案例制度本身存在问题。

首先,最高司法机关公布的指导案例的效力不够明确。指导案例对其他同类案件是否具有强制性约束力,对于司法人员是否重视这一制度至关重要。然而,近七成的司法者认为,指导案例效力不明,是影响指导案例制度效果实现的关键问题。[②] 有观点认为:“检察指导案例对司法实践具有事实上的指导,但这种事实上的指导并非规范意义上的指导,不同于法律、司法解释的强制适用效力。”[③]这一逻辑说明其不具有强制适用效力,对于司法人员,对同类案件是否适用指导案例就不无疑问,那么从观念上不重视这种无强制力的意见也就不足为怪了。但问题是,如果检察指导案例是因其对法律精神的准确阐释和精准应用而对司法人员有较强的说服力,[④]那么,为什么不赋予其在司法裁判说理过程中的强制性呢?或者说对同类案件的事实分析必然坚持同样的判断和阐释呢?可以说,对于指导案例的效力,一方面提出违反指导案例的裁判可能被推翻,另一方面又主张其不具有强制适用的效力,那么,司法人员该如何在具体案件中进行把握的确难以判断。

其次,指导案例制度的定位不够清楚。如果说最高司法机关所公布的指导案例对司法实践具有指导作用,那么这种指导是就裁判事实还是法律规范的理解本身而言,对司法人员来说影响很大。然而,从司法实践来看,某一案件中哪些属于事实指导的范畴,哪些属于规范意义的指导或许并不明确。以最高人民法院指导案例 93 号“于欢故意伤害案”为例,其确立了四项裁判要点,对案件事实与正当防卫构成要素之间的关系进行了说明,其中包括:(1)对正在进行的非法限制他人人身自由的行为,应当认定为《刑法》第 20 条第 1 款规定的“不法侵

---

① 杨会、何莉苹:《指导性案例供需关系的实证研究》,载《法律适用》2014 年第 2 期。

② 参见左卫民、陈明国主编:《中国特色案例指导制度研究》,北京大学出版社 2014 年版,第 121 页。

③ 万春:《检察指导案例效力研究》,载《中国法学》2018 年第 2 期。

④ 参见万春:《检察指导案例效力研究》,载《中国法学》2018 年第 2 期。

害”，可以进行正当防卫；（2）对非法限制他人人身自由并伴有侮辱、轻微殴打的行为，不应当认定为《刑法》第20条第3款规定的“严重危及人身安全的暴力犯罪”。然而，这些要点到底是指导对正当防卫案件中事实的认定还是对构成要件的规范评价，似乎并不能一概而论。该如何理解上述指导案例对以后案例的指导作用难免会产生争议。

（二）健全指导案例制度的发展路径

客观而言，指导案例应当成为司法解释制定、修订的重要素材。“注意从指导性案例中发现执法中的普遍性或者倾向性问题，及时总结、提炼，条件成熟时上升为司法解释，形成规范意义上的法律适用规则。”①然而，在此之前，要提高指导案例的司法效果，形成对司法解释的有效补充，就必须进一步完善指导案例制度。我们认为，最重要的是合理确定指导案例的关注要点以及强化指导案例的定位。

首先，应当合理限定指导案例的关注点，进而更好地服务司法实践。有学者将司法机关发布的刑事指导案例分为4个类型，分别是回应公共议题型、考虑被害人诉求型、重申司法解释型、拓展司法解释型。② 但是，从司法机关的客观需求来看，对法律适用疑难问题的解释，可能“拓展司法解释”更能符合指导案例的实践需求。“检察指导案例对实践中疑难复杂问题的关注不够，一些案例偏重对刑事政策和检察机关办案效果的宣传，没有充分发挥指导检察机关正确适用法律解决疑难复杂案件的功能”，基于此，要完善指导案例制度，应当尽可能选择法律规定比较原则且具有典型性、疑难复杂或者新类型的案例。这样对弥补司法解释内容偏于抽象、提高指导案例的针对性，对规范司法工作、促进司法公正具有重要意义。有学者指出：“作为选择标准，指导性案例不应是对于重复法律规定的判决。指导性案例具有解释法律和创法功能已是不能回避的事实。”③

其次，应当强化指导案例的司法效力。对此，要明确司法人员在审理刑事案件过程中违背指导案例的后果，而不仅仅是从正面明确“应当参考”。正如有

---

① 孙谦：《建立刑事司法案例指导制度的探讨》，载《中国法学》2010年第5期。

② 参见周光权：《刑事案例指导制度：难题与前景》，载《中外法学》2013年第3期。也有学者根据检察指导案例功能定位和发挥作用方式的不同，将检察指导案例区分为重申规则、解释法律、指导工作三种类型。参见万春：《检察指导案例效力研究》，载《中国法学》2018年第2期。

③ 舒洪水：《如何建立我国的案例指导制度——以刑事案例为例》，载《人民论坛》2012年第2期。

观点所指出的,"如果法官在审理与指导性案例类似的案件时,其裁判违反指导性案例确立的原则或精神,就可能导致被上级法院推翻。指导性案例是适用法律的模范案例,一个裁判违反了指导性案例,就一定会违反指导性案例所适用的法律规则或原则精神"。[①] 据此,指导案例中所蕴含的精神或者原则就具有强制力,是法官审理案件必须遵循的"先例"。当然,这里还涉及如何处理最高检察机关发布的指导案例和最高人民法院发布的指导案例的关系问题。根据最高司法机关均具有司法解释权的法律规定,似乎可以认为,在同属刑法司法疑难问题的案件中,最高人民检察院所确立的司法解释规则应当与最高人民法院具有同等的强制力,而不仅仅是可以参考的依据。但是,毕竟最高人民法院和最高人民检察院有着不同的司法功能,审判权才是司法活动最终的决定权。因此,该问题还值得研究。

此外,要提高指导案例的实践效果,还需要最高司法机关健全指导案例的筛选机制,扩大其入选数量,从而对刑法司法活动形成良好的示范效果。毕竟,"指导案例总体数量还偏少,相对于法律、司法解释作用发挥还不充分"。[②]

四、强化刑法理论与司法实践的互动,加强刑法司法的理论支撑

新中国成立 70 年来,我国刑事法治实践的发展极大地促进了刑法理论的发展,而刑法理论的日益精细、成熟也为刑法司法的改革与进步提供了必要的理论支撑。尤其是随着社会的变迁和发展,刑法司法面临的新情况、新问题会不断涌现,刑法理论积极关注实践活动并与刑法司法形成良性互动关系,对于提高刑法司法的科学性和公信力具有重要意义。

(一)刑法司法要及时关注刑法理论的发展,将成熟的刑法理论作为刑法司法发展的重要依托

从刑法司法的发展历程来看,刑法司法深受刑法理论的影响进而形成了有中国特色的司法实践。如上所述,新中国成立 70 年来,我国的刑法司法经历了从政治主导到法治主导、从国家安全至上到秩序保护与人权保障兼顾,从政策统领到依法而治的历史进程。与传统刑法相比,中国现行刑法十分注重根据中国社会的发展变化和国际社会的发展潮流更新其理念。而今,我国的

---

① 胡云腾:《一个大法官与案例的 38 年情缘》,载《民主与法制》2017 年第 20 期。

② 万春:《检察指导案例效力研究》,载《中国法学》2018 年第 2 期。

刑法观念早已从国家刑法向人本刑法转变。这其中与刑法理论的开放交流、深入研究是分不开的。从学者们的研究来看,无论是从市民刑法的角度提出刑法转型,还是对民权刑法、公民刑法的提倡,大体都表达了同一个意思,即要对国家刑罚权作出必要的限制,刑法应当在约束公权力、保障私权利中发挥应有的作用。① 当然,这种理论研究最终以刑法司法的形式呈现出来,给刑法司法带来了极大变化。例如,随着1979年刑法典颁行而兴起的注释刑法学在一定程度上满足了刑法普法的客观需求,它逐渐引导司法机关正确适用刑法,提高定罪量刑的规范性。② 而后,随着刑法司法人权保障理念的进一步深化,严格执行罪刑法定、贯彻宽严相济的刑事政策以及纠正冤假错案成为刑法司法转型的重要表现。

从刑法司法的发展趋势来看,刑法司法面对新型犯罪的挑战需要接纳最新的、成熟的理论研究成果。近年来,基因技术犯罪、网络犯罪乃至人工智能犯罪等新型犯罪不断涌现,而这些都是传统刑法司法活动极少涉及的新领域,如何客观、规范、公正地评价不法者的刑事责任,亟需合理的刑法理论予以论证。以网络犯罪为例,该犯罪类型已经日益成为危害社会的一大"毒瘤",原因之一就是我们沿袭传统犯罪的对策应对网络犯罪,没有充分考虑网络犯罪自身的特点,导致刑事对策在一定程度上失灵。③ 故而刑法司法应当及时关注刑法理论的研究发展,如虚拟理论和虚拟空间的刑法理论等,进而将刑法理论上升为刑法司法规则,才能在刑法规范保持基本稳定的前提下,结合网络犯罪的自身特征和刑法理论的最新成果,妥当处理新型犯罪类型的定罪量刑问题,完善网络犯罪的刑事制裁体系。④ 因此,刑法司法只有在接纳理论研究成果方面保持主动性,才能科学、规范地应对不断变化的犯罪形势。

(二)刑法司法活动要将刑法理论及时融入司法裁判,提高刑事裁判的说理性

强化刑事裁判文书说理对于规范刑法司法活动具有重要价值。(1)刑法司法裁判的属性要求必须强化判决书说理。刑事司法裁判的任务就是要通过一

---

① 参见刘仁文:《当代中国刑法的九个转向》,载《暨南学报》(哲学社会科学版)2009年7月。

② 参见陈兴良:《注释刑法学经由刑法哲学抵达教义刑法学》,载《中外法学》2019年第3期。

③ 参见喻海松:《网络犯罪二十讲》,法律出版社2018年版,第6页。

④ 参见于志刚:《虚拟空间中的刑法理论》(第2版),社会科学文献出版社2016年版,代前言第1页。

定的诉讼程序正确地定罪量刑。而定罪量刑的过程需要阐明法律内涵,明晰法律规则,解决之所以将某一规范适用于具体个案的依据问题。也正是通过对法律规则的阐释,才能确保法律适用标准的统一,尽可能做到法律适用的同一性,避免"同案不同判"。(2)刑法司法裁判的定位要求强化裁判文书说理。刑法司法裁判以定分止争、实现司法公正为根本目的。要实现这一目标,当事人接受法律裁判,服从司法权威极为重要。"裁判文书是要当事人履行的,而当事人对裁判文书的理解和接受,不仅看认定事实和适用法律是否正确,还要看道理是否讲清楚了。"①因此,裁判文书应当有情有理有据地说理,使当事人明确认定某一事实,否定某一辩解的依据,从而使其接受裁判结果、承担裁判后果。这对于解决诉讼争议,化解矛盾纠纷,实现诉讼目的,宣传国家法制,促进社会和谐,都具有重要意义。②

然而,目前我国刑法司法裁判的说理性还远远不能满足司法公信力的现实需求。"许多判决既没有将案件的演绎过程以及法官的心证过程清晰地呈现在当事人以及社会公众面前,也没有消除被告人对定性可能错误的疑虑。"③这其中固然有司法处理机制等客观原因,也与司法人员对刑法理论的重视程度不够有很大关系。因此,强化对刑法理论的研习,并将相关刑法理论适时融入司法裁判中,是实现司法裁判社会效果的必然选择。需要说明的是,当前多数的司法裁判也并非毫不讲理,只是传统的"三段论"的说理逻辑远远不能满足司法裁判的现实需要。裁判文书的说理"一要针对当事人提出的诉求和理由说理,要敢于回应当事人提出的各种不合理诉求和理由;二要针对决定案件法律关系的关键问题说理,不要纠缠细枝末节,抓住关键问题正面说,有的放矢,一语中的;三要根据裁判结果来说理,法官要支持谁、不支持谁,谁可能拥护判决,谁可能反对判决,要做到心中有数;要针对可能有意见的一方多说理等"。④ 因此,说理不仅要透彻,而且要针对性强、论据充分,这就必然需要丰富的刑法理论作为支撑,从而推动司法裁判的法治效果。比如,在引起社会舆论高度关注的于欢防卫过当案以及北京阳光一佰生产、销售有毒、有害食品案等指导案例中,司法机关充分的裁判说理就是良好的示范。

---

① 胡云腾:《裁判文书说理的多维思考》,载《法制日报》2011年8月24日,第9版。

② 参见胡云腾:《论裁判文书的说理》,载《法律适用》2009年第3期。

③ 周光权:《判决充分说理与刑事指导案例制度》,载《法律适用》2014年第6期。

④ 胡云腾:《裁判文书说理的多维思考》,载《法制日报》2011年8月24日,第9版。

五、理性处理刑法司法专业化与大众化的关系

回顾新中国70年来我国刑法司法的发展历程,可以说,我国刑法司法的发展本身也是重建司法专业化的过程。尤其是改革开放40年来,司法专业化是无数司法职业人员的梦想及其为之努力奋斗的方向。然而,进入21世纪以来,虽然我国司法改革一直朝着司法专业化的方向进行,但是随着"司法为民"观念而提出的司法大众化日渐引起社会舆论的关注,并成为司法改革重点关注的目标之一。司法专业化不时受到司法大众化观念的冲击与质疑,两者之间的碰撞可以说构成了晚近20年来我国司法改革的一大特色。如今,司法专业化与大众化的关系仍然是我国司法改革中不可回避的重大议题,而如何处理这一问题也将是刑法司法发展必须直面的话题。在我们看来,刑法司法专业化与大众化并不矛盾,可以予以协调处理。

(一)司法的专业化与司法大众化的指向不同

改革开放以来,中国司法的重建之路围绕着司法机关的权力配置与运作、司法活动的具体制度两个方面展开,强调司法的存在价值,重塑司法的存在形态,走向专业司法。[①] 按照最高人民法院《关于加强法官队伍职业化建设的若干意见》中关于法官职业化的界定,我们可以将司法专业化理解为,司法人员以行使国家司法权为专门职业,并具备独特的职业意识、职业技能、职业道德和职业地位。因此,司法专业化是建立一种符合司法规律特点的职业体系,突出司法人员的专业特点和专业素养,以更好地实现司法目标。就此而言,司法专业化与党的十八届四中全会所提出的推进法治专门队伍正规化、专业化、职业化是一致的。然而,在改革开放之后相当长的一段时间内,对司法专业化的追求,使人们对其产生了较深的误解,甚至将司法大众化与法官职业化视为对立面。[②] 事实上,司法大众化与司法专业化之间并不矛盾,两者指向并不一致。

司法大众化不等于民意主导司法。司法大众化"主要包括以下几个层面的内容:在宪治层面强调司法权属于人民,司法服务的对象应该是一国之内最广大的基本民众;司法制度在设计上应该适合广大民众的需要,纠纷解决方法的

---

① 参见邢鸿飞、韩轶:《司法理性与司法公信》,载《南京大学学报》(哲学·人文科学·社会科学)2016年第2期。

② 参见何兵:《司法职业化与大众化》,载《法学研究》2005年第4期。

选择、审判的方式方法、审判的组织形式、审判的场所应当体现便民、利民的原则;法官所依赖的知识、使用的语言、司法文书的格式与文风、生活方式和道德情操等应与广大民众的现实生活基本保持一致;法官审理案件应当深入群众进行调查研究,以增强其社会阅历和综合知识,了解和把握社情民意;应有组织地发动民众与职业法官一起从事审判活动;应以民众的意见作为评判司法工作成败与否的最终标准"。[①] 因此,司法大众化并不等同于民意主导型司法,而只是强调司法的公众参与,即司法应当具有一定的民主属性。如果说民意导向型司法会导致民意对司法的干扰、影响,破坏司法的中立性与公平性,违反司法活动的基本规律,那么,公众依照法定程序参与司法的民主过程与民意导向型司法则有根本不同。前者是尊重民众的司法参与权,但恪守司法运行的规律;后者则受制于民众的集体意志,背离司法运行的专业性。也正是基于此,司法工作坚持大众化的道路,是指通过民众广泛参与司法,着力解决人民群众最关心、最直接和最现实的问题,努力践行司法为民的宗旨,[②]而不是要求司法权行使唯民意论。

司法专业性是围绕司法的中立性、程序性、法定性等展开的,无须与舆情民意作绝对切割;在保持司法中立、程序公正的前提下,倾听民意、理解民意,按照法定程序公开回应民意,并不构成对专业化的蔑视或侵犯。

(二)司法大众化与司法专业化的相互统一

司法大众化不能背离司法规律性、忽略司法活动的职业特点,应当将司法大众化与司法专业化统一于司法为民的价值目标上。

司法专业化是对司法活动专业性的尊重。"一个普通人,即使是一个国王,如果未经专门的训练,也无法胜任法官的工作。"[③]毕竟,"司法的权威不是来源于强权,而是来源于司法自身的品格,来源于司法职业共同体的学识、地位和荣誉"。[④] 作为一种高度程式化的活动,司法活动通过专业的处理过程、中立超脱的裁判地位而赋予裁判结果天然的正当性。但是,司法专业化尤其是司法人员的专业化发展路径,极有可能导致司法人员专业思维的固化,致使裁判看似符

---

① 沈德咏:《关于司法大众化的几个问题》,载《人民司法》2008 年第 19 期。

② 参见沈德咏:《关于司法大众化的几个问题》,载《人民司法》2008 年第 19 期。

③ [美]E. 博登海默:《法理学:法律哲学与法律方法》,邓正来译,中国政法大学出版社 2004 年版,第 218 页。

④ 丁以升:《司法的精英化与大众化》,载《现代法学》2004 年第 2 期。

合法律规范但实质上违背公众基本的道德情感,从而导致法律与道德的背离。司法大众化所追求的公众参与司法则可以在一定程度上对司法专业化所形成的专业思维进行调整,适用社会大众的伦理价值,从而强化法治效果。“平民在处理案件的时候,可以排除专业法官的职业潜意识的干扰,他们比专业法官更接近日常生活,更了解普通人的经历,因而往往能够作出更合理的判断。”①比如在于欢故意伤害案、于海明正当防卫案中,受过刑法司法专业化训练的职业人员最初的判断即否定不法侵害的存在,进而对行为人的防卫正当性予以否认,但是从社会大众的视角来看,公众对司法的不认同恰恰让司法者去评价正当防卫构成要素判断的“一般人标准”该如何把握,从而在舆论沸腾以后为最高司法机关颁行指导案例提供了良好的社会基础。

基于上述分析,我们认为,如果说司法大众化以司法是否能够令人民满意作为评价标准的话,大众化的改革方向与专业化的改革目标就是完全一致的。换言之,司法专业化改革与司法大众化理念在让人民群体切实感受到司法公正这一根本问题上是统一的。为此,我们既要避免打着司法专业化的旗帜忽视司法对民意的合理应对进而危及司法公信力,也要警惕以司法大众化的诉求否定刑法司法的专业化,进而导致唯民意至上的非理性司法,侵蚀司法权威。所以,从长远来看,刑法司法的发展应当充分协调司法大众化与司法专业化的关系,不能偏废其一。

---

① 丁以升:《司法的精英化与大众化》,载《现代法学》2004 年第 2 期。

第 三 编

新中国刑法学研究 70 年

第八章　新中国刑法学研究 70 年的发展历程

新中国的刑法学研究是我国社会主义刑法建设的重要组成部分,并成为推动我国刑法立法和刑法适用完善的重要力量。过去 70 年,我国刑法学研究总体上主要也是分为三个阶段,即 1949 ~ 1979 年的起步阶段、1979 ~ 1997 年的扩张阶段和 1997 年至今的完善阶段。其中,在每一个阶段上又可以根据其发展情况细分为不同的时期。

一、新中国成立到 1979 年刑法典制定阶段的刑法学研究

"新中国的刑事法律,是随着新中国的诞生而诞生的",[①]新中国成立到 1979 年刑法典制定阶段是刑法学研究的初创阶段,由于受到政治形势的影响,这一阶段的刑法学研究经历了一个曲折发展的过程。

(一)1949 ~ 1956 年时期

1949 ~ 1956 年,是我国刑法学研究的开端。这一阶段的刑法学研究主要是以否定旧中国的刑法学、照搬苏维埃的刑法学为主要特征的。

---

① 高铭暄、王作富主编:《新中国刑法的理论与实践》,河北人民出版社 1988 年版,第 1 页。

这一阶段刑法学研究的特点主要如下：

第一，批评剥削阶级的旧观点，引入苏联刑法理论，强调马克思列宁主义对刑法学研究的指导意义。[①] 这一时期，我国刑法学研究大量介绍和引进了苏联的刑法学理论，这对于我国刑法学的建立起到了重要的借鉴作用。当然，从另一个意义上说，在否定旧法观点的同时，把历史上的刑法学理论予以全盘否定，因而割裂了历史联系，这种历史虚无主义是不利于刑法学研究发展的。同时，在大量引入苏联刑法学理论的时候，也存在照搬苏联刑法理论的教条主义倾向，在一定程度上妨碍了具有中国特色的刑法学理论体系的建立。

第二，积极参与和配合刑法典的起草工作，进行刑法学的理论研究。我国刑法典从1950年开始起草，到1957年6月为止，已经拟出22稿草案。在刑法典的起草过程中，我国刑法理论工作者积极参加这项工作，先后提出了一系列积极的立法建议，并从刑法理论上加以阐述，对某些问题还展开了讨论乃至争论。通过讨论，对某些刑法问题进行了比较深入的研究，这样就为刑事立法奠定了基础。

第三，结合当时的政治斗争和刑事司法进行刑法学理论研究，提供理论指导。新中国成立初期，我国先后开展了"镇反""肃反""三反""五反"等政治运动，国家立法机关也相继颁布了一系列有关的法律和法令，为了保证这些运动的顺利开展，保证这些法律的实施，我国广大刑法理论工作者对有关的刑法问题进行了深入的研究，提出了一些理论观点。这些研究对于指导当时的刑事司法，防止司法人员在工作中出现偏差，起到了积极的作用。当然，由于受到"左"倾思想的影响，过分强调刑法理论为政治斗争服务，在一定程度上忽视了刑法学作为一门理论学科的独立品格，忽视了对刑法学自身理论问题的系统而深入的研究。这显然是不利于刑法理论的发展与完善的。[②]

(二)1957～1979年时期

1957～1979年刑法典出台前，是中国刑法学的停滞与萧条阶段，尤其是1966～1976年，中国进入"文化大革命"时期，法学刊物停办，法学书籍暂时停止出版，因而既无刑法学论文发表，也无刑法学著作问世，刑法学历史进入空白期，甚至出现了刑法学理论研究的倒退。在此期间，犯罪构成理论受到批判，成

---

① 参见张智辉：《回首新中国刑法学研究五十年》，载《国家检察官学院学报》2000年第1期。

② 参见高铭暄主编：《新中国刑法科学简史》，中国人民公安大学出版社1993年版，第9～10页。

为禁区;其他刑法学的理论也被斥为资产阶级的东西,甚至连刑法学这门学科也被否定了,代之以刑事政策。[①]

这一时期值得一提的是,中国人民大学1958年翻译出版了苏联著名刑法学家特拉伊宁的名著《犯罪构成的一般学说》,这本书对犯罪构成的基本理论进行了系统深入的研究。比如,明确指出犯罪构成是主客观要件的有机统一;犯罪构成不能脱离犯罪实质概念;犯罪构成是负刑事责任的唯一根据;确定犯罪的因果关系和罪过必须以辩证唯物主义的哲学为指导;犯罪构成意义的增长是社会主义法制巩固过程的表现之一;等等。这些见解对于我们进一步深入探讨犯罪构成的理论和实践问题具有一定的借鉴意义。[②]

总体来说,新中国成立到1979年刑法典制定阶段的刑法学研究是较为稚嫩的,但为后来的刑法学研究奠定了基础。对于初创阶段的刑法学研究,我们也不能苛责更多,况且特定的历史背景事实上也妨碍了刑法学的研究。

二、从1979年刑法典颁行到1997年刑法典修订阶段的刑法学研究

在经历了"文化大革命"时期的刑法学研究断代后,终于迎来了刑法学研究恢复发展、稳定推动的阶段。1978年12月,中共十一届三中全会作出了实行改革开放和加强社会主义法制建设的战略决策,我国刑法学研究才因此得以恢复。其中,1979年7月1日通过的新中国第一部刑法典为刚刚恢复的新中国刑法学研究注入了新的活力,大大推动了刑法学的发展。[③] 因此,这一阶段我国刑法学研究发展的实践线索是1979年刑法典的颁布与实施,理论线索是对刑法学基本理论体系的初步探索。

1979年刑法典的颁布标志着我国刑法学的研究进入了恢复阶段,并主要体现在以下两个方面:一方面,以1979年刑法典为重心的注释性理论研究开启了新时期我国刑法学研究的序幕,基本上确立了之后我国刑法理论发展的主要方向。[④] 以司法为中心的注释刑法学研究是这一阶段刑法学研究的显著特点。另一方面,刑法理论研究十分关注刑法基础理论与体系的建构,重点对犯罪构成

---

① 参见高铭暄主编:《新中国刑法科学简史》,中国人民公安大学出版社1993年版,第19~20页。

② 参见高铭暄主编:《新中国刑法研究综述(一九四九—一九八五)》,河南人民出版社1986年版,第6页。

③ 参见高铭暄主编:《刑法专论》(第2版),高等教育出版社2006年版,第6页。

④ 参见高铭暄、赵秉志:《改革开放三十年的刑法学研究》,载《中国刑事法杂志》2009年第2期。

理论、教唆犯、罪数、刑法因果关系、共同犯罪、犯罪未遂、正当防卫、刑罚目的、死刑问题等专题进行了较为深入的研究，形成了一批具有一定学术价值与理论影响的专题著作。在此基础上，刑法学的基本理论体系初步形成。

而后，刑法学研究还经历了由恢复到稳步推进的阶段（大致为20世纪80年代末至21世纪初）。这一阶段我国刑法学研究发展的实践线索，是1988年7月1日《七届全国人大常委会工作要点》把刑法的修改工作正式列入七届全国人大常委会五年立法规划，标志着刑法修改工作已经正式列入国家立法机关的议事日程。[①] 这是我国刑法立法进程中的重要事件。这一阶段研究的理论线索是经过前一阶段的发展，我国刑法学科体系已经基本奠定，刑法学研究的广度和深度得到了进一步提升。这体现在刑法学科体系方面，刑法学教材的建设水平得到了明显提高。其中，高铭暄主编、马克昌副主编的高等学校文科教材《中国刑法学》（中国人民大学出版社1989年版）在全国产生了较大影响，并于1992年获"第二届普通高等学校优秀教材全国特等奖"。当时影响较大的教材还有林准主编的《中国刑法学教程》（人民法院出版社1989年版）和赵秉志、吴振兴主编的《刑法学通论》（高等教育出版社1993年版）。这一时期的刑法学研究主要围绕刑法典修订与刑法学基础理论研究展开，[②]其研究大体可分为五类：一是对特别刑法进行的专门研究；二是就类别犯罪、特定犯罪进行的综合研究；三是对刑法哲学、刑事政策进行的深入研究；四是对刑法基本理论进行的综合研究或就刑法总则某一方面进行的专题研究；五是对刑法改革、1979年刑法典修改与完善进行的专门研究。[③] 其中在刑法基本理论进行综合研究方面具有较大影响的著作包括：高铭暄主编的《刑法学原理》（三卷本）（中国人民大学出版社1993年版）和马克昌主编的《犯罪通论》《刑罚通论》（武汉大学出版社1991年版）。

三、从1997年刑法典颁行至今的刑法学研究

1997年刑法典的颁布标志着我国刑法立法和司法进入了一个崭新时期，其

① 参见赵秉志：《中国刑法的百年变革——纪念辛亥革命一百周年》，载《政法论坛》2012年第1期。

② 参见高铭暄、赵秉志：《改革开放三十年的刑法学研究》，载《中国刑事法杂志》2009年第2期。

③ 参见高铭暄：《20年来中国刑法学科建设概览》，载《法学家》2009年第2期。

后我国出台了10个刑法修正案、1部单行刑法、13个刑法立法解释和大量司法解释文件。这些刑法立法和司法规范的制定大大推动了刑法学应用性研究的开展。

这一阶段是我国刑法理论研究的全面深化与转型时期,其研究基本上沿着两个方向展开:

一是注重研究刑法文本,围绕新刑法典的贯彻实施与修改完善发表了大量文章,出版了许多著作。立法研究与司法研究并重是这一时期我刑法学应用研究的显著特点,一方面,对1997年刑法典的全面阐释是刑法学界的首要任务,刑法学理论的研究也是在这一意旨下展开的;另一方面,1997年刑法典施行后所面临的疑难问题对刑法理论提出了新的挑战,这也为刑法学研究提供了丰富的素材。由此,围绕1997年刑法典进行的立法与司法研究自然也就成为学术研究的主流。

二是进一步深化了刑法基本理论研究,并开拓了新的刑法研究领域。这其中既有深化性研究,如对刑法解释、刑法效力范围和原则、犯罪对象、不作为犯、共犯关系、共犯与身份、教唆犯、正当行为、单位犯罪、结果加重犯、过失危险犯、刑事责任、刑罚的一般预防、刑罚个别化、刑罚改革与完善、死刑的适用与废止条件等的研究,也有批判性研究、拓展性研究和引入性研究,如对犯罪概念、犯罪定义与犯罪化、犯罪构成及其体系、主客观相统一原则、社会危害性理论等问题的研究,以及对外国刑法或外国刑法学中某些基本理论的译介,从而呈现出繁荣发展的景象。我国刑法学界这一时期的研究全面提升了刑法学研究的水平。①

① 参见高铭暄、赵秉志编著:《新中国刑法学研究60年》,中国人民大学出版社2009年版,第488页。

第九章　新中国刑法学研究 70 年的发展特点

新中国刑法学研究的 70 年，是我国刑法学理论研究从起步到停滞、从停滞到恢复、从恢复到不断繁荣发展的过程。过去 70 年，我国刑法学研究无论是在研究范式上，还是在研究方法、思路、对策，乃至研究的重心上都有了很大的变化。对新中国刑法学研究 70 年的发展特点，可以从以下两个方面进行把握：

一、新中国刑法学研究 70 年发展的总体特点

（一）政策与规范：两个领域内的"循序渐进"

在新中国刑法学研究的历史上，曾出现过一段政策与规范互为纠缠、干扰的过程，两者的良性互动关系被打破、沦为"此消彼长"的状态。比如，在"文化大革命"时期，甚至将刑法课程名称改为"刑事政策法律"，突出政策，而不敢多讲法律。① 但是，刑法学毕竟是一门独立的社会科学，绝不能用简单的政治分析代替精湛的法学研究。②

---

① 参见赵秉志、高铭暄编著：《新中国刑法学研究历程》，中国方正出版社 1998 年版，第 46 页。

② 参见赵长青：《世纪交替与刑法观念的转换——刑法学研究的百年回顾与前瞻》，载《云南法学》2000 年第 4 期。

时至今日，两者的错位关系已然不复存在，取而代之的是“在区别二者的前提下的指导、制约、相互协调、共同发展，在宏观意义上，刑事政策指导刑法，但同时刑事政策的制定受刑法的制约，二者在相互协调、融合的过程中共同发展”。[①] 具体来说：其一，刑事政策的范围不应局限于刑事法律的领域，而应当扩展到更为广泛的社会政策领域，刑事政策包括基本刑事政策和具体刑事政策，它们对刑事立法和刑事司法都具有导向、指导作用；其二，刑事政策不能代替刑法，刑事政策的制定必须正确反映司法实践的需要。[②]

具体到各自的领域中，针对政策与规范的刑法研究都呈现出循序渐进的发展过程。

1. 刑事政策：“惩办与宽大相结合”—“严打”—“宽严相济”

长期以来，我国的基本刑事政策是“惩办与宽大相结合”的刑事政策。1956年9月，刘少奇在党的第八次全国代表大会上的政治报告中指出：“我们对反革命分子和其他犯罪分子一贯地实行‘惩办和宽大相结合’的政策。”1979年《刑法》第1条规定：“中华人民共和国刑法……依据惩办与宽大相结合的政策……制定。”高铭暄教授曾指出：“惩办与宽大相结合”是我们党和国家同犯罪作斗争的基本政策。这项政策是从无产阶级改造世界、改造人类的使命出发，根据反革命分子和其他刑事犯罪分子中存在的不同情况而制定的。它对于争取改造多数、孤立打击少数，分化瓦解敌人有着重大的作用。[③]

20世纪80年代，“严打”刑事政策肇始。“严打”即严厉惩治严重刑事犯罪，或称“从重从快严厉打击刑事犯罪活动”，它包括实体和程序两个方面：从重是就实体而言；从快是就程序而言。从规范层面看，这对刑法立法具有直接的导向作用，自“严打”口号提出后，紧随其后的就是刑法的大规模修改，且其基本方向就是改轻为重。[④]

在“严打”刑事政策多年扩大化的背景下，刑法学研究对“严打”刑事政策进行了研究和反思，并形成了两种不同的主张：其一，在当前我国体制转型时期，犯罪率必然上升，需要采用“严打”的方式进行控制，但同时认为“严打”只

---

① 王彬：《法治视野下我国刑事政策与刑法关系的协调》，载《甘肃社会科学》2019年第4期。

② 参见胡云腾、李希慧：《中国法学会刑法学研究会1991年年会综述》，载《中国法学》1992年第6期。

③ 参见汪明亮：《“严打”的理性评价》，北京大学出版社2004年版，第33页。

④ 参见谢望原、卢建平等：《中国刑事政策研究》，中国人民大学出版社2006年版，第257～258页。

能局限于严重的刑事犯罪,“从重”也不是“顶格判”,“严打”应该是在法律范畴内的“严打”,而且要以人权保障观念为依托;其二,“严打”只是对付犯罪的权宜之计,并非维护社会治安的长久之策,不能对“严打”寄予过高的期望,更不能将其视为控制犯罪的基本策略,特别是随着我国法治化进程的不断加速,“严打”作为非常时期的非常之举应逐步退出中国的历史舞台。[①] 另外,在“严打”刑事政策与“惩办与宽大相结合”刑事政策的关系上,相关的理论研究也表明,前者并非是后者进一步发展的过程,而是对后者惩办层面的过分强调,根本上来说是对后者的否定,正如陈兴良教授所指出的,“严打”虽然可以从逻辑上包含在惩办的范畴之内,但它过分强调了从重从快,将惩办政策的一面张扬到了一个极端,这势必影响到宽大政策的落实。因此,“严打”刑事政策在其内容上和“惩办与宽大相结合”的刑事政策是存在抵触的,采用“严打”刑事政策意味着一定时期内“惩办与宽大相结合”刑事政策的搁置。[②]

随着2004年年底以后中央逐步提出“宽严相济”的刑事政策,学者对刑事政策的研究逐渐转至对“宽严相济”刑事政策的政策内涵、政策定位、政策根据、政策作用和贯彻等问题的研讨。在政策内涵上,“宽严相济”刑事政策包括从宽、从严和宽严的结合,即“当宽则宽、该严则严、轻中有严、宽严相度、宽严适时,其核心则是区别对待”。[③] 在政策地位上,“宽严相济”刑事政策应当是我国的基本刑事政策而非单纯的刑事司法政策。“宽严相济”刑事政策的理论根据包括两个方面:一方面,对于教育刑的反思和威慑刑论的重新抬头,重大犯罪尤其是有组织犯罪问题突出是我国坚持严格刑事政策的理论依据;另一方面,对犯罪原因认识的深化,刑法谦抑思想以及刑罚目的中的教育、矫治观念则是宽松刑事政策的理论依据。[④] “宽严相济”刑事政策的落实需要刑法观念、刑事立法、刑事司法和刑罚执行等多方面的贯彻和配合。其中,在立法层面上应通过缩小死刑适用范围、科学规定犯罪和刑罚种类、刑罚裁量和执行制度等手段实现宽严相济;在司法层面上应通过区别对待不同类型、不同主体实施的具有不

---

① 参见刘宪权、励进:《2001年全国刑法学术年会综述》,载《法学》2001年第11期。

② 参见陈兴良:《宽严相济刑事政策研究》,载《法学杂志》2006年第1期。

③ 赵秉志:《和谐社会构建与宽严相济刑事政策的贯彻》,载《吉林大学学报》(人文社科版)2008年第1期。

④ 参见赵秉志等:《2006年全国刑法学术年会综述》,载赵秉志主编:《刑法评论》(第12卷),法律出版社2007年版。

同情节的犯罪、扩大刑事和解制度的适用等手段实现轻重相宜。①

"依法治国""国家尊重和保障人权"被写入宪法等一系列标志性事件，昭示着我国的法治化水平正在不断提高，1996年《刑事诉讼法》确立无罪推定原则以及1997年《刑法》确立罪刑法定原则，更是令法治观念日益深入人心。人们终于清醒地认识到"严打"政策的种种弊端，作为对"严打"进行理论反思和经验、教训总结的成果，在建设和谐社会的大背景下，中央和最高司法机关提出了坚持"宽严相济"的刑事政策。2005年12月，在全国政法工作会议上，时任中央政法委书记罗干同志要求政法机关要更加注重运用多种手段化解矛盾纠纷，更加注重贯彻"宽严相济"的刑事政策，促进社会和谐稳定，并明确指出"宽严相济"是指"对刑事犯罪区别对待，做到既要有力打击和震慑犯罪，维护法制的严肃性，又要尽可能减少社会对抗，化消极因素为积极因素，实现法律效果与社会效果的统一"。2006年10月11日，党的第十六届六中全会作出《中共中央关于构建社会主义和谐社会若干重大问题的决定》，该决定在"加强社会治安综合治理，增强人民群众安全感"一节中明确要求"实施'宽严相济'的刑事司法政策"。这标志着我国以"宽严相济"刑事政策为指导的实践开始进入迅速发展的实施阶段。

随后，最高人民法院以最大限度地减少、控制死刑为目标的收回死刑复核权的实践，成为宽严相济刑事政策推行的重要内容。与此同时，各地法院通过适度提高管制刑、罚金刑和缓刑适用比例的做法；各地大力推行的社区矫正、司法和解、非监禁刑等措施，如最高人民法院、最高人民检察院、公安部、司法部于2003年7月10日发出《关于开展社区矫正试点工作的通知》，最高人民检察院于2006年6月下发的《关于在社区矫正试点工作中加强法律监督的通知》，最高人民法院于2007年1月下发的《关于为构建社会主义和谐社会提供司法保障的若干意见》等，都是从不同角度对"宽严相济"刑事政策的进一步落实。与此同时，刑事司法中"宽严相济"刑事政策的贯彻，成为刑事政策研究中的主导。比如，赵秉志教授就提出，应从多方面、多环节对司法工作进行改革、创新，以更好地贯彻"宽严相济"刑事政策，一是要统一"宽"与"严"的司法标准；二是要发

---

① 参见赵秉志等：《2008年全国刑法学术年会综述》，载赵秉志主编：《刑法评论》（第16卷），法律出版社2009年版。

挥司法机关相互制约、相互监督的作用;三是应当改进刑事司法工作评价机制。①

至此,“宽严相济”刑事政策正式代替了我国长期适用的“严打”政策,成为主导我国刑事司法与立法的主导政策,刑事政策研究也完全进入了“‘宽严相济’刑事政策时代”。

2. 刑法立法:理念、模式与内容的转变

刑法立法是刑法学研究的重要内容。就新中国刑法立法而言,其在刑法立法理念层面,所需要解决的根本问题就是秩序与自由的关系问题,以秩序与自由为切入点分析刑法立法理念,能够更好地把握刑法立法的基本方向。总体来说,我国刑法立法理念已由单纯注重秩序保护演变为秩序保护与自由保障并重。②

1997 年刑法典的颁布是刑法立法理念更新的“分水岭”,这个时期,我国在政治和经济领域实行了许多重大变革,包括实行改革开放、提出社会主义初级阶段理论和实行社会主义市场经济制度。这种政治、经济与社会制度上的重大变革对刑法观念的更新产生了重要影响。许多研究据此提出了很多与政治、经济体制改革相关的刑法观念,其中比较有代表性的有经济刑法观(认为刑法应该积极参与调整市场经济体制下出现的新型社会关系,为社会主义市场经济建设保驾护航)、法制刑法观(认为市场经济就是法制经济,作为参与市场经济关系和市场经济秩序调整的刑法,必须实现其自身的法制化)、民主刑法观(认为社会主义市场经济建设需要宽松和民主的社会环境和法律环境,刑法必须充分发挥其保障民主的功能)、效益刑法观(认为必须以最少、最小的刑罚和最合理的人力、物力、财力的配置,取得打击、预防犯罪的最佳政治效益、经济效益和社会效益)和开放刑法观(认为开放的市场经济要求必须有开放的刑法观,要求刑事立法、刑事司法和刑法理论研究必须有国际视野)。③ 这样的理论研究反映到刑法立法理念中,就是突显刑法秩序价值与自由价值的并重,并进一步影响了刑法立法的价值取向。

---

① 参见赵秉志:《宽严相济刑事政策视野下的中国刑事司法》,载《南昌大学学报》(人文社科版)2007 年第 1 期。

② 参见赵秉志:《改革开放 40 年我国刑法立法的发展及其完善》,载《法学评论》2019 年第 2 期。

③ 参见高铭暄:《中国法学会刑法学研究会十年研讨的回顾(1984—1993)》,载《法学研究动态》1994 年第 12 期。

在刑法立法模式层面,主要涉及刑法典、单行刑法和附属刑法这三种立法形式的选择。有学者积极倡导多元化的立法模式,主张“应废除单一法典化的立法模式,改采多元化的立法模式”,[①]“法典化将不可避免具有极为明显的滞后性和存在立法漏洞”。[②] 也有学者认为,刑法立法应走二元化的道路,认为我国刑法立法应采取以刑法典为主、以特别刑法为辅的立法模式,[③]随着当代社会结构的多元化与社会变迁的加速,社会治理日益复杂化、功能化,法定犯、行政犯时代已经全面到来,传统上以自然犯为主体的犯罪结构,已经逐渐被以法定犯、行政犯为主体的犯罪结构取代,如果继续采取刑法典单轨模式,将大量的法定犯、行政犯纳入刑法典予以统一规制,不仅可能导致刑法典臃肿肥大、功能失调,而且必然因为法定犯、行政犯不法与罪责内涵、程度的易变性,而破坏刑法典的稳定性与权威性。[④]

事实上,单行刑法、附属刑法固然有其易调适性的优势,但其弊端也十分明显。比如,其不易协调与统一法典之间的关系,容易造成刑罚权所及范围的极度扩张,法律适用中的混淆,罪名过滥、具文横生等。[⑤] 相较而言,用刑法修正案的方式(法典化的立法模式)来修改刑法,不会打乱刑法典的条文顺序,从而有利于维护刑法典的完整性、连续性与稳定性,体现刑法规范的形式理性。[⑥] 而对于法典化立法模式存在的种种问题,可以通过及时的法典编纂、刑法立法技术的提高等方面予以解决。“两害相权取其轻”,法典化的立法模式应当是最优的选择。而目前我国刑法立法模式所坚守的统一立法的过程,也显示出对统一刑法典模式的认可。当然,刑法学的研究永远都不是终极的,围绕立法模式的争议还会持续,这也将持续不断地推动我们对刑法立法模式的认知。

在刑法立法内容层面,主要是促进刑法立法的完备与科学。围绕刑法立法内容的刑法学研究主要体现在以下几个方面:

其一,在刑法立法内容的宏观指导理念上,刑法学研究长期存在犯罪化与非犯罪化之争,轻刑化、重刑化和适度化之争,刑罚化与非刑罚化、非监禁化之

---

① 童德华:《当代中国刑法法典化批判》,载《法学评论》2017年第4期。

② 童德华:《我国刑法立法模式反思》,载《法商研究》2017年第6期。

③ 参见孙力、付强:《对我国刑事立法模式的反思与重构》,载戴玉忠、刘明祥主编:《和谐社会语境下刑法机制的协调》,中国检察出版社2008年版,第34~36页。

④ 参见梁根林:《刑法修正:维度、策略、评价与反思》,载《法学研究》2017年第1期。

⑤ 参见时延安:《刑法立法模式的选择及对犯罪圈扩张的控制》,载《法学杂志》2013年第4期。

⑥ 参见郭泽强:《从立法技术层面看刑法修正案》,载《法学》2011年第4期。

争。这为刑法的立法内容确定了价值上的基调。

其二,在刑法立法内容的具体完善上,十个修正案几乎都有深入的刑法理论支撑。比如,在死刑改革的方向上,赵秉志教授就指出:“中国废止死刑之路,应以逐步而及时地废止非暴力犯罪的死刑为切入点。”①而中国现阶段废止非暴力犯罪的死刑,也并非可以一蹴而就,而应当有步骤、分阶段地进行:对于侵犯个人法益的侵犯财产型非暴力犯罪,以及无具体被害人的侵犯社会法益型非暴力犯罪,应当尽快地从立法上全面废止其死刑规定;对于侵犯社会法益的危害公共安全型非暴力犯罪,以及侵犯国家法益的危害国家安全型、危害国防利益型、军人违反职责型非暴力犯罪,应通过逐步限制、减少死刑的适用及至最终完全废止其死刑条款;对于严重的贪污罪、受贿罪等贪利型职务犯罪以及严重的毒品犯罪,应首先通过提高其死刑的适用标准以严格限制与减少其死刑适用,并根据社会和人权发展状况考虑废止其死刑的时间,争取在 2020 年前废止其死刑或者至少将其死刑限制为极少适用的情形。②

其三,在刑法立法的内容的解读上,刑法学的研究在学理维度上构建其知识价值,并进一步明确了重要立法制度的根本意涵。比如,有学者研究了我国罪刑法定原则的发展,认为罪刑法定原则在 1997 年《刑法》中的规定,标志着中国的刑法已经向现代化的刑法迈进,法治国家的建设在刑事法领域的立法层面得到了原则的实现,与我国刑法领域逐步形成的民权刑法理念、谦抑刑法理念等具有密切关系。其内容的实质体现的是“不定罪、不处罚”,体现的根本精神就是“有利于被告人”。③

其四,在刑法立法内容的争鸣上,不同理论的“交锋”继续为刑法立法的科学性确定司法适用的合理边界。比如,2016 年 4 月 18 日,最高人民法院、最高人民检察院联合发布了《关于办理贪污贿赂刑事案件适用法律若干问题的解释》后,针对该解释中数额与情节的关系,理论就进行了充分的“论战”。有学者认为,“两高”司法解释较为妥当地处理了数额和情节的关系,有助于减少以往大量出现的量刑不合理现象,具有一定的合理性,但也存在与对向犯原理相抵触、违背禁止重复评价原则等不足。④ 也有学者认为,“两高”确定的贪污贿赂

---

① 赵秉志:《论中国非暴力犯罪的逐步废止》,载《政法论坛》2015 年第 1 期。

② 参见赵秉志:《再论我国死刑改革的争议问题》,载《法学》2014 年第 5 期。

③ 参见刘宪权:《罪刑法定原则在我国 60 年的演进》,载《法学论坛》2009 年第 5 期。

④ 参见周光权:《论受贿罪的情节》,载《政治与法律》2016 年第 8 期。

犯罪的定罪数额和量刑数额具有相对合理性，但也存在违背罪刑法定原则之嫌，尤其表现在“为他人谋取利益”的认定之上，与“为他人谋取利益”的立法含义相去甚远。[①] 还有学者认为，“两高”司法解释重构数额标准势必引发腐败犯罪惩治效率降低、刑罚强度弱化、经济犯罪数额体系失衡等质疑。严格限制监管权介入市场的范围与深度是腐败治理的根本出路，应在财物定性与定量、“为他人谋取利益”要件解释等入罪条件、数额量化层面作出实质性的扩张解释，限缩数额标准提升的潜在效应。[②]

其五，在刑法立法内容的发展方向上，刑法学的研究也确立了相对明确的趋向预测。比如，刑法改革已经摆脱了单纯增设新罪名、调整法定刑的分则模式，转向了总则和分则并重的模式。未来，我国刑法改革的重大问题仍将不断出现，并将成为刑法理论研究及刑法立法内容的重点。

（二）数量与质量：两个维度内的“兼而有之”

新中国成立70年来，无论是学术专著抑或学术论文，数量都呈指数级的增长，在学术质量上也是越发深入与深刻。尽管也存在一些问题，但总体而言，我国的刑法学研究可谓数量与质量“兼而有之”。

在数量上，由于历史跨度较大，我们无法“全景式”地展现数量上的变化情况。但在历史的某个片段，这样的比较还是能够非常完整地得以展现。比如，有学者统计，1979年刑法典颁布前，主要是“文化大革命”之前的17年，发表的刑法论文仅176篇，而刑法颁布后至1985年年底的6年多时间里，发表的论文有近2300篇，约相当于过去的13倍。[③] 截至1987年年底，发表的刑法论文达4300余篇，约相当于过去的24倍。[④] 数量的增长之快可见一斑。

在质量上，由于质量的评价具有一定的主观性，因此，笔者通过客观的第三方学术成果测评等方式予以展示。比如，根据中国科学文献计量评价研究中心发布的“高校人文社科学者期刊论文排行榜（2006～2018）”，考量论文数量和被引频次两个指标，反映了某学者在本学科的学术影响力与传播力，统计数据来自《中国高校科技成果统计分析数据库》，其统计方法和结果具有较高的权威

① 参见陈兴良：《贪污贿赂犯罪司法解释：刑法教义学的阐释》，载《法学》2016年第5期。

② 参见谢杰：《贪污贿赂犯罪治理的制度优化与规则补充》，载《政治与法律》2016年第6期。

③ 参见高铭暄：《新中国刑法学研究综述（1949—1985）》，河南人民出版社1986年版，第8～9页。

④ 参见高铭暄、赵秉志编著：《新中国刑法学研究60年》，中国人民大学出版社2009年版，第7页。

性。在法学类的 10 名学者中,就有赵秉志教授、张明楷教授、于志刚教授、陈兴良教授四位。毫无疑问,刑法学者的学术影响力正是刑法学研究质量的"有形"体现。

(三)广度与深度:两个范畴上的"齐驱并进"

广度和深度,历来是评价学科发展水平的主要标准。在新中国成立 70 年来的刑法学研究上,学者不断地拓宽刑法学研究的广度,同时,也在积极地挖掘刑法学研究的深度,在这两个范畴上可谓"齐驱并进"。对于刑法学研究的广度、深度而言,具有多重的衡量性指标。窘于篇幅关系,笔者就从刑法学与部门法的关系层面予以展示。

1. 刑法学研究的广度

在广度上,刑法学的研究并不仅仅局限于自己的"一亩三分地",还将刑法与各个部门法的关系纳入自己的研究版图中,并形成研究视域中的"刑事一体化"及"立体刑法学"。

其一,在刑法与相关部门法的关系现状上,有学者认为,刑法与相关部门法的衔接在静态的法律规范上主要体现在行为模式和法律后果方面,在法律调整范围的动态关系上主要体现在一般违法行为的入罪化、犯罪行为的出罪化等两个方面。当前我国刑法与相关部门法在衔接上存在刑法的前提性规范欠缺、法律制裁的衔接不合理、刑法的入罪根基不牢固等缺陷。① 也有学者认为,我国刑法在与部门法的协调上存在过于强调国家本位、忽视规制手段的综合性、立法过度与立法不足同在等问题。② 鉴于刑法与相关部门法之间的关系现状,加强其关系协调势在必行。

其二,在刑法与相关部门法的协调发展上,有学者认为,我国应当从静态和动态两个方面,加强刑法与相关部门法规范的衔接,合理平衡刑法与相关部门法的调整范围。③ 有学者基于刑法的独立性,认为处理刑事法律和非刑事法律冲突应当遵守法治原则及有利于公民、法人和其他组织的原则,④应当从控制刑

---

① 参见赵秉志、袁彬:《刑法与相关部门法关系的调适》,载《法学》2013 年第 10 期。

② 参见王利宾:《部门法衔接视角下的刑法问题研究》,载陈泽宪、李少平、黄京平主编:《当代中国的社会转型与刑法调整》,中国人民公安大学出版社 2013 年版,第 42 ~ 49 页。

③ 参见赵秉志、袁彬:《刑法与相关部门法关系的调适》,载《法学》2013 年第 10 期。

④ 参见吴林生:《刑事法律与非刑事法律冲突及解决刍议》,载陈泽宪、李少平、黄京平主编:《当代中国的社会转型与刑法调整》,中国人民公安大学出版社 2013 年版,第 33 ~ 42 页。

法保护尺度、加大相关部门法保护力度、建立协调统一的法律保护体系、构造“严而不厉”的合理刑罚结构等方面来加强刑法的社会保护,以促进刑法与相关部门法的协调衔接。① 也有学者指出,刑事司法中存在法律交叉适用的现象,需要引用行政、民事法律法规来确定犯罪的构成。但是,作为判决直接依据的,仍然是刑法中的相应条款,而不是相关的行政、民事法律法规。②

其三,在刑法与相关部门法的发展上,有学者提出了“刑事一体化”的理念,刑事一体化的基本特点是,“刑法和刑法运行处于内外协调的状态才能实现最佳社会效益,实现刑法最佳效益是刑事一体化的目的,刑事一体化的内涵是刑法和刑法运行内外协调,及刑法内部结构合理(横向协调)与刑法运行前后制约(纵向协调)。”③这种横跨犯罪学、刑法学、监狱学的刑事一体化理念实际上将刑法学的研究广度推进到了一个新的高度。还有学者基于整体刑法学和刑事一体化的启示,提出了“立体刑法学”的概念,“立体刑法学的基本框架,即刑法学研究要瞻前望后(前瞻犯罪学,后望行刑学);左看右盼(左看刑事诉讼法,右盼民法、行政法等部门法);上下兼顾(上对宪法和国际公约,下对治安处罚和劳动教养);内外结合(对内加强对刑法的解释,对外给刑法的解释设立必要的边界)”,④这既涉及刑法学研究的方法革命,也涉及刑法学研究的内容革新,需要加强立体刑法学的内部统一和外部协调以解决其与相关部门法的关系问题。⑤

2. 刑法学研究的深度

在刑法学研究的深度上,刑法学从来不满足于某一层面的理论成就,而是不断地纵向深入研究,从而形成多层次的理论研究框架。过去70年,我国刑法理论上对刑法与其他法律的关系、刑法基本原则、犯罪构成理论、刑法解释、正当行为、共同犯罪、罪数等诸多问题的研究都进行了深入探讨,取得了丰硕的研究成果,对问题的研究纵深取得了极大进步。以刑法与宪法的关系研究为例,

---

① 参见李少平:《论刑法的社会保护功能——兼论刑法与相关部门法的衔接协调》,载陈泽宪、李少平、黄京平主编:《当代中国的社会转型与刑法调整》,中国人民公安大学出版社2013年版,第17~25页。

② 参见邓楚开、于世忠:《论刑事司法中的法律交叉适用》,载陈泽宪、李少平、黄京平主编:《当代中国的社会转型与刑法调整》,中国人民公安大学出版社2013年版,第49~56页。

③ 储槐植:《刑事一体化与关系刑法论》,北京大学出版社1997年版,第294~304页。

④ 刘仁文:《立体刑法学:回顾与展望》,载《北京工业大学学报》(社会科学版)2017年第5期。

⑤ 参见刘仁文:《立体刑法学论纲》,载陈泽宪、李少平、黄京平主编:《当代中国的社会转型与刑法调整》,中国人民公安大学出版社2013年版,第25~33页。

相关问题研究的层次性就十分明显。一般而言,对该问题的早期研究主要是关于宪法与刑法的宏观关系的认识。有学者主张"宪法依据说"(包括宪法的形式依据和实质依据),认为宪法发展与刑法进步具有互动性。其中,宪法规范对刑法规范的制定和适用具有强制作用,并能引导刑法立法与司法的发展;刑法对宪法的发展则具有一定的影响,能够促进宪法观念的革新,部分刑法规范甚至可以上升为宪法规范。①

之后,学者注重将宪法的发展与刑法理念的更新相关联。有学者认为,我国宪法所确立的法治原则、基本人权原则、权力制约原则对我国刑法制度产生了深远影响,刑法理念发生了深刻变化。从实然的角度来看,我国宪法发展与刑法变迁存在法律文本和价值理念的互动;从应然的角度来看,我国刑法理念与宪政精神尚待"协调",应逐步树立刑法的宪法制约理念和罪刑法定入宪理念,强化刑法司法解释合宪性理念。② 在内容上,宪法指导下的刑法新理念主要包括罪刑法定理念、适度犯罪化理念、保障人权理念和注重刑罚效果理念。③

再后来,学者强调用宪法的发展推动刑法制度的完善。有学者认为,以宪法发展为导向,我国应摒弃传统的"定性+定量"的犯罪概念模式,刑事立法应将部分行为非犯罪化,同时扩张轻罪的范围。④ 2004年《宪法修正案》将"国家尊重和保障人权"正式写入宪法。《刑法修正案(八)》遵循尊重和保障人权的原则,对我国刑罚结构进行了调整,标志着我国在人权保障方面迈出了重要一步。其中,死刑制度改革是人权保障原则的"破冰之作",特殊群体从宽处罚制度的完善是人权保障原则的应有之义,社区矫正入刑则是人权保障原则的价值选择。这些刑罚结构的调整在彰显尊重宪法和保障人权方面具有重要的里程碑意义。⑤

---

① 参见赵秉志、袁彬:《论宪法发展与刑法进步》,载《法学杂志》2012年第10期。

② 参见康均心、杨尚文:《互动与协调:当代中国宪法与刑法理念的演变分析——以实然和应然为视角》,载赵秉志、张军主编:《刑法与宪法之协调发展》,中国人民公安大学出版社2012年版,第93~101页。

③ 参见赵秉志、王鹏祥:《论我国宪法指导下刑法理念的更新》,载赵秉志、张军主编:《刑法与宪法之协调发展》,中国人民公安大学出版社2012年版,第77~84页。

④ 参见苏青:《刑法法益之宪法之维——兼论我国刑事立法的方向》,载赵秉志、张军主编:《刑法与宪法之协调发展》,中国人民公安大学出版社2012年版,第241~248页。

⑤ 参见储槐植、闫雨:《论刑罚结构的调整对宪法尊重保障人权原则的回应》,载赵秉志、张军主编:《刑法与宪法之协调发展》,中国人民公安大学出版社2012年版,第268~276页。

二、新中国刑法学研究 70 年发展的具体特点

(一)研究方法上的"花开两朵"

新中国成立 70 周年来,刑法学研究在研究方法的发展上呈现出"花开两朵"的显著特点,即定性研究上刑法学研究的勃兴及定量研究上刑法学实证研究的滥觞。

1. 定性研究:刑法教义学研究的勃兴

我国刑法学在定性研究上经历了注释刑法学、解释刑法学等不同的发展阶段。其中,在过去很长一段时间内,注释刑法学、解释刑法学是我国刑法学开展定性研究采取的主要方法。近年来,我国刑法学研究出现了一股偏向采取刑法教义学方法的研究倾向,十分值得关注。所谓法教义学,是对由本国立法条文和司法案例中的法规范构成的实定法秩序作出体系化解释的法学方法。[①] 作为一种方法论上的反思,刑法教义学的本质在于用形式逻辑去除我国刑法学中的泛政治化、泛道德化的成分,从而使之走向学术化、规范化;强调对法律规范的服从但不盲从,重视对逻辑分析方法的运用,在坚持形式理性的基础上允许作出利益权衡和价值判断。[②] 客观地看,刑法教义学是对我国传统刑法解释方法的总结和部分校正,但在本质上与我国现代刑法理论研究思路基本一致,不同之处在于其更强调对实定法秩序体系化解释的司法中心主义。我国刑法教义学的勃兴,可以从以下几个层面展开:

一是刑法教义学的理论发展。目前,我国刑法学界进入了一个理论更新与知识转型的变革时期。我国刑法学界的学派之争,给我国刑法教义学的发展提供了契机,三阶层与四要件之争、形式刑法观与实质刑法观之争以及行为无价值论与结果无价值论之争,使我国刑法理论向着刑法教义学的方向发展。[③] 也有学者认为,我国刑法理论研究经历了刑法政法学派向刑法教义学派的转变,其中刑法政法学派与刑法教义学派之间的关键性差别是政治化与法治化,政法法学欲将政治与法治融为一体,但起主导作用的仍是政治;我国刑法欲实现变

---

① 参见凌斌:《什么是法教义学:一个法哲学追问》,载《中外法学》2015 年第 1 期。

② 参见邹兵建:《中国刑法教义学的当代图景》,载《法律科学》2015 年第 6 期。

③ 参见陈兴良:《刑法教义学的发展脉络——纪念 1997 年刑法颁布二十周年》,载《政治与法律》2017 年第 3 期。

革,必须从政法法学向教义法学转型。[①]

二是刑法教义学的具体问题。有学者探讨了刑法教义学的逻辑方法,认为刑法教义学需要解决如何通过法律解释方法达成刑法的公正性与法益的安全性问题。对此,刑法的逻辑方法意义重大。这种刑法逻辑方法包括形式逻辑方法和实体逻辑方法。在认定犯罪的时候,要进行形式逻辑判断和实体逻辑判断。形式逻辑的判断侧重于对法条的形式特征的界定,尤其是涉及对法条之间逻辑关系的确定。而实体逻辑的判断则偏向于对法条的实质内容的界定,尤其是对法条的内容进行价值考量。[②] 也有学者探讨了被害人教义学问题,认为被害人教义学的核心原则为被害人的保护可能性与需保护性。[③] 也有学者从被害人视角切入刑法问题,将传统的行为人单维视角的理解模式改变为"行为人—被害人"双维视角的理解模式,这才是被害人教义学的概念应当承载的使命和理论目标。被害人教义学能够在规范层面上理解并规范化地处理被害人的行为对行为人的影响,通过一般性的理论构建回应被害人的规范需求。[④]

总而言之,刑法学研究方法论上的教义学态势已趋于明显,刑法教义学研究在定性研究中也将趋于主流。但是,需要强调的是,我国的刑法教义学研究必须以我国刑法的规定为研究的逻辑起点并受其严格约束;要真正构建我国的刑法教义学,必须唤起研究者的主体意识。[⑤]

2. 定量研究:刑法学实证研究的滥觞

新中国成立 70 年来,刑法学实证研究开始兴起并产生了非常大的学术影响。所谓法律实证分析,就是按照一定程序性的规范对一切可进行标准化处理的法律信息进行经验研究、量化分析的研究方法。[⑥] 通常,可以使用实证分析方法进行分析的法律信息,往往是大量的案例、法律关系主体、测量法律意识的问卷、法律行为的证据、痕迹、法律事实的资源设施等。[⑦] 作为法律实证研究,必须

---

① 参见刘艳红:《刑法学变革的逻辑:教义法学与政法法学的较量》,载《法商研究》2017 年第 6 期。

② 参见陈兴良:《刑法教义学的逻辑方法:形式逻辑与实体逻辑》,载《政法论坛》2017 年第 5 期。

③ 参见王肃之:《被害人教义学核心原则的发展:基于侵犯公民个人信息罪法益的反思》,载《政治与法律》2017 年第 10 期。

④ 参见车浩:《被害人教义学在德国:源流、发展与局限》,载《政治与法律》2017 年第 10 期。

⑤ 参见丁胜明:《刑法教义学研究的中国主体性》,载《法学研究》2015 年第 2 期。

⑥ 参见白建军:《论法律实证分析》,载《中国法学》2000 年第 4 期。

⑦ 参见白建军:《法条与法理的实证分析——以刑法分则为例》,载《法学家》2001 年第 3 期。

具有充足的理论资源、案例资源和量化分析手段。[①] 故而，在刑法学学科中，以案例为基础的实证研究始终占据着主导。比如，有证可查的最早的刑法实证研究文章是在1989年由柯葛壮在《政治与法律》1989年第6期撰写的《强奸罪情节与量刑关系的调查分析》，其内容是基于1000份强奸罪判决及对审判人员的访谈，对强奸情节与量刑关系进行了研究。以实证为题的刑法学论文已经高达730余篇（截至2019年6月20日），而目前引用率较高的刑法实证研究文章也基本是以刑事判决为基础的，如孙万怀、卢恒飞的《刑法应当理性应对网络谣言——对网络造谣司法解释的实证评估》，欧阳本祺的《对非法经营罪兜底性规定的实证分析》，欧阳玉静的《死刑缓期执行和死刑立即执行的量刑依据——以故意杀人罪为例的实证分析》，晋海、王颖芳的《污染环境罪实证研究——以中国裁判文书网198份污染环境罪裁判文书为样本》，于冲的《网络诽谤行为的实证分析与刑法应对——以10年来100个网络诽谤案例为样本》，田刚的《我国恐怖主义犯罪的实证分析和未来刑法之应对》，邹兵建的《刑法因果关系的司法难点——基于刑事司法判例全样本的实证研究》，王华伟的《中国刑法第13条但书实证研究——基于120份判决书的理论反思》，苏彩霞、肖晶的《晚近我国刑法解释立场之争的实证分析——以2004年至2014年期刊论文为样本》等。此外，基于问卷调查的实证研究也具有相当的比例，如袁彬的《我国民众死刑基本观念实证分析》，袁彬的《我国民众死刑替代观念的实证分析——兼论我国死刑替代措施的立法选择》，熊秋红的《劳动教养制度改革的路径选择——以实证调研为基础的分析》等。

当然，刑法学实证研究也并非尽善尽美，其问题或缺陷还是较为突出的。其一，"假"实证研究的文章混迹在刑法学实证研究中，诚如白建军教授所言：一些冠之以某某问题实证研究的研究，其实并不是实证研究，至少与标准的实证研究尚存距离，[②]这些文章要么标示所谓大样本的数据论述小的知识点，但对文章内涵无法产生根本价值，要么仅列几项数据就安置实证研究的外衣。其二，相当规模的刑法学实证研究在规范性与科学性上有所欠缺。比如，在规范上：统计结果的报告不够规范，缺少对取样样本的介绍，缺少对研究思路、研究方法

---

① 参见白建军：《司法实证分析》，载《国家检察官学院学报》2007年第1期。

② 参见白建军：《少一点"我认为"，多一点"我发现"》，载《北京大学学报》（哲学社会科学版）2008年第1期。

的说明。在科学性上：取样偏差问题，统计方法过于简单，将统计结果与结果论证内容相分离等。[①] 因而，对刑法学实证研究，应有的态度是：一是需要将实证方法与思辨方法有机结合，"实证方法可以弥补思辨方法过于空泛的不足，思辨方法也能补充实证方法无以揭示事物本质的不足，二者应该结合起来"，但是，也需要破除对实证研究的虚假"命名"，去除只有实证研究之名，而无实证研究之实的刑法学研究；二是适应实证研究的发展，补足规范性、科学性上的缺陷，提升刑法学实证研究的整体质量。

目前来看，刑法学的实证研究的走向，一方面，案例数据库的完善后，以"裁判文书网""无讼""威科先行""北大法宝"为代表的开放数据库为刑事判决的实证研究带来了更多便利，可以预见的是，相关的刑法学实证研究也会面临新一轮的增长；另一方面，大数据及人工智能技术的发展，带给刑法学实证研究更多的机遇，尤其是专业数据分析公司的出现，彻底解放了大容量数据获取的掣肘，针对大样本的刑法学实证研究会越来越多，类似《论刑事诉讼的象征性立法及其后果——基于303万判决书大数据的自然语义挖掘》（王禄生）这种百万级样本的实证研究在不久的将来会成为刑法学实证研究新的"增长点"。

（二）研究范式上的"改弦易调"

1. 立法中心论到司法中心论的侧重

从整个刑法学研究的发展历程来看，其经历了一个从以立法为中心到以司法为中心的过程。这个研究侧重点的转变是以1997年刑法典的颁布为标志的。据此，我国刑法学研究可以分为两个阶段：1997年刑法典颁布之前，我国刑法学长期处于以立法为中心的研究状态；而在1997年刑法典颁布之后，我国刑法进入以司法为中心的研究状态。[②] 当然，这里的立法与司法并非是绝然对立的，司法的总结也会反馈立法，最终通过立法解决司法疑难问题。而之所以出现司法中心论的侧重，主要是因为刑法的立法已经相对稳定，而面向实践的司法则处于不断被"挑战"的境地，"理论要关注实践、回应司法难题"，[③]"刑法学

---

① 参见张威：《我国刑法学实证研究的特征、问题及进路——以116篇CSSCI刑法学实证研究文章为分析样本》，载赵秉志、陈泽宪、陈忠林主编：《改革开放新时代刑事法治热点聚焦》，中国人民公安大出版社2018年版，第362页。

② 参见陈兴良：《中国刑法学研究40年（1978—2018年）》，载《武汉大学学报》（哲学社会科学版）2018年第2期。

③ 马卫军：《刑法学研究需要实践导向》，载《检察日报》2019年3月23日。

的学术研究决不能只是少数学者的智力游戏或文字游戏,它必须转化为指导司法实践的知识”。[①] 由此,鲜明的实践性成为我国刑法学研究的最显著特征。

比如,针对实践中自主恢复法益的行为,主要涉及的是犯罪停止形态问题,是当前我国刑事司法领域面临的新问题,这就被刑法学者们敏锐地捕捉到并发展为很有特色的法益恢复理论。有学者认为,法益恢复系停止于既遂形态的犯罪行为,虽无回溯中止的可能,但尚存经由“法益恢复”路径得以轻刑化甚或出罪化评价的机会,相关法律文本对此命题已经进行了个别化的确认。依托类型化思维工具,“法益可恢复性犯罪”的概念抽象、条件判断及其从宽评价,在报应主义和功利主义惩罚根据的双重视域均得到自洽,在法益保护可逆性路径以及恢复性制裁的论证视域理由正当,且系刑法从宽事由体系的有益补充,宜作为“法益恢复”现象轻刑化或出罪化评价的理论基础。[②] 也有学者认为,与认罪认罚从宽相比较,行为人在侵害法益后通过努力使法益得以恢复的,更值得从宽处罚。将法益恢复作为法定量刑情节,不仅可以减轻犯罪所造成的法益损害,也符合“宽严相济”刑事政策和刑罚轻缓化的国际趋势。由于刑法和司法解释及刑事判决中也有体现法益恢复从宽的精神,因此将法益恢复作为法定从宽处罚情节也是可行的,甚至可以通过多种方式逐步将法益恢复设置为法定的量刑情节。[③]

再如,针对实践中频频出现的以刑制罪,刑法学界也进行了充分的讨论。在赞成者看来,以刑制罪具有其独特的司法功能。这是因为,与传统的罪刑关系不同,以刑制罪的司法逻辑在实践上具有独特的功能,这对于法治建设的推动与司法素养的提高具有重要意义。以刑制罪司法模式的功能主要体现为以下几个方面:有利于弥补传统司法模式的不足,有利于贯彻刑事政策,有利于体现刑法的谦抑性,有利于构建刑法实质解释。[④] 司法者在案件实体审查中,特别是在对疑难复杂案件的定性分析中,无论运用四要件论抑或三阶层论来分析,均产生两种以上不同结论而难分轩轾时,量刑反制定罪法往往能成为一种选定最合理结论的有效方法。[⑤] 但在反对者看来,在定罪与量刑的关系上,定罪决定

---

① 齐文远:《中国刑法学该转向教义主义还是实践主义》,载《法商研究》2011 年第 6 期。
② 参见庄绪龙:《“法益可恢复性犯罪”概念之提倡》,载《中外法学》2017 年第 4 期。
③ 参见屈奇:《法益恢复作为法定量刑情节之研究》,载《学术界》2017 年第 6 期。
④ 参见赵运锋:《以刑制罪司法逻辑的功能探析》,载《河北法学》2014 年第 3 期。
⑤ 参见熊红文:《量刑反制定罪方法的合理性及其运用》,载《人民检察》2014 年第 5 期。

量刑的理论必须坚持，只有定性准确，方能实现量刑适当、对司法实践中个案定性准确量刑失当的现象出现时只需援引《刑法》第 63 条第 2 款减轻处罚的特别规定即可，当量刑失当现象在司法实践中反复出现时，须由立法者对该条文法定刑加以及时修订，“量刑反制定罪对通说关于罪刑关系的批判是没有道理的，以刑制罪理论是对罪刑法定原则的反动与颠覆，对刑事司法有百害而无一利，必须予以抛弃”。[①] 理论研究虽然没有输出一个关于以刑制罪的标准答案，但经由理论争鸣，实践中的司法问题得到了充分的辩证论证，这无疑会对司法疑难问题的正确处理积累经验、提供指导。

2. 平面式研究到综合型研究的侧重

一直以来，刑法学都以犯罪与刑罚为自身的主要研究对象。而“犯罪与刑罚”在社会生活中的意义至少可以包括三个层面，即“在刑法条文中以模型形式静态存在的犯罪与刑罚”“在现实生活中以实然形式动态存在的犯罪与刑罚”“在立法层面上以应然形式存在的犯罪与刑罚”。[②] 基于对“犯罪与刑罚”的不同理解并以此为基础开展研究，必然会形成不同的理论研究基础和规范，进而衍生出不同的研究范式。总体而言，我国刑法学的研究范式发生了很大的转变，出现了一个由平面式研究到综合型研究的转型过程。这主要体现在以下两个方面：

第一，由传统走向现代的刑法理念。刑法理念是人们对刑事立法、刑事司法以及刑法规范、功能等一系列问题的态度和价值取向的总称，[③]也是构建刑法研究范式的基础。刑法观的研究自 20 世纪 80 年代中期起颇受关注，学者们从发展社会主义市场经济、建设社会主义民主和国家尊重与保障人权等角度，提出了经济刑法观、法制刑法观、民主刑法观、平等刑法观、人权刑法观、适度刑法观、轻缓刑法观、效益刑法观、开放刑法观以及超前刑法观等多种不同的刑法理念。[④] 时至今日，现代刑法观念在我国得以基本确立，以人权保障为核心的罪刑法定、刑罚人道、刑法谦抑以及以平等、公正为核心的刑法面前人人平等、罪责刑相适应等现代刑法观念深入人心，成为刑法理论研究和实践发展的重要观念

---

① 郑延谱：《量刑反制定罪否定论》，载《政法论坛》2014 年第 6 期。

② 冯亚东：《刑法学研究的层面划分》，载《法学研究》2001 年第 3 期。

③ 参见高铭暄、赵秉志编著：《新中国刑法学研究历程》，中国方正出版社 1999 年版，第 98 ~ 100 页。

④ 参见赵秉志：《刑法改革问题研究》，中国法制出版社 1996 年版，第 31 页以下。

指导。

第二,由平面走向综合的研究取向。对于刑法学的研究取向,有学者认为,我国刑法学研究经历了政法刑法学、立法刑法学到规范刑法学的发展过程,[①]这是一种线性的分析。事实上我国刑法学研究的取向转变并不是一个线性的过程,而是一个由单一走向多元、由平面走向综合的过程。其一,注释刑法学在20世纪80年代曾经是我国刑法学研究的重要取向和方法,迄今也没有被抛弃,而是呈现了以司法为中心的注释刑法学、以立法为中心的理论刑法学、以概念为中心的概念刑法学、[②]以解释为中心的规范刑法学、以教义为核心的刑法教义学等并存的研究范式格局。这些范式之间虽有一定的重合,但并没有出现某一研究范式完全被另一研究范式取代的情况。其二,刑法学研究不仅关注刑法规范本身,而且还出现了明显的跨学科研究取向。这种跨学科性除了有运用其他学科的方法和成果分析刑法的刑法哲学、刑法社会学、刑法政治学、刑法心理学等多种研究取向,还出现了融合刑法与相关学科立场的刑法学研究范式。例如,刑事一体化的研究范式认为犯罪决定刑法,刑法决定刑罚执行,行刑效果又影响犯罪升降,研究刑法必须确立刑事一体化意识。[③] 立体刑法学的研究范式则认为刑法学研究要前瞻犯罪学、后望行刑学,左看刑事诉讼法、右盼民法和行政法等部门法,上对宪法和国际公约、下对治安管理处罚和劳动教养,对内加强刑法的解释、对外重视刑法的运作;[④]并主张以社会系统论作为理论基础,刑法作为法律系统的子系统,一方面通过运作上的封闭性实现刑法教义学的再生产,另一方面通过认知上的开放性与其他法律系统的子系统实现衔接。[⑤] 其三,刑法改革的综合化强调刑法学研究应当走综合、全面改革之路,进而推动刑法立法的科学化、民主化和国际化。我国现行刑法体系仍主要体现为刑法典的体系,具有立法形式的成文法化、刑法理念的现实性、刑法结构的科学化、刑法内容的前瞻性等特点。在此基础上,我国的刑法研究应当关注刑法理念的时代更

---

① 参见刘艳红:《刑法学研究现状之评价与反思》,载《法学研究》2013年第1期。

② 有学者认为,注释刑法学的研究对象为刑法条文中静态存在的模型的犯罪与刑罚,概念刑法学的研究对象为法律关系中动态存在的实然的犯罪与刑罚,理论刑法学的研究对象为立法观念上虚拟存在的应然的犯罪与刑罚。参见冯亚东:《刑法学研究的层面划分》,载《法学研究》2001年第3期。

③ 参见储槐植:《建立刑事一体化思想》,载《中外法学》1989年第1期。

④ 参见刘仁文:《提倡"立体刑法学"》,载《法商研究》2003年第3期。

⑤ 参见周维明、赵晓光:《分化、耦合与联结:立体刑法学的运作问题研究》,载《政法论坛》2018年第3期。

新,强化刑法立法的法典化,坚持刑法改革的国际化,并深化新型犯罪的刑法治理。

3. 移植性研究到自主性研究的侧重

长期以来,我国刑法学的发展,都是进行的移植性研究。无论是最初对苏联刑法学体系的移植,还是目前对德日刑法体系的借鉴,都有很明显的移植性色彩,中国刑法学研究的“主体性”近乎丧失。由于对域外刑法理论不断大规模引入,一些新锐刑法学者更是奉德日刑法为“风向标”,在这样的背景下,最近十余年很多刑法学研究对中国本土问题的研究是十分欠缺的,有些很“热闹”的讨论与中国刑法立法和实践存在很大落差。最为典型的例子就是,近十年来对刑法中共同犯罪问题的研究,一些青年学者试图用德日“区分制”的分析框架来解释我国刑法有关共同犯罪的规定,当发现用“区分制”无法合理解释我国刑法这种“主从制”立法模式时,一些学者又开始转向“单一正犯”理论。①

当然,可喜的是,当前中国刑法学的研究也出现了从单纯移植性研究到侧重自主性研究的转变。这种转变有三种路径:其一,近年来,借鉴德日刑法学理论进行了本土刑法理论的探索性研究,如许多刑法学者关注的刑法教义学问题就主要是受德国刑法理论研究的启发。其二,针对国内刑法实践问题进行自主性的、本土性的研究。例如,受依法治国这一基本国策的影响,以人权保障为核心的现代刑法理念进一步深入刑法理论研究。再如,预防性措施入刑增加了学者们对预防的进一步思考,有学者认为预防的思想进入犯罪论体系将对传统的责任与预防关系产生深远影响。② 其三,对中国本土性刑法问题的深入挖掘。例如,我国刑事立法中创设的很多富有中国特色的刑法概念,如单位犯罪、死缓、刑事禁止令、管制刑等,由立法到理论,形成了刑事立法创设之后推进刑法理论深入研究的良性循环,并经由理论的研究极大地丰富了这些概念的内涵。③

4. 闭环性研究到开放性研究的侧重

新中国成立以来,我国刑法学的研究经历了闭环性研究到开放性研究的过渡。毋庸置疑,我国最初的刑法学研究实际上是一个闭环系统,局限于“批判剥

---

① 参见时延安:《中国现代刑法学嬗变的脉络与反思》,载《法学杂志》2018年第10期。

② 参见王钰:《功能责任论中责任和预防的概念:兼与冯军教授商榷》,载《中外法学》2015年第1期。

③ 参见刘艳红:《以科学立法促进刑法话语体系发展》,载《学术月刊》2019年第4期。

削阶级旧法观点、引入苏联理论"、[①]纯粹刑法学视域、刑法立法领域等小圈子中,而刑法学研究的发展则是逐渐打破这个小圈子,走向侧重开放性研究的进路。由此,"坚持马克思主义和新时期社会主义建设理论在刑法学研究中的指导地位,坚持'百花齐放、百家争鸣'的学术方针,坚持完善中国刑法学的学科体系,坚持理论联系实际的研究方法,坚持刑法学科的国际化,是中国刑法学发展的基本经验"[②]的结论才得以证成。

纯粹刑法视域由闭环到开放是通过犯罪学、监狱学及其他部分法进入刑法学院研究视域中完成的。这其中,"刑事一体化""立体刑法学""法秩序统一""违法相对论"等理论的推动"居功至伟",由于上文已经作过论述,在此笔者不再赘述。刑法立法领域由闭环到开放的过程在上文"立法中心论到司法中心论的侧重"及"平面式研究到综合型研究的侧重"已经作出细致的论述,在此笔者也不再赘述。需要强调的是刑法学作为本土性学科由闭环到开放的转变,即外向型刑法的发展。

外向型刑法学研究主要涵盖外国刑法学研究、国际刑法学研究和区际刑法学研究。外国刑法学研究将打破单纯介绍性的常规,而从比较研究的角度来考察外国刑法理论,以充实、丰富我国刑法学基础理论研究。[③] 从研究重心上来看,过去我国刑法学主要重视中国刑法学的研究,而且注重的是对其进行本土化的规范性研究。经过刑法学研究 70 年的发展,我国外向型刑法的轮廓已经初见端倪。以国际刑法学为例,我国对国际刑法学的研究已经从最初的注释国际刑法学(对国际公约、条约的注释性研究)的一枝独秀,发展到注释国际刑法学、理论国际刑法学(对国际刑法基础理论的研究)和案例国际刑法学(对国际刑事审判案例的研究)三者的共同繁荣。国际刑法与中国刑法的结合不断加强,[④]从而积极地推动了我国刑法学的本土化与国际化的结合和共同发展。此外,区际刑法学的研究也取得了很大进展。比如,有学者对中国内地与香港特别行政区侵犯著作权犯罪的立法模式、罪名体系、主观要件、客观要件、法律后果等方面进行了全面的比较和分析,并相应指出其差异及优缺点,以期为两地

① 高铭暄主编:《新中国刑法科学简史》,中国人民公安大学出版社 1993 年版,第 9 页。

② 高铭暄:《刑法学发展的基本经验》,载《法学家》2009 年第 5 期。

③ 参见徐岱:《世纪之交刑法学研究的五年回顾与展望》,载《法制与社会发展》2001 年第 1 期。

④ 参见赵秉志、张磊:《改革开放 30 年的国际刑法学研究》,载《河南省政法管理干部学院学报》2009 年第 3 期。

著作权刑事立法的相互吸收和借鉴，以及合作打击跨境侵犯著作权犯罪提供理论上的支持。[①] 再如，有学者针对香港地区数字化时代下著作权保护的缺失，指出“在数码环境下，香港地区必须适时完善著作权法律，以适应科技发展对著作权刑法保护提出的新要求，在打击非法上传和下载享有著作权作品行为的刑法完善……有关机关必须在正确评价数码科技对著作权利影响的基础上，综合平衡权利人与社会公众的利益，使著作权的刑法保护既有利于创意产业的发展，又有利于社会公众分享科技进步的成果”。[②]

当然，在我国刑法学开放性的研究中，也存在一些不足：其一，“我国对批准加入的国际刑事公约的实际履行如何、国际刑事公约在我国刑法典中的体现如何、差距何在、如何利用国际刑法学的发展来推动我国刑法的发展等问题在我国的研究远不够深入，甚至尚未展开”。[③] 其二，对于国内法与国际法如何有效衔接的问题，一直没有在我国刑法中得到很好的解决，国际法对海盗罪有明确的认定标准，而我国刑法中没有对海盗罪的直接规定。我国应当在全面了解国际法对海盗罪的认识过程、国际刑法对海盗罪构成要件的规定的基础上，对刑法现有的相关罪名加以梳理、整合，增设海盗罪。[④] 其三，“未来的研究应在研究方法、范围、如何更好地利用国际条约来调整区际刑事司法协助关系、如何为区际刑事司法协助的规范化提供理论支持等方面多加注意”。[⑤] 这些都是指引我们外向型刑法发展的重要理论依据。

（三）研究思路上的“潜移默化”

1. 由问题研究到主义研究的升华

问题意识是理论研究的基础。[⑥] 新中国成立70周年来，我国刑法学研究始终十分关注刑法理论与实践中的问题，并在此基础上不断强化了刑法学的体系

---

① 参见刘科：《中国内地与香港特区侵犯著作权犯罪刑法立法比较研究》，载《当代法学》2009年第2期。

② 赵秉志、汤显明：《数码环境下香港著作权刑法保护的立法完善探讨》，载《刑法论丛》（2009年第1卷·总第17卷），法律出版社2009年版，第400～417页。

③ 参见苏彩霞：《提倡刑法学研究的“开放性思维”》，载《法学杂志》2003年第7期。

④ 参见黄立：《我国刑法与国际刑法的衔接——以海盗罪为研究样本》，载《法学杂志》2009年第4期。

⑤ 李庆明：《一国两制下我国区际刑事司法协助研究的回顾与展望》，载《武大国际法评论》（第9卷）2009年第1期。

⑥ 参见张明楷：《刑法学研究的五个关系》，载《法学家》2014年第6期。

建设。问题研究通常反映的是学者对某个问题的单一认识,这作为刑法学研究初期或者实践性较强而理论性不强的刑法学问题是较为适合的,但一旦进入理论性较强的刑法学领域,反映学者对诸多问题的共同看法的主义研究的重要性则凸显出来,因而,由问题研究到主义研究的升华成为研究思路上的重要突破。

在刑法理论上,主义通常与学派相联系。例如,刑事古典学派与刑事人类学派之间的分歧就是学派之争,客观主义与主观主义之争则反映了刑法学者对诸多问题的立场差异。新中国成立 70 周年来,我国刑法学研究经历了一个由无意识地使用"主义"到有意识地倡导"主义"的过程。"主义"也因此成了我国刑法学研究的热点词。据"中国期刊网"查询,我国有多达 740 篇论文对此进行了专门研究,并且有一些相关的研究著作出版。在学术论文方面,如王强军的《功能主义刑法观的理性认识及其限制》,黄辰的《机能主义刑法观变迁下的刑事立法正当性考察》,劳东燕的《风险社会与功能主义的刑法立法观》,周光权的《刑法客观主义与防止错案》,劳东燕的《能动司法与功能主义的刑法解释论》,苏永生的《刑法谦抑主义的西方图景与中国表达》,付立庆的《论积极主义刑法观》,周光权的《论常识主义刑法观》,劳东燕的《刑法中客观主义与主观主义之争的初步考察》等;在学术著作方面,如张明楷教授的《刑法的基本立场》,劳东燕教授的《刑法中的学派之争与问题研究》,周光权教授的"中国刑法学派研究系列"(《中国刑法学派研究系列之 1:法治视野中的刑法客观主义》《中国刑法学派研究系列 2:刑法客观主义与方法论》《中国刑法学派研究系列之 3:刑法学的向度——行为无价值的深层追问》《中国刑法学派研究系列之 4:行为无价值论的中国展开》)等,都对刑法的"主义"问题进行了系统分析和研究。

这种"主义"意识在一些刑法具体问题的研究上也有体现。例如,对刑罚目的的不同认识就往往与"主义"有关,并形成了如下观点:直接目的与根本目的说,"我国刑罚的直接目的包括惩罚犯罪,伸张社会正义,威慑犯罪分子和社会上不稳定分子,抑止犯罪意念,改造犯罪分子,使其自觉遵守社会主义法律秩序;而我国刑罚的根本目的则是预防犯罪、保卫社会"。① 直接目的与终极目的说,"刑罚的直接目的是惩罚、威慑、改造、安抚、教育,终极目的是保护社会主义生产力和生产关系"。② 直接目的、间接目的与根本目的说,"刑罚的直接目的

① 田文昌:《刑罚目的论》,中国政法大学出版社 1987 年版,第 52 页。

② 周仲飞:《论刑罚目的的结构》,载《中国人民警官大学学报》1989 年第 2 期。

包括特殊预防和一般预防；刑罚的间接目的即堵塞漏洞，铲除诱发犯罪的外在条件；刑罚的根本目的就是我国刑法第2条规定的刑法任务。简言之，就是惩罚犯罪，保护人民”。[①] 教育改造说，“刑罚目的是教育改造犯罪人，通过惩罚和制裁犯罪人来教育和改造他们”。[②] 报应和预防统一说，“刑罚目的是报应和预防的辩证统一，而且作为刑罚目的的预防既包括一般预防，也包括特殊预防”。[③] 预防说，“报应是刑罚的正当化根据之一，而非刑罚所要实现的目的，刑罚通过制定、适用与执行，对犯罪人本人及其周围的一般人产生影响，从而达到预防犯罪的结果，乃是一种符合社会心态的普通的历史事实，因此，预防犯罪理所当然地也应成为我国刑罚的目的”。[④] 实然与应然的刑罚目的说，“我国实然的刑罚目的是惩罚犯罪人；改造犯罪人，预防和减少犯罪；保护人民，保障国家安全和社会公共安全，维护社会主义秩序。我国应然的刑罚目的是惩罚犯罪人与防卫社会免遭犯罪侵害”。[⑤] 特殊预防与报应统一说，刑罚目的应当是特殊预防与报应的统一。[⑥] 刑罚目的三层次说，这三个层次的刑罚目的分别是公正惩罚犯罪、有效预防犯罪和最大限度保护法益。[⑦]

2. 由制度研究到体系研究的升华

由制度研究到体系研究的升华也是刑法研究思路上的重要变化。我国刑法学一直十分注重对刑法制度问题的研究，刑法效力、刑法基本原则、特殊群体犯罪从宽、单位犯罪、犯罪故意、犯罪过失、犯罪未遂、犯罪中止、共同犯罪、正当行为、罪数、死刑、保安处分、社区矫正、缓刑、赦免以及经济犯罪、网络犯罪、恐怖活动犯罪、贪污贿赂犯罪、国际犯罪等热点犯罪与刑罚问题受到了持续的关注。在这其中，最具代表性的莫过于关于中国死刑制度改革的研究，该问题是我国在具体刑法制度上发表成果最多、研究最为深入的问题。对该问题的研究始于20世纪80年代，兴于20世纪90年代并在此之后得到不断加强。总体而言，我国对死刑改革问题的研究主要集中在以下几个方面：其一，死刑的存废问

---

① 何秉松主编：《刑法教科书》，中国法制出版社1997年版，第535~540页。

② 周振想主编：《中国新刑法释论与罪案》，中国方正出版社1997年版，第318页。

③ 陈兴良：《本体刑法学》，商务印书馆2001年版，第637~653页。

④ 张明楷：《刑法学》（上），法律出版社1997年版，第402~404页。

⑤ 谢望原：《刑罚价值论》，中国检察出版社1999年版，第120~132页。

⑥ 参见高铭暄主编：《刑法学专论》（上编），高等教育出版社2002年版，第514~515页；赵秉志主编：《刑罚总论问题探索》，法律出版社2003年版，第20~22页。

⑦ 参见韩轶：《刑罚目的的建构与实现》，中国人民公安大学出版社2005年版，第78~81页。

题。尽管刑法理论上一直存在死刑立即废止论、[①]死刑有限存在论、[②]逐步废止死刑论[③]之争，但严格限制并逐步推进死刑的废止已成为我国刑法学界的基本共识。其二，死刑的立法完善问题。这主要涉及死刑适用总体标准与对象的限制、死缓制度的完善、绝对死刑的取消等。目前从立法上严格死刑的适用已成为学界共识。其三，死刑的替代措施问题。对此，尽管理论上存在无期徒刑替代死刑说、[④]死缓替代死刑说、[⑤]多元替代说[⑥]之争，但推动死刑替代措施以促进死刑改革已成为我国死刑改革正在探索的一个重要方面。其四，死刑的国际标准及其借鉴问题等。总体来看，我国关于死刑改革的理论研究对引导死刑观念变革、推动我国死刑制度改革发挥了积极作用。可以说，2011年《刑法修正案（八）》取消9种死刑罪名，2015年《刑法修正案（九）》取消13种犯罪的死刑，与刑法学界对死刑制度持续而深入的研究是密不可分的。

在制度研究的基础上，我国刑法学的体系性研究也逐渐发展乃至兴盛。其中比较突出的是对刑法的修法模式、刑法的基本结构、刑法学的学科体系等问题进行了较为深入的研究。比如，在刑法结构上，我国已经有不少学者加强了对刑法总则、分则体系完善的研究，提出要在刑法总则方面将“刑法的适用范围”独立成章，并增设“正当行为”“罪数”“特殊群体的刑事责任”“保安处分（预防性措施）”等专节；[⑦]在刑法分则所有的“章”下均设“节”的层次，合并部分章节，调整不同章节的顺序。这对进一步完善我国刑法结构和体系具有重要的指导意义。再如，在刑法学研究体系方面，有学者主张要进一步强化刑法哲学研究，认为新时期面对社会矛盾复杂、价值观念多样的现实，刑法的发展与运用需要进行哲学上的思辨，这将在很大程度上影响我国刑法学研究的总体水平

---

① 参见邱兴隆：《死刑的德性》，载《政治与法律》2002年第2期；邱兴隆：《死刑的效益之维》，载《法学家》2003年第2期。此外，中国政法大学曲新久教授也持这种观点，参见陈兴良主编：《法治的使命》，法律出版社2003年版，第218页。

② 参见冯军：《死刑、犯罪人与敌人》，载《中外法学》2005年第5期。

③ 参见赵秉志：《刑法基本理论专题研究》，法律出版社2005年版，第638～660页。

④ 参见赵秉志：《中国逐步废止死刑论纲》，载《法学》2005年第1期；李希慧：《论死刑的替代措施》，载《河北法学》2008年第2期。

⑤ 参见陈兴良：《中国死刑的当代命运》，载《中外法学》2005年第5期。

⑥ 这种观点主张以严厉化后的死缓制度、无期徒刑、附赔偿的长期自由刑来替代死刑的适用。参见高铭暄：《略论中国刑法中的死刑替代措施》，载《河北法学》2008年第2期。

⑦ 参见赵秉志：《当代中国刑法体系的形成与完善》，载《河南大学学报》（社会科学版）2010年第6期。

和高度,并制约我国刑事法治的发展进步。[①] 因此,构建科学的刑法哲学体系将对我国刑法理论体系产生新的冲击和革新。也有学者主张以罪责关系为中心建立新的学科体系,即以"罪责及其辩证关系"为研究主线,以"法益侵害论"作为基础理论,以辩证唯物主义和历史唯物主义为主要研究方法的一种模式。[②] 作为一种新的研究视角,这有助于深化我们对刑法学科体系的理解和思考。

3. 由"入罪"研究到"出罪"研究的升华

刑法"入罪"及犯罪化的研究,长期占据刑法学研究的主流。针对虚假诉讼行为的入罪、性贿赂的入罪、危险驾驶行为的入罪、毒驾行为的入罪、滥用兴奋剂入罪、虐待动物入罪、见危不救入罪等话题争论不休,其中,相当的入罪理论设想已经为立法所吸收。

在"入罪"研究进行的同时,"出罪"研究悄然兴起,并成为践行刑法谦抑性的有力"武器"。目前,"出罪"的刑法学研究主要包含以下几个方面:

其一,"虚化犯罪概念所具有的入罪功能,实现入罪与出罪两大功能向单一出罪功能转换,并以此来指导当前的刑法司法实务从而践行人权保障的理念,不失为推进我国刑事法治化进程中削减负面效应的务实之举"。[③] 该种观点是寄希望于刑法的但书规定实现"出罪",事实上,我国刑法犯罪概念的但书,具有和德日刑法理论中值得处罚的法益侵害性、实质的违法性、可罚的违法性、社会相当性等诸多看似不同但内涵相似的概念的一致性,那就是,入罪靠形式、出罪靠实质。[④]

其二,对犯罪待定行为贯彻的犯罪化与非犯罪化的全面评价。在刑事归责上,待定行为的犯罪化与非犯罪化应意识到任何一种行为都有从主观到客观不断发生、发展变化的过程,被予以犯罪化或非犯罪化的行为只是其中的某一或某几个阶段;并且,犯罪化与非犯罪化应当坚持一项基本的原则:只有当行为由主观阶段转化为客观阶段时才能被犯罪化。[⑤]

其三,通过刑法教义学为刑法的"出罪"开辟路径,如关于高利贷的刑法适

---

① 参见赵秉志:《中国刑法哲学发展面临新机遇》,载《人民日报》2015 年 12 月 13 日,第 8 版。

② 参见李晓明:《法治中国进程中刑法学科体系的梳理与重构》,载李少平、朱孝清、卢建平主编:《法治中国与刑法发展》,中国人民公安大学出版社 2015 年版,第 68 ~78 页。

③ 刘艳红:《入出罪走向出罪:刑法犯罪概念的功能转换》,载《政法论坛》2017 年第 5 期。

④ 参见刘艳红:《以科学立法促进刑法话语体系发展》,载《学术月刊》2019 年第 4 期。

⑤ 参见李正新:《犯罪化与非犯罪化的根据思考》,载《政法论坛》2017 年第 1 期。

用。高利贷作为一种金融现象,可以在一定程度上缓解资金短缺,对向特定的个人发放高利贷的行为,应界定为正常的民间借贷,以体现资金的自由价值和效率价值,充分尊重当事人的意思自治;对向不特定社会公众发放高利贷且情节严重的行为,才能以非法经营罪定罪处罚。[①] 而民事民间借贷与商事民间借贷在资金功能、社会作用、法律监管等方面都存在重大差异,在刑法评价上必须区别对待。判断民事借贷是否构成犯罪,必须考察其是否严重侵犯了金融监管秩序。如果民间借款后发放高利贷的行为侵犯了刑法所保护的法益,可以以非法经营罪定罪量刑,单纯利用闲置资金单向经营的高利贷行为,则无需刑法介入,[②]应当予以“出罪”。

其四,利用其他刑法理论性工具进行的“出罪”,如实质解释的“出罪”、[③]刑事政策的“出罪”、[④]行政许可的“出罪”、[⑤]法益恢复的“出罪”[⑥]等。

4. 由理论驱动到实践推动的升华

可以说,新中国成立后很长一段时间内,刑法学的研究基本靠理论的驱动,这有赖于老一辈刑法学家高铭暄教授、马克昌教授、王作富教授等的研究自觉。但是,刑法学很快走上了实践推动的道路,而且在司法环境日益复杂的今天,这样的趋向越发明显。一方面,这是刑法学的学科属性使然,刑法学是一门理论与实务兼顾的法学学科,如果离开了司法实践,学术研究最终将会丧失生命力。另一方面,无论是具体制度还是司法案例,都需要刑法学理论知识予以回应或者构建新的制度体系。只有这样,才能提升刑法学对社会治理问题的解释力,并促进刑法理论的更新。

在实践中法案例推动刑法学研究层面。事实上,自 20 世纪 90 年代以来,我国刑法学界就较为广泛地参与了一些广受关注的典型刑事案件的研究和讨论。例如,重庆綦江虹桥垮塌案、张子强案、足球黑哨案、许霆案等,并出版和发

---

① 参见李忠强、陈艳:《放高利贷行为的刑法评析》,载《人民检察》2013 年第 2 期。

② 参见周朝阳、许芯:《“民间借贷”的刑法界限思考》,载《中国检察官》2013 年第 3 期。

③ 参见刘艳红、冀洋:《实质解释何以出罪——以一起挪用“公款”案件为视角的探讨》,载《法学论坛》2016 年第 6 期。

④ 参见夏伟:《刑事政策出罪方法论——基于历年刑事司法判决的思考》,载《刑事法评论》2016 年第 2 期。

⑤ 参见车浩:《行政许可的出罪功能》,载《人民检察》2008 年第 15 期。

⑥ 参见庄绪龙:《“法益恢复”的出罪价值与制度设计》,载《检察日报》2018 年 1 月 18 日,第 3 版。

表了一些有分量的紧密联系司法实践的论文和著作。[①] 在当前,我国各地也出现了多个涉及法定犯且引发广泛争议的司法案例,如2016年年底天津的赵春华非法持有枪支案、2017年年初内蒙古的王力军非法经营案等。对此,我国刑法学界就法定犯特别是法定犯的主观方面问题进行了充分的探讨。有学者认为,我国传统罪过理论是"整罪分析模式",强调罪过对象的整体性、罪过形式的单一性和不同罪过之间的对立性。根据传统罪过理论,罪过的对象是以危害结果为核心的客观构成要素的整体,在故意犯罪中所有客观构成要素的罪过形式都是单一的故意,而且故意犯罪中不包括过失,过失犯罪中也容不得故意。在法定犯时代背景下,整罪分析模式的僵化性和机械性越来越突显出来。要素分析模式强调,罪过的对象是具体的客观构成要素,在故意犯罪中可以有过失,在过失犯罪中也可以有故意,故意与过失之间不是对立关系,而是位阶关系。具有灵活性和实用性的要素分析模式不但更好地遵循了罪刑法定原则和责任主义原则,而且更能适应法定犯时代的到来。[②] 也有学者认为,"法定犯时代"的到来,使"违法性认识不要说"无论是在理论上还是在实践中,都丧失了原有的存在基础和价值。国外刑法理论中的"责任说"与国内的犯罪论体系仍然存在不可调和的冲突,在传统犯罪构成理论得到修正之前,很难成为指导司法实践的理论依据。"违法性认识必要说"遭遇的最大困境源于实践中的可行性问题,唯有通过在刑事诉讼过程中适当调整法定犯罪的证明责任分配方能有效解决。法定犯的刑罚体系应当朝着轻缓化的方向发展,在此之前,充分发挥罪刑法定原则的出罪功能、扩大刑事司法的自由裁量权是比较妥当的过渡路径。[③]

在实践中制度的存废推动刑法学研究方面。2013年度,我国在全国范围内停止了劳动教养的审批,并从立法上取消劳动教养制度。这是我国刑事法治领域的重大制度改革,合理处理劳动教养制度取消留下的空当是刑法必须要解决的现实问题。据此,刑法理论界对劳动教养制度取消后的刑法应对问题进行了深入的探讨。例如,关于劳动教养制度取消后的制度发展方向,有学者认为,保安处分是预防犯罪不可或缺的法律制度。劳动教养制度存在的问题已经严重

---

① 参见高铭暄:《新中国刑法学六十年发展的简要历程和基本经验》,载《法学杂志》2009年第11期。

② 参见陈银珠:《法定犯时代传统罪过理论的突破》,载《中外法学》2017年第4期。

③ 参见陈烨:《法定犯违法性认识必要说:我国现行刑事立法框架下如何坚守》,载《政治与法律》2017年第7期。

影响我国社会主义法制的形象，成为不当干涉公民基本权益的隐患，理应被废止。在废止劳动教养制度后，我国应通盘考虑并解决目前各种保安处分措施存在的问题，实现保安处分措施的法治化。对此，应首先在形式上明确保安处分措施的法律定位与权力归属，在实质上贯彻必要性和合比例性原则。[①] 将我国劳动教养制度司法化，形成法院决定、公安机关执行、检察机关监督的合理系统，使其成为刑罚的有效辅助手段。[②] 但也有学者认为，按照犯罪的定量要求，应将劳动教养去罪化，即不能将其作为违警罪、轻罪、保安处分等规定在刑法典中，应将其回归"强制性教育措施"的本义，对劳动教养进行缩小化、轻缓化、司法化和法定化改造，由法院内设治安审判庭裁决，对相关制度进行彻底改造，制定"违法行为教育矫正法"。[③]

（四）研究聚焦上的"学派争鸣"

1. 犯罪构成体系之争

犯罪构成是认定犯罪的实体法规格和标准，犯罪构成理论是我国刑法学犯罪论的核心。因而，针对犯罪构成理论，形成了长期的"学派之争"。

我国传统的犯罪构成理论坚持的是四要件说，但早在1997年以前，我国学界就存在二要件说、三要件说和五要件说等不同主张，目前更是形成了三种不同的主要立场：

一是否定我国现有的犯罪构成理论体系，主张全面移植大陆法系或者英美法系的犯罪构成理论体系。例如，有学者主张直接采纳大陆法系中构成要件该当性、违法性、有责性的递进式结构，[④]其理由在于"构成要件是三阶层的犯罪论体系的基础，具有其独特的含义与机能；而在四要件的犯罪构成体系中，构成要件被改造成为犯罪构成，成为犯罪成立条件的总和，丧失了构成要件的机能。因而主张废弃犯罪构成的概念，重新恢复构成要件的概念，以此建立阶层式的犯罪论体系"。[⑤] 也有学者在综合大陆法系和英美法系犯罪构成理论优势的基

---

① 参见时延安：《劳动教养制度的终止与保安处分的法治化》，载《中国法学》2013年第1期。

② 参见贾凌、周兆进：《论我国劳动教养制度改革——对"唐慧案"的反思》，载《昆明理工大学学报》（社会科学版）2013年第3期。

③ 参见莫洪宪、王登辉：《从劳动教养事由的类型化看制度重构》，载《法学》2013年第2期。

④ 参见陈兴良：《违法性理论：一个反思性检讨》，载《中国法学》2007年第3期。

⑤ 陈兴良：《四要件：没有构成要件的犯罪构成》，载《法学家》2010年第1期。

础上，提出了事实要件、违法性评价和有责性评价三层次的构成要件体系。①

二是反对全面移植大陆法系或者英美法系的犯罪构成理论体系，主张在我国现有的犯罪构成理论体系的基础上进行改造。② 有学者认为，评价犯罪构成理论体系的标准是逻辑性和实用性。我国犯罪构成理论体系不仅在逻辑性上不次于大陆法系犯罪论体系，而且在实用性上也能够通过恰当的操作实践来达到准确定罪，因而反对彻底抛弃现有的犯罪构成理论体系，进而主张从自身的逻辑出发完善我国的犯罪构成结构。③ 也有学者认为，新中国成立后我国采用四要件犯罪构成理论在当时是历史的必然，而在目前社会现实状况下，四要件犯罪构成理论则突显其对人权保障之不足，主张通过法律移植改造我国传统犯罪构成理论具有合理性。但是，法律移植并不是改造我国传统四要件犯罪构成理论的唯一路径。我国犯罪构成理论的走向存在两种可能：其一，直接移植引进三阶层体系取代四要件理论；其二，重新阐释四要件理论以适应新的观念。④

三是主张基本维持现有的犯罪构成理论体系，或者只对现有的犯罪构成理论体系作一些技术性调整。有学者认为，中国刑法学犯罪构成理论体系是在学习借鉴苏联刑法学犯罪构成理论成果和总结中国社会主义刑事法制科学经验基础上形成、发展和完善起来的，对于中国刑法学术研究和司法实践都产生了重大而积极的影响。中国刑法学犯罪构成理论同样能够反映定罪过程，兼容出罪功能，只是在思考逻辑上与德日刑法学犯罪论体系有所区别。近来主张彻底否定中国刑法学犯罪构成理论转而全面移植德日刑法学犯罪论体系的“移植论”缺乏严谨性和务实性。⑤ 也有观点在坚持传统四要件理论的基础上，主张对四要件的顺序加以调整，认为犯罪主体要件在整个犯罪构成体系中具有核心地位，故此犯罪构成要件应以由主观到客观的顺序加以排列。⑥

我们认为，在我国现有的犯罪构成理论体系的基础上进行改造应当是我国犯罪构成体系的应然方向。理由如下：

其一，照搬德日三阶层犯罪构成体系并非完善我国犯罪构成体系的正确方

① 参见劳东燕：《刑法基础的理论展开》，北京大学出版社2008年版，第170～178页。

② 参见许发民：《二层次四要件犯罪构成论》，载《法律科学》2007年第4期。

③ 参见吴大华、王飞：《犯罪构成理论体系：逻辑与适用的统一体》，载《刑法评论》（第12卷），法律出版社2007年版，第1～24页。

④ 参见王勇：《关于中国犯罪构成理论走向的前提性追问》，载《法制与社会发展》2010年第4期。

⑤ 参见高铭暄：《关于中国刑法学犯罪构成理论的思考》，载《法学》2010年第2期。

⑥ 参见赵秉志：《刑法基本理论专题研究》，法律出版社2005年版，第274页以下。

向。对比我国传统四要件犯罪构成体系,三阶层体系所具有的所谓“优点”属于主观臆断。三阶层体系内部存在逻辑上的矛盾:故意、过失的体系地位无法确定,对客观违法与主观责任无法予以真正区分。三阶层体系的具体构造在当今德日刑法理论中已开始被改造,其通说理论地位尚存疑问。[①] 主张对我国通行的犯罪构成理论推倒重来,以日本的三阶层犯罪构成理论取而代之者,曲解并漠视了四要件犯罪构成理论所具有的现实合理性,人为地强行切断新中国刑法理论的历史连续;在坚持传统中发展完善,不折腾,是每一个有社会责任感的刑法学者都必须恪守的基本学术规范和准则。[②]

其二,经过多年的实践检验及理论改进,可以认为我国刑法学界长期通行的犯罪构成体系在逻辑性和实用性两方面均无大碍,它基本能够胜任我国现阶段刑事司法“依法断案”的要求。而且,为了保证中国刑事司法实践具有基本统一的法言法语和相对统一的定罪判断标准,传统犯罪构成理论理应继续成为我国未来的主流犯罪构成理论。[③] 当然,社会的进步与知识的更新亦显露出它在诸多方面的不足,因此,有必要根据司法的实际需要并借鉴域外刑法学的相关知识,对我国通说性的犯罪构成四要件体系进行一些局部的调适和修正。[④]

其三,尽管有学者总是依据犯罪构成四要件体系将中国刑法学研究污名为“苏联刑法学”,[⑤]但需要明确的是,中国通行的犯罪构成理论与苏联的犯罪构成理论之间存在一脉相承的关系,但前者并非是对后者的全盘照搬,而是在移植与借鉴的基础上有所发展,而且已经按照本国的情况进行了修正。

概言之,针对犯罪构成体系上的“学派之争”,应有的态度是:明确大陆法系犯罪成立理论、英美法系犯罪成立理论和中国通行的犯罪构成理论各有其优缺点。中国未来犯罪构成理论的走向则应当坚守“以中国现有的通行犯罪构成理论为主导,适当吸取其他犯罪成立理论模式的合理因素”[⑥]的立场。

---

① 参见缑泽昆:《三阶层犯罪构成体系:一个域外经验的反思与质疑》,载《现代法学》2010年第2期。

② 参见高铭暄:《对主张以三阶层犯罪成立体系取代我国通行犯罪构成理学者的回应》,载赵秉志主编:《刑法论丛》(2009年第3卷·总第19卷),法律出版社2009年版,第1~12页。

③ 参见欧锦雄:《新中国犯罪构成理论的发展和展望》,载赵秉志主编:《刑法论丛》(2009年第3卷·总第19卷),法律出版社2009年版,第65~80页。

④ 参见冯亚东:《对我国犯罪构成体系的完善性分析》,载《现代法学》2009年第4期。

⑤ 参见周光权:《过渡型刑法学的主要贡献与发展前景》,载《法学家》2018年第6期。

⑥ 赵秉志、王志祥:《中国犯罪构成理论的发展历程与未来走向》,载赵秉志主编:《刑法论丛》(2009年第3卷·总第19卷),法律出版社2009年版,第28~63页。

2. 形式解释论与实质解释论之争

自罪刑法定原则确立后,刑法学界就逐渐形成了关于实质解释论与形式解释论之间的“学派之争”。

形式解释与实质解释都是刑法学研究的重要分析工具。尽管刑法理论上对形式解释与实质解释的含义尚存在较大的分歧和误解,但在解释方法的运用上,形式解释论与实质解释论的对立客观上反映了学者们对研究工具选择的差异。形式解释论与实质解释论都认为构成要件符合性的判断涉及的不是单纯的事实判断而是需要同时运用价值判断。只是在如何运用价值判断,尤其是究竟以自由保障优先还是以社会保护优先来展开价值判断,以及相应的方法论选择的问题上存在巨大的分歧。[①] 形式解释论的基本立场是:忠诚于罪状的核心意义,有时候甚至仅仅是自己熟悉的法条的含义。[②] 实质解释论的基本立场是:就解释者的角度而言,对刑法规定的犯罪构成,不能仅从形式上解释,而应从实质上把握,因为刑法是以一定标准在危害行为中选择若干严重危害行为并将其规定为犯罪的,犯罪构成是严重危害行为的法律标志。既然如此,符合犯罪构成的行为,一定是严重危害社会的行为。如果只是从形式上解释犯罪构成,就会使一些琐碎之事都符合犯罪构成(某些情况下也可能造成相反的不良后果);只有从实质上解释犯罪构成,才会使符合犯罪构成的行为成为严重危害社会的行为。[③]

对形式解释论与实质解释论之争,有学者称其为“不仅是罪刑法定原则与社会危害性理论之争,也是形式刑法观与实质刑法观之争”。[④] 在我国刑法学理论上,社会危害性是犯罪分析的重要工具。从刑法观的角度来看,过去我国刑法学研究更强调的是对刑法的实质分析立场。特别是在 1979 年刑法典规定了类推制度的情况下,刑法学研究主要采取的都是实质解释的分析工具。不过,随着刑法理念的发展,我国刑法理论上也出现了明显的形式刑法观和形式解释倾向,强调基于罪刑法定原则所倡导的形式理性,通过形式要件,将实质上值得科处刑罚但缺乏刑法规定的行为排斥在犯罪范围之外。[⑤] 也有学者认为,我国

---

① 参见劳东燕:《刑法解释中的形式论与实质论之争》,载《法学研究》2013 年第 3 期。

② 参见陈兴良:《形式解释论的再宣示》,载《中国法学》2010 年第 4 期。

③ 参见张明楷:《刑法格言的展开》,法律出版社 1999 年版,第 115 页。

④ 陈兴良:《形式解释论的再宣示》,载《中国法学》2010 年第 4 期。

⑤ 参见陈兴良:《形式解释论的再宣示》,载《中国法学》2010 年第 4 期。

现有刑法文化生态环境决定了学界大部分人在客观上不可能抛弃实质解释论的立场；但从社会理论的现实批判功能以及学派意识的角度出发，主观上则不宜提倡实质解释论，而应提倡形式解释论。[①] 因此，我国关于刑法学研究的分析工具，出现了一种形式解释论与实质解释论并存的格局，并且两者在解释目标上出现了相互协调、融合的趋势。例如，有资料表明，形式解释学者力图从罪刑法定原则的角度，以法律文本为基础，强调罪刑法定原则对自由的保障机能；而部分实质解释学者虽然注重从实质层面解释法律，但也出现了以实质的立场寻找出罪路径的倾向。[②] 这也反映出分析目的对分析工具的影响作用。此外，也有学者力图将刑法解释与刑法论证相结合，从而弥合形式解释论与实质解释论的分歧，"两种解释论涉及的本质论题是构成要件的解释与罪刑法定原则的符合性问题，要解决这一问题，必须及时走出形式解释论与实质解释论之争的'沼泽'，转而寻求刑法解释与刑法论证的结合，这不仅是法哲学和哲学范式转变的必然要求，也是现代化背景下刑事法治建设的现实需要；破除对解释者个人权威的迷信，倡导在开放性结构中寻求可接受性的解释结论，才是解释者喧嚣过后应该追寻的足迹"。[③]

3. 行为刑法与行为人刑法之争

相较于犯罪构成体系之争与形式刑法观、实质刑法观之争，行为与行为人刑法的"学派之争"似乎并不明显，甚至有些"星光黯淡"，但是行为人行为的理念一直存在，并不断冲击行为刑法体系，由此形成的争议也广泛存在。

"行为刑法是一种法定规则，根据这个规则，刑事可罚性是与行为构成方面加以限定的单一行为（或者可能情况下的多个行为）相联系的，同时，惩罚仅仅表现为对单个行为的反应，而不是表现为对行为人整体生活导向的反应，更不是表现为对一种行为人所期待的未来危险的反应。行为人刑法则相反，刑罚是与行为人的人格相联系的，同时，刑罚是由行为人对社会的危害及其程度决定的。"[④]尽管目前各国刑法典的基本底色都是行为刑法，但是其中仍然存在大量行为人刑法的成分，以我国现行《刑法》为例，无论是总则、分则中的一些条文，还是围绕刑法适用出台的一些司法解释，都能从中看到行为人刑法的影响和人

---

① 参见周详：《刑法形式解释论与实质解释论之争》，载《法学研究》2010年第3期。

② 参见劳东燕：《刑法解释中的形式论与实质论之争》，载《法学研究》2013年第3期。

③ 罗世龙：《形式解释论与实质解释论之争的出路》，载《政治与法律》2018年第2期。

④ ［德］克劳斯·罗克辛：《德国刑法学总论》（第1卷），王世洲译，法律出版社2005年版，第106页。

格因素的作用。具体来说,一方面,部分刑法条文及司法解释侧重人格、动机等行为人特征,规定了入罪、加重、从重以及其他不从宽的效果,如未成年人具备恶劣动机的构成寻衅滋事罪、累犯从重处罚、立功不能由亲友代行等;另一方面,部分刑法条文及司法解释同样从行为人角度考虑,规定了出罪、减轻或者从轻的惩罚效果,如关于死缓和缓刑制度、老年人的免死规定、未成年罪犯的教育和矫正等。这些都是典型的从行为人角度出发所作出的规定。[①]

目前包括中国在内的很多国家都出现了犯罪浪潮上涨,刑不压罪、监禁率不断攀升的困境,这也突显了行为人刑法的当代意义。比如,《刑法修正案(八)》对老年人犯罪的规定,不是着眼于犯罪行为,而是着眼于行为人。至于司法实践中针对行为人的不同情形适用"宽严相济"的刑事政策,更是屡见不鲜。[②] 即便如此,行为人刑法还是无法取代行为刑法,"罪刑法定""罪刑均衡""社会危害性"等刑法基石赖以生存的基本理论来源莫不是行为刑法。因而,目前对行为人刑法的理念,应当是以弥补行为刑法的不足为目的的,"行为刑法以抽象的'理性人'为基础,将罪犯看作无个性的'符号',并不利于矫正罪犯复归社会,行为人刑法强调罪犯是有血有肉的具体人,纠正了抽象'理性人'的偏颇之处,具有重要启发意义"。[③] 也有学者希望弥合"两派之争"的裂隙,主张"真正吸收新旧两派刑法之长的刑法理论,当然是引入行为人刑法所考虑的犯罪人的危险性或者说犯罪人人格因素,建立起真正意义上的人格刑法学,此乃彻底消解行为刑法与行为人刑法矛盾的途径"。[④]

(五)研究范畴上的"举要治繁"

1. 刑法解释研究层面

刑法解释是刑法基础理论领域的重要问题,新中国成立70年以来,围绕刑法解释形成了大批具有重要影响的研究成果。

在早期的研讨中,学者更关注刑法的立法解释及司法解释问题。在刑法立法解释上,我国现阶段保留刑法立法解释具有必要性,但刑法立法解释应坚持合目的性原则,同时为尽量减少其对民主与法治的负面影响,应坚守限制性和

---

① 参见车浩:《刑事立法的法教义学反思——基于〈刑法修正案(九)〉的分析》,载《法学》2015年第10期。

② 参见车浩:《中国刑法学的现状、传统与未来》,载《法商研究》2013年第1期。

③ 李波:《行为人刑法转型与当代中国的选择》,载《政法论丛》2015年第4期。

④ 张文、刘艳红:《人格刑法学理论之推进与重建》,载《浙江社会科学》2004年第1期。

监督性的立场。[①] 在刑法司法解释上,多数学者对刑法司法解释的必要性持肯定态度,但认为我国刑法司法解释在解释的形式、内容、方法和权限上都存在一定的缺陷。刑法司法解释的进行必须遵循一定的原则,包括依照法律规定原则、司法需要原则、法定程序原则和解释文本规范化原则。也有学者提出,刑法司法解释应尊重必要性原则、合法性原则、合理性原则、解释权专属原则、公开性原则、程序性原则、形式规范化原则和以政策为指导原则。但也有学者认为,目前,我国刑法解释面临诸多困境。由国家立法机关解释刑法合法却不合理,由最高司法机关解释刑法又有违宪、侵权之嫌。尽管理论界对现行刑法解释质疑不断,但司法界却视刑法解释为办案生命。数量庞大的刑法解释的存在,最终阻碍了司法人员素质的提高,而司法人员素质不高,反过来又加大其对刑法解释的过分依赖。我国刑法解释陷入这种恶性循环的困境中不能自拔,只有改革当前刑法解释体制,取消现行刑法解释中的立法解释和司法解释,建立法官适用刑法个案解释机制,才是走出困境的根本出路。[②]

目前阶段,学者们对刑法解释的研究主要侧重于刑法解释的立场、标准、方法和限度方面:

(1)刑法解释的立场问题。有学者运用语用学的会话含义理论进行分析,得出刑法解释应当坚持客观解释的立场。该学者认为,根据会话含义理论,立法者预料到并期待解释者会根据文本的语义结构、读者的心理图式、生活中的常规关系来解读刑法文本的语用意义,司法者则会根据语境因素对刑法文本的意义进行语用推理,解读出字面意义之外的隐含意义、形式意义之外的实质意义、语义意义之外的语用意义,并且在不同语境下解读出不同意义。刑法文本为语用推理划定了大致范围,语用推理实现了文本静态意义向动态意义的转化,因而刑法解释应该坚持客观解释。[③] 也有学者从罪刑法定的角度,认为客观解释须遵循的规则和制约因素使其不会导致刑法解释和适用的随意性,也不违背公民的预测可能性,不会产生侵犯人权的结果,值得倡导。[④] 但也有论证持不

---

① 参见赵秉志、时延安等:《2003 年全国刑法学术年会综述》,载赵秉志主编:《刑法评论》(第 4 卷),法律出版社 2004 年版。

② 参见夏朝晖:《刑法解释的困境与出路》,载《中国刑事法杂志》2009 年第 5 期。

③ 参见王政勋:《刑法解释的立场是客观解释——基于会话含义理论的分析》,载《法律科学》2012 年第 3 期。

④ 参见王政勋:《论客观解释立场与罪刑法定原则》,载《法律科学》2011 年第 1 期。

同观点，认为“反形式主义成为实质刑法解释论的基本特征，但其过多考虑法外因素的实质考量，容易侵蚀刑法规范的安定性、自洽性和法律的自由价值”。[①]此外，还有学者主张，刑法的解释应不限于探寻立法原意，应在阐发立法意蕴的基础上创造性地弥补刑法文本滞后性的缺陷。我国的刑法解释应顺应我国经济建设的需要，结合“主观解释论”和“客观解释论”，不断反映变化中的国民之意志，进而与我国构建和谐社会的治国理念结合起来。[②]

(2)刑法解释的标准问题。有学者认为，在以人为本的理念下，刑法解释主体是具有多元价值观的解释者构成的共同体，刑法解释的标准是解释共同体通过对话协商获得的共识。制度化的对话协商是刑法解释及适用的合法性保障。[③] 还有学者认为，合理性诉求是刑法解释学中的根本性论题，它是基于对正义的向往，根据真实的事实和材料作出的符合刑法规范目的的法律论证，并且它大体上可以为当前社会所接受。在合理性诉求的实践中，必须根据法官、起诉者、被告人之间的三角关系，建立一种对话式的论证模式，谋求事实共识，达成规范目的的合意。[④]

(3)刑法解释的方法问题。有学者研究了当然解释方法，认为刑法中的当然解释应当作为一种解释理由。其中，举重以明轻是就出罪、处罚轻而言；举轻以明重是就入罪、处罚重而言。当然解释的依据是事物的本质与法条的旨趣。由于刑法并不禁止有利于被告人的类推解释，故在适用举重以明轻的原理得出有利于被告人的解释结论时，不需要刑法的明文规定，但不能将刑法的处罚漏洞作为举重以明轻的根据。罪刑法定原则禁止不利于被告人的类推解释，故在适用举轻以明重的原理得出不利于被告人的解释结论后，还要求案件事实符合刑法规范，但不能将对案件事实的缩小评价当作对刑法规范的类推解释。[⑤] 也有学者专门探讨了扩张解释与类推解释的界限。例如，有学者认为，在是否处于刑法条文用语可能的含义之中、是否具有一般公民的预测可能性、是否采用了符合形式逻辑的推论和是否从罪刑法定主义的理念出发等方面，扩张解释都与类推存在构造上的差异。为此，应从所要解决的事项、一般公民的预测可能

① 王昭振：《刑法知识转型与实质刑法解释的反形式主义》，载《法学评论》2013年第5期。
② 参见舒洪水、贾宇：《刑法解释论纲》，载《法律科学》2009年第5期。
③ 参见袁林：《超越主客观解释论：刑法解释标准研究》，载《现代法学》2011年第1期。
④ 参见童德华、资琳：《刑法解释中的合理性诉求》，载《法制与社会发展》2009年第2期。
⑤ 参见张明楷：《刑法学中的当然解释》，载《现代法学》2012年第4期。

性、处罚的必要性、法律商谈和特定程序的合理性来限制和区分扩张解释与类推。[①] 也有学者主张以“刑法正文”作为区分扩张解释与类推的标准，认为在刑法正文范围内揭示需要解释事项的体系化文义的是解释；反之则是类推。与“字面含义”“真实含义”“通常含义”等概念不同的是，“刑法正文”是一个结构性概念，表现为从“点”到“面”再到法律体系之整“体”，它着眼于某一个具体的刑法分则条文，并关注与这一分则条文具有密切联系的若干个分则条文，进而在刑法分则、整部刑法乃至于整个法律体系范围内，发现待解释事项的“体系化的文义”。[②] 我们认为，这种区分当然解释、扩张解释和类推解释的方法，具有相当的合理性，对于我们准确运用和合理把握刑法解释方法，具有积极意义。此外，还有学者认为，刑法解释方法之间存在一定的位阶关系，应遵循“文理解释—体系解释—目的论解释”的适用序列。当目的论解释与文理解释发生冲突时，应优先适用文理解释的结论。[③]

(4)刑法解释的限度问题。有学者认为，与国民的预测可能性理论、法文语义理论相比，犯罪定型才是刑法解释的应有限度。这符合刑法规范整体性、系统性的特征，能够更好地处理犯罪定型与法文语义理论、预测可能性理论之间的关系。[④] 还有学者从实用主义的角度，认为在刑法解释中，客观解释、实质解释、目的解释、实质推理及司法能动主义等各种法律方法无不充斥着实用主义精神。实用主义刑法解释观催生出法律规则与生活经验的统一、法条主义与实用主义的统一以及系统性后果与个案性后果的统一，但也因缺乏约束而容易滋生犬儒主义。对于实用主义刑法解释，应从事前预防与事后救济两个层面进行完善，以保障解释结果的合法、合情、合理。[⑤]

2. 犯罪论的研究层面

(1)客观归责理论

客观归责理论是德国刑法学在因果关系理论基础上发展起来的学说，旨在解决客观上的可归责性问题。客观归责理论源头可追溯至黑格尔，其唯心论的

---

① 参见冯军：《论刑法解释的边界和路径——以扩张解释与类推适用的区分为中心》，载《法学家》2012 年第 1 期。

② 参见曲新久：《区分扩张解释与类推适用的路径新探》，载《法学家》2012 年第 1 期。

③ 参见程红：《论刑法解释方法的位阶》，载《法学》2011 年第 1 期。

④ 参见龚振军：《刑法解释限度理论之关系论纲》，载《法制与社会发展》2011 年第 4 期。

⑤ 参见赵运锋：《实用主义哲学对中国刑法解释的影响及反思》，载《哈尔滨工业大学学报》(社会科学版)2013 年第 2 期。

法哲学是客观归责理论的鼻祖。[①] 客观归责理论的真正诞生时间是1970年,罗克辛(Roxin)为客观归责理论的创立和发展作出了巨大贡献。他所持的客观归责理论是纯粹的客观归责理论,而不是霍尼格的客观兼个人的归责理论。罗克辛的基本主张是:①刑法法理的任务在于对侵害法益的结果予以归责,而这种结果归责,视行为人是否违反规范的要求所定。基于此,行为人的行为如果符合构成要件上的义务要求,客观上必然不可能是要造成构成要件结果的行为。②客观归责理论中的客观归责要素——客观目的性,只是表面看起来与行为人的能力有关,亦即所谓行为人的预见可能性在客观归责上的决定作用只是一个假象,它不是决定于人类意志的支配可能性,而是决定于行为人的行为是否制造了足以引起构成要件上法益侵害结果的法律上的重要风险。③以风险原则判断客观的目的性,则可以为结果犯创造一个共通的归责原理,而不受因果律的影响。[②] 罗克辛的客观归责原则包含三个判断标准,即制造不被容许的风险、实现不被容许的风险以及构成要件的效力范围。

在刑法因果关系的理论研究中,德、日刑法学中的客观归责理论被引入我国并成为当前理论研究的热点。在客观归责理论的方法论意义上,有学者认为,客观归责与相当因果关系是在同一层次即从法律的因果关系问题,两者具有同一性。当然,客观归责论是从动态,即从可归责性的角度来考察因果关系的,这是其较之相当因果关系的创新之处。更为重要的是,客观归责理论以禁止的危险为归责基础,并由此展开其观点,使相当性的判断具有实体依据,从这个意义上说,客观归责理论在一定程度上超越了社会经验法则这一过于抽象的标准,结合构成要件加以判断,从而使相当性的判断在构成要件层面得以实现。[③] 也有学者指出,客观归责所要讨论的是作为结果犯的既遂要件,毕竟和事实上、科学意义上的原因探讨不同,结果能否看作行为人的作品,归属是否妥当,是结果犯的成立要件之一,很多时候,必须进行事实之外的规范程度较高的判断,即客观归责是根据法的、规范的观点,判断法律上客观的责任有无或范围,这样的要求,仅仅将相当性判断作为唯一规则的相当因果关系理论是难以

---

① 参见许玉秀:《当代刑法思潮》,中国民主法制出版社2005年版,第383页。

② 参见许玉秀:《当代刑法思潮》,中国民主法制出版社2005年版,第390页。

③ 参见赵秉志主编:《刑法教学参考书》,中国人民大学出版社2006年版,第71页。

做到的。[①]

客观归责理论的中国图景,大致可以分为三种观点:第一种观点认为,中国刑法学不应引入客观归责理论,而应当引入日本的相当因果关系说。理由是客观归责理论自身存在很多值得质疑之处,该理论实际上是因果关系理论而非构成要件理论,它超越了对归责问题的探讨,成为与可罚性概念相当的犯罪成立理论。它在客观归责的同时也一直在进行主观归责,它以模糊三阶层犯罪论体系为代价进行归责判断,从而极大地削弱了三阶层犯罪论体系所具有的人权保障机能。解读我国因果关系的问题,不必引入客观归责理论,借鉴相当因果关系说即可。第二种观点认为,我国应当采用客观归责。理由在于,因果关系是一个事实判断,客观归责是一种价值判断。对犯罪构成的客观要素进行实质审查,从而使犯罪构成更加合理化。客观归责理论在方法论上的优势也非常明显,如用多重规则确保检验时没有遗漏,建立正面判断和反向检验交互进行的检验标准,展示一般预防的刑罚效果,凸显评价的层次性、充分性,确保刑法判断的客观化。第三种观点认为,可以借鉴客观归责理论中的部分内容,但不能将德国的客观归责理论全部照搬到中国。客观归责理论可以克服单纯采用条件说所形成的缺陷,能够从存在论到规范论进行类型化判断,但也有不能令人满意之处。例如,将所有限缩客观构成要件的问题都当作结果归责来处理,不利于分别讨论构成要件要素。在中国,应当强调构成要件符合性概念及各个要素的重要性,并应保留实行行为的概念,故不应照搬德国的客观归责理论。但是,在构成要件部分维持实行行为、行为对象、结果、因果关系的基本构架下,应当充分借鉴客观归责理论的具体内容。[②]

(2)共同犯罪

共同犯罪理论是我国刑法学研究的重要内容,具有丰富的理论意涵。理论界关于共同犯罪的研究,主要体现在以下几个方面。

一是关于共犯本质论的研究。共犯本质论是大陆法系刑法学界普遍探讨的具有基础性的课题,长久以来在此问题上存在部分犯罪共同说与行为共同说的争论,在目前学界,部分犯罪共同说获得了包括我国学者在内的多数学者的

---

① 参见周光权:《客观归责论的中国实践》,载梁根林、[德]希尔根多夫主编:《刑法体系与客观归责:中德刑法学者的对话(二)》,北京大学出版社2015年版,第91页。

② 参见张明楷:《中国刑法学的现状与未来》,载《清华法律评论》2015年第2期。

支持。但是,部分犯罪共同说在逻辑论证过程中带有明显的“团体责任”的痕迹,与此相反,行为共同说则彻底坚持了个人责任原则。如果在共犯论中提倡行为共同说的话,那么,对部分行为、全部责任原则必须进行全新的诠释。①

二是关于共犯属性的研究。国内外刑法学界长期存在“共犯独立性说”、“共犯从属性说”和“教唆犯二重性说”之间的聚讼。但是,由于错误地理解了行为的概念进而错误地诠释共犯的属性,现有的共同犯罪理论存在巨大的理论和现实困境。实际上,共犯并非只具有现有共同犯罪理论所坚持的“从属性”,而应当是“独立性”和“从属性”两重属性的有机统一。在这两重属性中,共犯以“独立性为主、从属性为辅”。②

三是共犯的判断研究。有学者认为,只有能够和必须“共同”的部分,才可以成为共犯判断的对象。我国传统的刑法学理论没有区分犯罪构成中可以“共同”的部分和只需“个别”的部分,即没有区分不法与罪责,因而在共犯论领域陷入了一系列难题之中。实际上,共犯判断仅与不法有关,所有的罪责要素(责任能力、期待可能性与违法性认识可能性)均对共犯成立与否没有影响。但故意不是罪责要素,所以正犯与共犯的判断并非与故意毫无关系。③

四是过失共同犯罪的问题。在刑法解释论中,共同过失犯罪是指多个不负有共同注意义务的人分别实施了违反各自注意义务的行为,共同导致危害结果发生的犯罪形态。共同过失犯罪须由两个以上不承担共同注意义务的合格主体实施了过失行为,且多个过失行为共同造成了危害结果。对共同过失犯罪人的处罚,应坚持作为分成原则和监督对等原则,才符合我国“有罪必罚、罚当其罪”的刑事法治原则。④ 也有学者认为“过失共同正犯”与“共同过失正犯”在概念上并无区别之必要,应当肯定过失共同正犯的成立。在我国现有立法规定下,应主张立法论的肯定论而非解释论上的肯定论,但仅仅是因为过失共同正犯理应属于共同犯罪的范畴,而不是为了应对司法实践中的疑难案件之需,因为我国现行《刑法》第25条在处理案件上并无障碍。⑤

---

① 参见阎二鹏:《共犯本质论:基于“个人责任”的反思性检讨》,载赵秉志主编:《刑法论丛》(2009年第3卷·总第19卷),法律出版社2009年版,第206~232页。

② 参见陈世伟:《共犯属性论》,载《西南政法大学学报》2009年第1期。

③ 参见何庆仁:《共犯判断的阶层属性》,载《中国刑事法杂志》2012年第7期。

④ 参见郑飞、仓军玲:《共同过失犯罪浅析》,载《当代法学》2009年第1期。

⑤ 参见郑延谱、邹兵:《试论过失共同正犯——立法论而非解释论之肯定》,载《中国刑事法杂志》2009年第7期。

五是关于共犯与正犯的区分问题。各国刑法关于共犯体系的立法存在“单一制”与“区分制”两大类型。有学者认为，在德、日刑法中，正犯与共犯的区分具有同时解决参与人的定罪和量刑的双重功能。中国刑法中的共犯体系在解释论上可归结为区分制。在单层区分制下，重视参与人在不法事实实现过程中的实质支配力或作用大小的犯罪事实支配理论、重要作用说有其论理上的妥当性。中国刑法对参与人同时采用了分工和作用两种并存不悖、功能各异的分类标准。分工分类标准下的正犯与共犯旨在解决参与人的定性及其间的关系问题，而不直接决定和评价参与人的刑罚轻重，承载量刑功能的是作用分类标准下的主犯和从犯。在这种双层区分制立法模式下，正犯与共犯的界分宜采以构成要件为核心的实行行为说。①

六是关于共犯脱离的研究。有学者认为，因果关系遮断说无法解决行为人产生的影响虽在事实上存在但承认脱离更合适的案件处理问题，以及判断因果关系是否遮断存在规范的性质。对此，应以规范的因果关系遮断说作为共犯脱离的判断基准，即以表达了脱离的意思并为其他共犯者所了解作为主观基准条件，以停止了自己的犯罪行为且解除了共犯关系作为客观基准条件，以规范地考察是否遮断了物理与心理因果关系作为效果基准条件。② 该问题的核心是因果关系的判断标准问题，即因果关系的切断是要求事实切断还是法律切断，如果选择后者，则无疑需要立法加以明确。

七是关于共犯转化的研究。有学者认为，共犯转化是部分或者全部共犯人在构成基础犯罪之后，又故意实施了促成法定转化要素实现的行为，并导致法定转化要素得以实现，进而按照刑法规定以转化之后的罪定罪量刑的情形。共犯转化具有罪质表现异质性、处罚程度趋重性、转化要素法定性的特征。成立共犯转化需同时满足构成基础犯罪、基础犯罪之共犯、对共犯转化持故意态度、实现转化要素及以刑法明文规定为限的条件。③

八是关于中立帮助行为的研究。1997 年至今，我国逐步确立了片面共犯、帮助犯正犯化、事后帮助行为入罪化、帮助违法行为入罪化等立法模式，通过对资助行为、帮助介绍行为、帮助容留行为、一般协作行为等帮助行为类型的入罪

---

① 参见钱叶六：《双层区分制下正犯与共犯的区分》，载《法学研究》2012 年第 1 期。

② 参见刘艳红：《共犯脱离判断基准：规范的因果关系遮断说》，载《中外法学》2013 年第 4 期。

③ 参见张永强：《共犯转化的法教义学分析》，载《法学》2017 年第 6 期。

化,实现了罪名体系的严密化,解决了共犯体系无法涵盖的定罪难题,也为共犯理论的完善提供了立法支撑。[①] 对于中立的帮助行为,有学者认为它具有“日常”的属性,如果将其全部纳入帮助犯的范畴势必造成社会秩序的瘫痪。在对中立的帮助行为的可罚范围进行界定之时,原则上不应考虑主观方面,帮助者只需达到对犯罪意图有所认识即可,并不需要对认识的程度进行划分;应当从客观方面入手,通过对帮助行为与正犯行为之间的物理、心理因果关系的限定,限制中立帮助行为的可罚范围。[②]

九是关于共同犯罪具体问题的研究。比如,关于教唆自杀问题。我国刑法没有明文规定对教唆他人自杀的行为的处理,理论通说一般以故意杀人罪论处。对此,有学者认为,这种处理方法会导致限制正犯概念、共犯的处罚根据以及从属性程度等基本理论产生动摇。就规范的角度而言,应该在维护构成要件定型性的同时,维护共犯的基本理论,如果教唆具有规范理解能力人自杀,对教唆者就不能论处刑罚;如果教唆不具有规范理解能力的人实施自杀行为,可以构成故意杀人的间接正犯;如果教唆缺乏“冷静思考”但具有规范理解能力的人自杀,行为人构成故意杀人罪的直接正犯。[③] 再如,关于网络共同犯罪问题。有学者认为,在互联网共同犯罪中存在意思联络难以认定的情况。我国采取的是“整体认定犯罪、个别分配责任”的独立模式,意思联络是不可放弃的立法立场,对秘密支持行为可以处以他人预备犯的刑罚。互联网时代的意思联络具有特殊性,可以利用“针对共同性的未必故意”和“通过符号语言的意思联络”实现意思联络的缓和,并通过入罪门槛的个别考察限制处罚范围。[④] 也有学者基于网络共同犯罪探讨了共犯正犯化问题,认为面对网络共同犯罪中帮助行为的危害性超越和独立性的突破,传统共犯理论略显手足无措。形式共犯论可以解决其中部分问题,但实质共犯论下的共犯独立性思路更为有效。[⑤] 还有学者认为,网络犯罪的帮助行为较传统犯罪的帮助行为出现了异化,依据传统共犯理论难以实现对网络帮助行为严重社会危害性及其较高独立性的充分评价,司法解释

---

① 参见于冲:《帮助行为正犯化的类型研究与入罪化思路》,载《政法论坛》2016年第4期。

② 参见孙万怀、郑梦凌:《中立的帮助行为》,载《法学》2016年第1期。

③ 参见姚万勤:《论教唆自杀可罚性对共犯理论的动摇》,载《中国刑事法杂志》2012年第4期。

④ 参见吕翰岳:《互联网共同犯罪中的意思联络》,载《法学评论》2017年第2期。

⑤ 参见于志刚:《共犯行为正犯化的立法探索与理论梳理——以“帮助信息网络犯罪活动罪”立法定位为角度的分析》,载《法律科学》2017年第3期。

层面与立法层面均创制了网络帮助行为正犯化的归责模式。帮助行为正犯化与犯罪参与理论密切相关,实质客观说为帮助行为正犯化的创制提供了契机,但实质客观说与我国双层区分制冲突,对我国共犯立法双层区分制的准确理解与坚守,可以避免一些不必要的帮助行为正犯化的立法。①

(3)社会危害性理论

新中国成立70周年以来,社会危害性理论经历了由我国刑法学理论的核心概念到国内规范刑法学主张的彻底否定的转变。

实际上,这样的转变很可能与对犯罪危害性的不求甚解有关。通过犯罪危害性的属性,我们将对犯罪危害性进行了深入的了解。犯罪危害性的属性包括客观性与主观性、全定性与质定性、特定性与非特定性、伦理性与政治性。分别提出并考察犯罪危害性的前述特性及其对立统一将有各自的实践意义,而从这些意义中,我们对犯罪危害性的刑法学地位将会给出一个中肯、公正和务实的说法。②

社会危害性理论是我国刑法学理论的核心概念之一,它与刑事违法性的冲突是客观的,也是其受到广泛诟病的根源之一。社会危害性与刑事违法性之间的冲突,有深刻的价值观上的根源和立法、司法中的具体表现。随着社会危害性体系性地位的转变,应当在立法上坚持社会危害性,在司法上坚持刑事违法性,同时发挥社会危害性的出罪功能。社会危害性理论的功能转变为出罪式:作为实质违法性的判断标准和阶段,它的有无决定了行为是否具有违法性;它的大小,决定行为是违法还是犯罪。③ 社会危害性理论在刑事立法、刑事司法和刑法解释上都具有积极的作用。就刑事立法而言,社会危害性理论可以合理划定犯罪圈,进行犯罪分类,合理地配置法定刑。就刑事司法而言,社会危害性理论具有出罪功能、不诉功能。同时,社会危害性理论有利于在刑法中贯彻实质主义的法律解释观,突显了刑法实质正义的价值诉求,能更好地保护人权。④

---

① 参见刘仁文、杨学文:《帮助行为正犯化的网络语境——兼及对犯罪参与理论的省思》,载《法律科学》2017年第3期。

② 参见马荣春、周建达:《犯罪危害性刑法学地位的新视角:犯罪危害性的属性》,载赵秉志主编:《刑法论丛》(2009年第1卷·总第17卷),法律出版社2009年版,第1~22页。

③ 参见张阳:《社会危害性与刑事违法性的理论冲突及其解决》,载《中国刑事法杂志》2009年第5期。

④ 参见詹红星:《社会危害性理论功能论》,载赵秉志主编:《刑法论丛》(2009年第1卷·总第17卷),法律出版社2009年版,第25~59页。

社会危害性概念的刑法学地位关系到中国刑法学是否以纯粹的规范性作为自己将来发展的品性取向。社会危害性的刑法学地位可以联系社会危害性概念的刑法学体系作用、出罪功能、与刑事违法性和罪刑法定原则的关系及刑事科学一体化予以考察。经过一番考察,社会危害性概念的刑法学地位应被定位在刑法学的基础范畴。①

3. 刑罚论的研究层面

(1)刑罚目的

刑罚目的是刑罚立法、刑罚适用和刑罚执行的目的,它对刑罚的立法、适用和执行具有重要的指导作用。新中国成立70年来,刑罚目的的研究也在不断向前延伸,产生了诸多新的理论研究成果,有以下两个方面值得关注。

一是刑罚人权保障论。有学者认为,刑罚的目的在于保障全体公民的基本人权。刑罚的目的借助刑罚的三个基本要素——刑的对象、刑种与刑量得以展现。报应刑论无法确定刑种与刑量,目的刑论难以确定刑的对象与刑种,新的功利刑论暗含了刑法的不得已原则和罪刑相适应原则,不仅明确了刑的对象,也把握了刑罚适用的标尺,能同时满足刑罚的三个要素,并充分发挥保障人权的效用。② 也有学者认为,传统刑罚理论认为刑罚目的在于报应或预防,但刑罚是人类理性的产物,是人基于人性设置的规则,因此从本质上来看,刑罚目的应当是保障基本人权,以适应人性的基本要求。刑罚目的的实现既需要刑罚设置适度,在刑罚适用与执行中注重人的主体性地位,也需要提升法官的职业素养,保障其在实施裁判行为时尊重人的尊严与价值,还需要引导公众逐步更新刑罚价值理念,培育人们对刑罚改革理性认同的社会基础。③ 还有学者认为,我国刑罚目的应当以功利制约报应,即在报应与功利之间,功利是基础和根本,报应应当受到功利的制约。我国刑罚观念中的重刑主义色彩极其浓重,其实质是报应主义的底蕴过于深厚,需要在功利主义刑罚观的制约下朝轻缓方向引导。④

二是积极的一般预防论。有学者认为,黑格尔的刑罚理论与雅科布斯的积

---

① 参见马荣春、周建达:《为社会危害性概念的刑法学地位辨正——兼与陈兴良教授商榷》,载赵秉志主编:《刑法论丛》(2009年第3卷·总第19卷),法律出版社2009年版,第178~204页。

② 参见张荆、谢海燕:《刑罚目的的应然选择:新功利刑论》,载《重庆大学学报》(社会科学版)2014年第5期。

③ 参见陈异慧:《刑罚目的的人性反思》,载《法学杂志》2014年第6期。

④ 参见高铭暄、曾粤兴:《刑罚体现社会伦理的基本途径——刑罚制度的完善》,载陈泽宪、贾宇、曲新久主编:《刑法理论与实务热点聚焦》,中国人民公安大学出版社2010年版,第303~313页。

极一般预防理论之间有着高度的相似性,黑格尔的犯罪观契合了积极一般预防理论的实质。在刑罚理论发展史上,正是刑法学领域内的“黑格尔复兴”助产了积极一般预防理论。传统的观点一直认为黑格尔是报应刑论的典型代表,其报应理论来自康德的反射性报应理论,这种绝对主义的立场能够避免将个人当成实现社会目的的工具。为了兼顾预防的必要性,黑格尔放弃了康德的等量报应观念,提出了“等价报应理论”,即允许作为犯罪影像的刑罚在犯罪的基础上发生一定的“变形”。但等价报应理论并不能缓解刑罚目的与人格尊严之间的紧张关系,解决问题的出路在于区分刑罚理论与量刑理论:将前者作为宏观的问题,以积极一般预防理论为内核;将后者作为微观的运作程序,以同等对待原则为指导。[①] 随着矫治与改善理论的无效性被普遍地接受,刑罚再次陷入了正当化的危机之中。一种能够使刑罚走出正当化危机的理论,必须根据自身的理论属性,一方面通过经验有效性与(或)规范妥当性的检验,另一方面对刑罚的内容与形态、刑罚所涉及的主体以及刑罚的存在范围作全面的合理阐释。传统的特殊预防理论、威慑的一般预防理论、报应理论以及综合理论都无法达到前述标准。积极的一般预防理论以“民众对规范有效性的认同”缓和了刑罚经验有效性的逼问,以宏观上的回应民众期待与微观上的“合比例原则”兼顾了民众与罪犯的利益,并能对经验研究的结论持开放的态度。结合部分经验性结论和相关原则,这种理论能解除刑罚的正当化危机。[②]

但是,也有学者对积极的一般预防理论持质疑的态度,积极一般预防论主张通过刑罚向公众提示行为规范,以引导国民行动、培养公民的法忠诚意识,进而实现犯罪预防,但它本身不是一个独立的刑罚目的论。在逻辑上,积极一般预防论以刑罚目的统领犯罪论,意图实现犯罪论体系的目的理性改造,由此形成了功能责任论和行为无价值论。但前者过分关注个人责任之外的社会预防因素,导致责任概念失去了限制功能;后者则在不能犯等场合导致不法判断主观化,沦为行为无价值一元论。因此,不宜提倡以“目的证明手段”为信条的积极一般预防理论。[③]

① 参见陈金林:《从等价报应到积极的一般预防——黑格尔刑罚理论的新解读及其启示》,载《清华法学》2014 年第 5 期。

② 参见陈金林:《刑罚的正当化危机与积极的一般预防》,载《法学评论》2014 年第 4 期。

③ 参见冀洋:《逻辑与经验:刑法积极一般预防理论质疑》,载《现代法学》2016 年第 2 期。

(2)死刑改革

死刑改革一直是我国刑法理论研究关注的热点。学者不仅研究死刑的热情高涨,也产出了相当的理论研究成果,一直指引死刑废止的刑法立法。新中国成立70年来,死刑改革的刑法学研究,主要集中在以下几个层面。

一是死刑废止的路径。在如今的中国,可以说,报应观念依然根深蒂固,重刑主义还浸透在司法文化之中,我们当然不能以此作为替死刑辩护的理由,但是,这种来自文化内部的抗阻,使废除死刑的道路依然充满艰难。中国选择保留死刑在目前看来有着无可指摘的理由。[①] 因而,在死刑改革的路径上,渐进式的改革是最具有现实性和指导性的观点。学者们也都普遍赞同采取渐进的方式推动死刑的废止,包括应当先考虑废除备而不用和偶尔适用的死刑罪名,减少废除死刑对社会带来的震荡;然后在司法逐渐减少死刑适用的基础上,开始废除经常适用的死刑罪名。但在具体的路径上,学者的主张则略有不同。例如,有学者主张我国应以非暴力犯罪为重点,成批量废止死刑罪名,并逐步废止非致命性暴力犯罪的死刑。[②] 也有学者认为,在通过刑法修正案的方式逐渐废除死刑罪名的时候,应当具有前瞻性,不是每次都是单独地提出拟废除的死刑罪名,而是列出一张逐步废除死刑的罪名清单,并排出废除死刑的批次,供社会讨论。[③] 还有学者认为,我国进一步削减死刑适用,可以遵循死刑的直接废止和将相关死刑罪名中的死刑剥离并移转至其他死刑罪名之下两条路径。[④]

二是死刑的限制适用。有学者提出,重视酌定量刑情节限制死刑的适用,是切实减少和严格控制死刑的重要路径,也是妥当裁量死刑的题中之义。酌定量刑情节是法律未作出明确规定而由裁判者根据刑事法律政策在司法实践中总结且在裁判中酌情予以灵活适用的量刑情节。在现阶段全面废止死刑不太现实的情况下,要在刑事诉讼各个环节贯彻"宽严相济"的刑事政策,酌定量刑情节成为最为便捷的切入点和突破口。在发挥酌定量刑情节在死刑限制中的积极作用的同时,如何消解其与刑法文本及社会认同之间的紧张关系,避免量

---

① 参见周少华:《作为"中国问题"的死刑》,载《华东政法大学学报》2009年第2期。

② 参见赵秉志:《中国死刑立法改革新思考——以〈刑法修正案(九)(草案)〉为主要视角》,载《吉林大学社会科学学报》2015年第1期。

③ 参见陈兴良:《减少死刑的立法路线图》,载《政治与法律》2015年第7期。

④ 参见卢建平、姜瀛:《论制售伪劣商品犯罪的死刑剥离——进一步削减死刑适用罪名的可行方案》,载《政治与法律》2015年第1期。

刑的随意性,成为立法、司法环节均应思考和妥善解决的问题。[①] 酌定量刑情节限制死刑适用在我国具有较为广阔的立法、司法和政策空间。要把这种可能空间变为现实而有力的死刑司法控制阵地,需要高度重视典型酌定量刑情节对死刑的限制适用,妥当处理酌定量刑情节竞合时死刑的限制适用,尽快出台典型死罪的死刑适用指导意见和积极推行死刑案例指导制度。[②] 其中,在认罪态度情节限制死刑适用上,应重点从三个方面入手:认罪态度较好的,可酌情从轻处罚,不判处死刑或者死刑立即执行;认罪态度一般的,也可考虑不判处死刑立即执行,特别是可以与其他从宽处罚情节一起共同发挥抑制适用死刑立即执行的作用;一般的认罪态度不好,不应作为适用死刑的积极情节。[③]

三是死刑替代措施。有学者认为,以死缓制度作为死刑替代性措施,是我国现行刑罚体系下的必然选择。死缓制度的一定内在张力而呈现的死刑性和非死刑性两种品格特征,使其本身就是死刑立即执行和无期徒刑及较长时间的有期徒刑之间的选择性过渡制度。死缓制度能够通过在我国司法裁判过程中的价值判断和规范建构路径悄然实现对死刑(立即执行)的实际替代。[④] 还有学者认为,我国应以无期徒刑作为死刑的立法替代措施,适时建立死刑赦免制度,公开死刑执行的数字,并于适当时机废止贪污罪受贿罪的死刑。[⑤]

四是死刑适用的标准。死刑适用的标准,学者们主要探讨了"罪行极其严重"的适用问题。有学者认为,对"罪行极其严重"应从行为刑法入手来界定,"罪行"的内容包括行为的主客观侧面,但不应包含人身危险性的内容;对"不是必须立即执行"的理解则采取行为人刑法的视角,着眼于行为人的人身危险性。适用死刑时有必要采取"普通死缓、死缓限制减刑、死刑立即执行"的思考顺序。[⑥] 也有学者认为,应当用联合国公约中的"最严重罪行"规定去改进"罪行

---

① 参见莫洪宪、张昱:《酌定量刑情节在死刑案件中的适用及其完善》,载《刑法论丛》(2014年第2卷·总第38卷),法律出版社2014年版,第201页。

② 参见彭新林:《酌定量刑情节限制死刑适用:价值、空间与路径》,载《法学》2014年第9期。

③ 参见彭新林:《论认罪态度与死刑的限制适用》,载《学术交流》2014年第2期。

④ 参见张心向:《在悄无声息中进行的死刑变革——作为我国死刑替代性措施的死缓制度考量》,载赵秉志主编:《刑法论丛》(2009年第1卷·总第17卷),法律出版社2009年版,第175~199页。

⑤ 参见赵秉志:《当代中国死刑改革争议问题论要》,载《法律科学》(西北政法大学学报)2014年第1期。

⑥ 参见劳东燕:《死刑适用标准的体系化构造》,载《法学研究》2015年第1期。

极其严重”的表述,将死刑适用的范围限定在“最严重罪行”的范围。[①] 根据事理逻辑,应当理解为“罪大不恶极”判处死刑缓期执行,“罪大又恶极”方可适用死刑立即执行。[②] 还有学者主张将“最严重的罪行”纳入死刑适用标准作为对死刑适用的进一步限制。该学者认为,“最严重的罪行”标准与“罪行极其严重”标准各有侧重,前者是立法筛选,后者是司法限制,两者可以相互结合,即用“最严重的罪行”标准将死刑限制于危害性质极其严重的罪种,在此基础上再用“罪行极其严重”标准限制犯罪的情节。具体而言,应首先用“最严重的罪行”标准对死刑适用的犯罪种类进行立法上的限制,即配置死刑的罪种必须属于最严重的犯罪类型;进而再用“罪行极其严重”标准对死刑的司法适用进行限制,即司法中适用死刑的必须是配置死刑之罪中主客观情节均极为严重之情形。对任何犯罪人,如果其实施犯罪之情节极其严重但不属于性质最为严重的犯罪,对其所犯罪行在立法上不能配置死刑,在司法上也不能适用死刑;如果实施的犯罪属于配置死刑的最严重的罪种,但其罪行即主客观情节不属于极其严重,对其也不能适用死刑。[③]

五是死刑民意问题。有学者认为,我国废除死刑不仅依赖于司法大幅度减少死刑适用和立法者、政治家的及时抉择,而且也应该获得民众对废除死刑的广泛认同。死刑废除的抉择不应绕开也绕不开民意的支持。民意是可以引导的。学者可以充分利用死刑存废之争的契机,积极与民意对话,引导民意,推动民意的提升和转化。司法应积极回应个案处理中反对适用死刑的民意。政治家在废除死刑决策中应承担超越民意的责任。[④] 还有学者认为,民众只是法律秩序代价的承担者,废除死刑的根本阻力在于权力内在的冲动。民众的认同不能成为死刑存在的理由,相反民众是法律的学习者和接受者。问题的核心不是改变公众的认同,而是规范的设置改变逐步使认同的内容细化。与其寄希望于教育的提升,不如致力于规范的发达。[⑤] 也有学者认为,由政治领袖推动的“突然死亡”式死刑废除模式在我国不具有可行性,而依靠精英话语引导民众支持

① 参见黄晓亮:《走出理论迷思与实践困局:被误读的“罪行极其严重”》,载《法学评论》2015 年第 5 期。

② 参见储槐植:《死刑改革:立法和司法两路并进》,载《中外法学》2015 年第 3 期。

③ 参见赵秉志:《死刑适用标准的立法改革之建言》,载《法制日报》2014 年 12 月 17 日,第 11 版。

④ 参见孙国祥:《死刑废除与民意关系之审视》,载《华东政法大学学报》2009 年第 2 期。

⑤ 参见孙万怀:《民众心态与死刑存由分析——以鲁迅思想为蓝本进行的考察》,载《法学评论》2015 年第 4 期。

死刑废除的思路则面临“精英观念缺位”的尴尬。以个罪死刑的民意支持度为依据，逐步废除罪刑失衡的个罪的死刑，是我国死刑改革的必由之路。在这一过程中，要特别防止“错位民意”对立法与司法的不当影响。[①]

六是死缓制度的改革。关于死缓制度的改革与完善，有学者认为，作为中国特色的刑事执行制度，死缓因不当设置而导致刑法的诸多缺陷。将死刑缓期执行及死刑立即执行的规定从刑法中去除，加快刑事执行立法规范化、系统化，将死刑执行的基本原则、程序与方法在执行立法规范中予以明确，同时启用刑法中的特赦制度，对可予宽大处理的被判处死刑人员予以宽免应当是正确适用死刑的妥当路径。[②] 也有学者认为，现行刑法关于死缓之“应当判处死刑”前提条件的立法表述意义不大，导致死缓的不正确适用，因而建议将其删除。而“不是必须立即执行”的实质性条件，尽管具有一定的合理性，但同时也有明显的不周延性。为了充分发挥死缓的刑事政策意义，最大限度地减少死刑立即执行的适用，死缓适用的条件应当尽可能放宽。[③] 还有学者认为，死缓制度在法理逻辑等方面的制度缺陷却日益突显，如适用死缓的前提条件不明确，死缓的性质不明确，死缓执行期间的规定存在严重缺陷，缺乏原有的预防犯罪功能，死缓司法程序中已成为死刑与无期徒刑、有期徒刑之间的过渡产物，我国应在必要时废除死缓制度。[④]

(3)刑罚结构问题

新中国成立70年来，刑罚结构的问题始终是刑法学者们关注的焦点。尤其是伴随刑法修正案对刑罚结构的调整，有关刑罚结构的问题更是广受热议。

一是刑罚配置结构问题。有学者认为，我国刑罚配置结构不合理是制约刑罚功能有效发挥并导致刑罚过量投入的重要原因。我国应在死刑方面取消明显不必要的死刑配置；在自由刑方面调整无期徒刑、有期徒刑、管制刑的配置，并废除拘役刑；在财产刑方面调整罚金刑的配置，并废除没收财产刑；在资格刑

---

① 参见赵军：《死刑存废的民意维度——以组织卖淫罪可罚性观念的测量为中心》，载《法学研究》2015年第2期。

② 参见赵路：《死刑改革进向的几步路径——以死缓与死刑立即执行及特设为切入》，载陈泽宪、贾宇、曲新久主编：《刑法理论与实务热点聚焦》，中国人民公安大学出版社2010年版，第828页。

③ 参见马松建：《试论死缓适用条件的立法完善》，载陈泽宪、贾宇、曲新久主编：《刑法理论与实务热点聚焦》，中国人民公安大学出版社2010年版，第866页。

④ 参见陈洁、肖俊鹏：《我国死缓制度的现实尴尬——关于死缓制度的存废考量》，载陈泽宪、贾宇、曲新久主编：《刑法理论与实务热点聚焦》，中国人民公安大学出版社2010年版，第860页。

方面调整资格刑的配置内容、配置范围和配置方式;在具体犯罪的法定刑方面协调罪种间的法定刑配置。① 还有学者针对罚金刑的问题指出,罚金刑本质上与"宽严相济"刑事政策的精神相契合,能够在贯彻"宽严相济"刑事政策中发挥重要的作用。我国现有罚金刑制度还存在罚金刑地位不高、适用范围狭窄、无限额罚金制的规定较多、罚金刑配置方式单一、罚金刑执行难等诸多问题和缺陷,影响对"宽严相济"刑事政策的贯彻执行,需要我们对其进行相应的一系列的改革完善,以使其在体现和贯彻"宽严相济"刑事政策中的作用得以充分发挥。②

二是刑罚结构的调整问题。关于刑罚结构调整的具体方法,有学者认为,我国刑罚结构改革的重点应当从刑罚种类的多样化和刑罚方法的结构性重组两方面入手。前者要求构建和完善我国的保安处分制度、增加新的资格刑。后者则要求完善管制刑,扩大管制刑的适用范围;完善拘役刑的宣判及执行制度;提升罚金刑在刑罚结构中的地位,并提高其实际适用率。③ 也有学者认为,在死刑废止的视角下,对自由刑体系,应设置不可减刑或假释的终身徒刑、提高有期徒刑上限、设置开放的自由刑。同时,应调整减刑和假释制度、确立和完善社会矫正制度、建立短期自由刑与财产刑易科制度。④ 但也有学者认为不应引进绝对终身刑制度,而应设立两套不同的相对终身刑制度,如在无期徒刑之外增设一种严格的无期徒刑。⑤ 还有学者通过考察刑法修正案对我国刑罚结构的调整所带来的问题,认为"刑法修正案废除部分犯罪的死刑、强化社区矫正等规定奠定了我国调整刑罚结构的基调,而从宽处置未成年人犯罪及老年人犯罪、增加社区矫正对象的禁足义务、有选择地加重生刑则优化了我国刑罚结构,但其所体现的偏爱缓刑而不重视假释的立法倾向、引治安行政处罚措施入刑法以及限制法定量刑情节减轻处罚程度的做法又使我国刑罚体系结构出现了新的不协

---

① 参见王志祥、敦宁:《刑罚配置结构调整论纲》,载《法商研究》2011年第1期。

② 参见高铭暄、孙晓:《宽严相济刑事政策与罚金刑改革》,载《法学论坛》2009年第2期。

③ 参见卢建平、田兴洪:《论我国刑罚结构的缺陷及其完善》,载陈泽宪、贾宇、曲新久主编:《刑法理论与实务热点聚焦》,中国人民公安大学出版社2010年版,第314~324页。

④ 参见郭理蓉:《死刑废止视角下的"生刑"体系重构》,载陈泽宪、贾宇、曲新久主编:《刑法理论与实务热点聚焦》,中国人民公安大学出版社2010年版,第374~379页。

⑤ 参见王志祥、何恒攀:《论我国终身自由刑制度的改革》,载陈泽宪、贾宇、曲新久主编:《刑法理论与实务热点聚焦》,中国人民公安大学出版社2010年版,第388~397页。

调问题”。[①]

三是刑罚及相关措施问题。有学者认为,我国传统的刑法制裁体系具有制裁范围较为狭窄、制裁方法以重刑为主导、制裁程序以繁为主的特征。我国应适时对刑法制裁体系进行完善,实现从政策调控到法律主导的战略转型,确保多种价值目标的有效和统一实现,坚持系统化的改革思路。最终目标是构建“双轨制”与“层次化”的刑法制裁体系。[②] 也有学者认为,针对犯罪圈的调整,我国可以考虑以刑法修正案的形式将一些待解决的原劳动教养事由予以保安处分处理。但基于刑事法治完善的长远考量,需要对我国法律体系中的保安处分措施进行系统整理,在刑法典中专章规定保安处分措施。[③] 在相关的刑罚性措施方面,学者们重点探讨了以从业禁止为代表的预防性措施问题。有学者认为,从业禁止完全符合保安处分的特征,但我国刑法典中并未规定保安处分,这就导致职业禁止的地位非常尴尬,应当将保安处分写入刑法[④],应将保安处分的具体措施及其适用对象、保安处分的适用程序和适用原则以及保安处分的执行制度等在刑法中作出合理、明确的规定。[⑤] 也有学者认为,以从业禁止为代表的预防性措施入刑将对我国刑法造成两方面的结构性冲突:其一,对犯罪基础结构的冲击。预防性措施入刑所导致的“危险性”要素进入犯罪结构,将导致“客观危害”和“主观恶性”的犯罪结构地位下降。其二,对刑罚基本结构的冲击。预防性措施入刑将导致刑事制裁体系的结构性失衡,形成刑罚、非刑罚性措施和禁止令措施并立之格局,同时将导致剥夺政治权利、管制刑被虚置,进而导致我国主刑体系中限制自由刑的结构性缺失。作为一种介于刑罚与非刑罚性措施之间的预防性措施,将其纳入附加刑的范畴并加以完善,更符合当前我国刑法改革的发展方向。[⑥]

---

① 王利荣:《我国刑罚体系结构再协调问题之思考》,载《法商研究》2011年第3期。

② 参见敦宁:《后劳教时代的刑事制裁体系新探》,载《法商研究》2015年第2期。

③ 参见赵秉志、商浩文:《论劳动教养制度的废止与刑法调整》,载《法律科学》2015年第3期。

④ 参见宋九华:《论〈刑法修正案(九)草案〉中的职业禁止》,载李少平、朱孝清、卢建平主编:《法治中国与刑法发展》,中国人民公安大学出版社2015年版,第274~282页。

⑤ 参见冯军、敦宁:《法治推进与保安处分制度的建构》,载李少平、朱孝清、卢建平主编:《法治中国与刑法发展》,中国人民公安大学出版社2015年版,第252~259页。

⑥ 参见袁彬:《刑法功能转型下的预防性措施入刑探讨》,载李少平、朱孝清、卢建平主编:《法治中国与刑法发展》,中国人民公安大学出版社2015年版,第260~273页。

4.重点犯罪领域的研究层面

(1)腐败犯罪

贪污贿赂犯罪的有效治理是人类社会共同面临的世界性难题,也受到了我国刑法理论界和司法实务界的长期关注。

综观对腐败犯罪的刑法学研究,可以发现,关于贪污贿赂罪的理论研究具有一个显著特点,即1997年刑法典颁行之前,学者大多主张对贪污贿赂行为采取"从严惩治"的刑事政策,注重充分发挥刑法在治理贪污贿赂犯罪中的作用。这体现在立法上为许多学者主张应确立从严治吏、重典惩贪的立法思想,适当扩大国家工作人员的范围,扩大贿赂的范围,增设许多新的贪污贿赂犯罪。[①] 但在1997年刑法典颁行之后,学者们对贪污贿赂罪的研讨视角发生了一些变化,即多数学者对严惩贪污贿赂罪的提法逐渐减少,而是更多地强调治理贪污贿赂罪要法网严密但同时也要刑罚适度,主张在对我国的反腐败刑事政策予以调整时应当强化刑法谦抑、宽严相济等反腐败刑事法治理念。在严密法网方面,许多学者主张一方面要根据《联合国反腐败公约》的规定,适时增加与利用影响力相关的受贿行贿罪等;另一方面要放宽受贿罪的入罪门槛,取消"为他人谋取利益"要件。在降低刑度方面,许多学者认为应该取消贪污罪、受贿罪定罪量刑的具体数额标准,改用"数额较大"、"数额巨大"和"数额特别巨大"这种概括规定的方式,同时应考虑限制和适时取消贪污罪、受贿罪的死刑。[②] 这也反映了刑法学界对腐败犯罪的研究趋向于理性。

站在结构性立场上审视关于腐败犯罪的刑法学研究,则具体集中在以下几个方面。

一是反腐败法治的宏观论述。有学者认为,我国反腐败刑事法治建设取得了显著进展:反腐败刑事政策日趋科学,刑事立法日益健全,刑事司法日渐理性。从反腐败的现实需要和国际社会反腐败的趋势来看,我国反腐败刑事法治建设仍存在一定缺陷,需要适时更新反腐败刑事法治理念,适当完善反腐败刑事法网,及时调整腐败犯罪的定罪量刑标准,严格限制直至最终废止腐败犯罪

① 参见高铭暄等:《中国法学会刑法学研究会1989年学术研讨会综述》,载《法学研究动态》1989年第12期;高铭暄等:《中国法学会刑法学研究会1990年学术研讨会综述》,载杨敦先、周其华、姜伟编:《廉政建设与刑法功能》,法律出版社1991年版,第225页。

② 参见赵秉志、商浩文等:《2013年全国刑法学术年会研究综述》,载《刑法评论》(第24卷),法律出版社2014年版,第322页。

的死刑，并合理增设腐败犯罪的资格刑和罚金刑。[①] 也有学者重点探讨了反腐败刑事法治的模式，认为当前我国腐败犯罪立法存在“厉而不严”的问题，应在立法模式上采用“严而不厉”的模式。[②] 我国对贪污贿赂犯罪所采用的二元制罪名体系导致了一系列的问题，需要摒弃主体身份和财产性质的差异，仅以犯罪行为本身作为定罪处罚的依据，实现对同质法益的平等保护，将二元制罪名体系修改为一元制罪名体系。[③]

二是反腐败的刑事政策问题。有学者认为，对贿赂犯罪的刑事政策应全面关注“严厉”与“宽缓”这两个刑事处罚的侧面，寻求严厉与宽缓两者的协调统一。在当前贿赂犯罪形势严峻的情况下适当从严，同时也应保持必要的宽缓，对有从轻、减轻处罚或者免除处罚情节的贿赂犯罪行为人进行妥当的处理。将“严厉”与“宽缓”并存于贿赂犯罪的处置思维范畴之中并根据实际情况进行抉择，才能称为真正具有理性的贿赂犯罪刑事政策。[④] 也有学者认为，基于对我国职务犯罪形势的基本判断，在相当长的时期内对职务犯罪的刑事司法政策应“以严为主，辅之以宽”。[⑤] 还有学者认为，贿赂犯罪刑事政策与罪刑法定存在紧张关系，应通过刑事政策的法治化来解决。[⑥]

三是腐败犯罪的刑法适用问题。关于贿赂犯罪的法益，有学者认为，贿赂犯罪的保护法益不是职务行为的廉洁性，也不是职务行为的不可收买性，而是职务行为的公正性。因此，只有危及职务行为公正性的行为才有可能构成受贿罪。事后受财行为，在事先没有约定的场合，因为不可能危及职务行为的公正性，原则上不构成受贿罪；但是，在有证据证明行为人履行职务行为时具有事后受财的心理期待或者心理联想的场合，因为这种期待或者心理联想会对行为人

---

① 参见赵秉志：《论我国反腐败刑事法治的完善》，载《当代法学》2013 年第 5 期。

② 参见闫雨：《刑事一体化视域下我国腐败犯罪之立法完善》，载陈泽宪、李少平、黄京平主编：《当代中国的社会转型与刑法调整》，中国人民公安大学出版社 2013 年版，第 1600 ~ 1608 页。

③ 参见刘科、樊立兵：《贪污贿赂犯罪二元制罪名体系存在的问题及解决思路》，载陈泽宪、李少平、黄京平主编：《当代中国的社会转型与刑法调整》，中国人民公安大学出版社 2013 年版，第 1682 ~ 1689 页。

④ 参见童伟华、徐海波：《严厉与宽缓之间：我国贿赂犯罪的刑事政策分析》，载李少平、朱孝清、卢建平主编：《法治中国与刑法发展》，中国人民公安大学出版社 2015 年版，第 387 ~ 396 页。

⑤ 参见诸葛旸、陈丽玲、唐晓萍：《关于查办职务犯罪中的刑事司法政策之我见》，载李少平、朱孝清、卢建平主编：《法治中国与刑法发展》，中国人民公安大学出版社 2015 年版，第 483 ~ 494 页。

⑥ 参见童伟华、徐海波：《严厉与宽缓之间：我国贿赂犯罪的刑事政策分析》，载李少平、朱孝清、卢建平主编：《法治中国与刑法发展》，中国人民公安大学出版社 2015 年版，第 387 ~ 396 页。

的履职行为产生影响,因此构成受贿罪。[①] 关于贿赂犯罪的构成要件问题,有学者认为,学说上关于"为他人谋取利益"在被动型受贿罪中的体系地位,形成了客观说与主观说的基本对立。相对于"是客观要件还是主观要件"这种形式化的提问方式,更应追问"为他人谋取利益"对受贿罪的法益侵害与责任非难是否产生影响。在界定党纪政纪与国法的联系与区别、明确受贿罪的法益是国家工作人员职务行为的不可收买性而非廉洁性的前提下,应该认为"为他人谋取利益"是受贿罪中的违法要素。并且,在默契受贿和一部分收受礼金的场合"为他人谋取利益"表现为默示的具体或者概括性承诺,属于主观违法要素;在事后受贿的场合"为他人谋取利益"则是纯粹的客观违法要素。[②] 也有学者认为,为了实现行贿罪的法益保护目的,保证行贿罪构成要件结构的完整性,应当将解释方向由行为人一端转换到国家工作人员一端,将国家工作人员是否违背职务要求作为判断行为人所谋取的利益是否正当的标准。在立法文字上缺失的"违背职务与给予财物之间的对价关系",就在解释论上被建构起来,被补充进行贿罪的构成要件。国家工作人员违背职务要求,包括违反规则与违背原则两种形式。[③] 关于受贿罪的共犯,有学者认为,国家工作人员与关系人共同受贿时,立足实行行为并综合考察受贿故意和职务、取财行为的时间和内容等要素,判断核心角色以确定共犯性质;国家工作人员成立利用影响力受贿罪共犯时,与受贿罪形成观念竞合,应以受贿罪论处以实现罪刑均衡,关系人以利用影响力受贿罪论处。[④] 有学者探讨了对外国公职人员、国际公共组织官员行贿罪中"不正当商业利益"、"外国公职人员、国际公共组织官员"以及"给予外国公职人员或者国际公共组织官员以财物"的司法认定。[⑤] 也有学者从"关系刑法论"的视角对我国刑法中受贿罪的主体完善进行了研究,认为应当以"公务论"作为认定犯罪主体本质特征的指导理论,将"国家工作人员"修改为"公职人员"。[⑥] 还有学

---

① 参见黎宏:《贿赂犯罪的保护法益与事后受财行为的定性》,载《中国法学》2017年第4期。

② 参见付立庆:《受贿罪中"为他人谋取利益"的体系地位:混合违法要素说的提倡》,载《法学家》2017年第3期。

③ 参见车浩:《行贿罪之"谋取不正当利益"的法理内涵》,载《法学研究》2017年第2期。

④ 参见张开骏:《利用影响力受贿罪与受贿罪的共犯问题研究》,载《政治与法律》2010年第9期。

⑤ 参见刘宪权、李振林:《对外国公职人员、国际公共组织官员行贿罪的司法困境及出路》,载陈泽宪、李少平、黄京平主编:《当代中国的社会转型与刑法调整》,中国人民公安大学出版社2013年版,第1439~1447页。

⑥ 参见刘晓山、吴洪江:《"关系刑法论"视域下的受贿罪主体之重构》,载陈泽宪、李少平、黄京平主编:《当代中国的社会转型与刑法调整》,中国人民公安大学出版社2013年版,第1713~1721页。

者针对单位挪用公款行为的社会危害性进行了探讨,认为单位挪用公款行为应当犯罪化,并提出了具体的立法建议。[①] 此外,有学者探讨了性贿赂的入罪化问题,认为一切可以收买国家机关工作人员职务行为的"物品"都应当成为受贿罪的对象,性贿赂也不例外,[②]性贿赂的立法应当采取增设条款的方式,单独设置"性贿赂罪"。[③] 但也学者认为,"性贿赂"在当前的实践中还存在难以认定和操作的问题,不应入罪。[④]

四是腐败犯罪罪名体系的完善问题。这方面的主张包括取消独立的单位贿赂犯罪罪名,改设单位犯罪主体条款;[⑤]为利用影响力受贿罪增设单位犯罪主体;将斡旋受贿独立成罪;[⑥]弥补贿赂犯罪"对向罪名阙如"漏洞,补充非国家工作人员斡旋受贿罪、补充对具有影响力人员行贿罪、补充外国公职人员和国际公共组织官员受贿罪;[⑦]废除介绍贿赂罪,明确介绍贿赂以行贿罪或者受贿罪的共犯论处;将刑法分则第三章中的贿赂犯罪纳入第八章"贪污贿赂罪"之中,完善利用影响力受贿罪和对有影响力的人行贿罪这一对合犯。[⑧]

五是腐败犯罪的刑罚问题。有学者指出,废除腐败犯罪死刑具有理论和现实的正当性,但应当看到短期内废除还存在现实上的障碍,应坚持完善"死刑适用法律标准"与推行"典型案例指导制度"相结合,"死刑缓期执行制度"与建立

---

① 参见汪维才:《单位挪用公款行为的犯罪化之分析及立法建议》,载陈泽宪、李少平、黄京平主编:《当代中国的社会转型与刑法调整》,中国人民公安大学出版社 2013 年版,第 1705 ~ 1713 页。

② 参见马松建、李琪:《受贿罪中贿赂范围新探——由刘志军案引发的思考》,载陈泽宪、李少平、黄京平主编:《当代中国的社会转型与刑法调整》,中国人民公安大学出版社 2013 年版,第 1729 ~ 1737 页。

③ 参见李克勤、朱剑冰:《性贿赂入罪若干问题探析——以重庆北碚区原区委书记雷政富受贿案为例》,载陈泽宪、李少平、黄京平主编:《当代中国的社会转型与刑法调整》,中国人民公安大学出版社 2013 年版,第 1747 ~ 1754 页。

④ 参见高铭暄、张慧:《论贿赂犯罪贿赂"范围"的完善》,载陈泽宪、李少平、黄京平主编:《当代中国的社会转型与刑法调整》,中国人民公安大学出版社 2013 年版,第 1721 ~ 1729 页。

⑤ 参见陆旭:《我国贿赂犯罪罪名体系的省思与重构》,载李少平、朱孝清、卢建平主编:《法治中国与刑法发展》,中国人民公安大学出版社 2015 年版,第 888 ~ 896 页。

⑥ 参见陆旭:《我国贿赂犯罪罪名体系的省思与重构》,载李少平、朱孝清、卢建平主编:《法治中国与刑法发展》,中国人民公安大学出版社 2015 年版,第 888 ~ 896 页。

⑦ 参见陆旭:《我国贿赂犯罪罪名体系的省思与重构》,载李少平、朱孝清、卢建平主编:《法治中国与刑法发展》,中国人民公安大学出版社 2015 年版,第 890 页;刘夏:《利用影响力受贿罪的立法完善建议》,载李少平、朱孝清、卢建平主编:《法治中国与刑法发展》,中国人民公安大学出版社 2015 年版,第 888 ~ 896 页。

⑧ 参见陈志军:《中国贿赂犯罪罪名体系之完善建议》,载李少平、朱孝清、卢建平主编:《法治中国与刑法发展》,中国人民公安大学出版社 2015 年版,第 879 ~ 887 页。

“死刑赦免制度”相结合，提高“生刑实际执行刑期”与调整“刑罚附加刑制度”相结合，加强职务犯罪刑罚结构的调整。[①]

(2)恐怖主义犯罪

近年来，我国的恐怖活动犯罪呈高发态势，并对反恐立法形成了“倒逼式”拷问，有关恐怖犯罪刑法学的研究也成为“显学”，受到了刑法学者们的关注。

一是恐怖犯罪的刑法理念完善问题。有学者认为，为有效应对恐怖主义，我国刑法应当确立“适度犯罪化”理念，并在此基础上明确专门概念和相互关系；为暴恐活动设立专门罪名；注重刑法与《反恐怖主义法》等法律的衔接。[②]也有学者认为，刑法必须维护法律基本价值在反恐领域的有序而合理的组合关系。国家要警惕幽暗而缺乏宽容的刑事政策借反恐之名进一步扩张“敌人刑法”的观念，这是一种危险的思考和解决问题的方法。我国未来反恐国家战略与刑事政策现代化之路，在刑法领域有赖于合理平衡安全价值与公民自由的关系；在社会政策的整体性方面，需要国家妥善处理刑法与其他社会政策的有效合作。[③]

二是恐怖犯罪的刑法制度完善问题。有学者认为，我国反恐刑法表现出了应急性强而机制性弱、碎片化突出而系统性不足、从严从重明显而区别对待欠缺的特征，反恐刑事立法结构体例不系统、概念界定不清晰、规制范围不严密、罪刑设置有遗漏等问题比较突出。在未来的反恐刑事立法中，应当调整刑法结构体例、完善罪刑设置，并通过专节对恐怖活动犯罪进行规定；同时，在“涉恐”财产处置和恐怖组织、人员认定方面，注重反恐刑事立法与行政立法之间的衔接，综合运用行政性查控与司法性查控、行政认定与司法认定等手段。[④] 也有学者认为，我国现行惩治恐怖活动犯罪的刑法制裁体系特点是从严从重惩治恐怖活动犯罪，侧重打击有组织的恐怖活动，注重对恐怖活动犯罪的经济制裁，并且以普通的刑事罪名抗制恐怖活动的实行行为。为完善我国恐怖活动刑法制裁

---

① 参见孙长柱、张云霄：《关于废除我国有关职务犯罪死刑的思考——兼议〈中华人民共和国刑法修正案(八)〉》，载陈泽宪、李少平、黄京平主编：《当代中国的社会转型与刑法调整》，中国人民公安大学出版社 2013 年版，第 1631 ~ 1640 页。

② 参见赵秉志、杜邈：《中国反恐刑法的新进展及其思考——〈刑法修正案(九)〉相关内容评述》，载《山东社会科学》2016 年第 3 期。

③ 参见何荣功：《“预防性”反恐刑事立法思考》，载《中国法学》2016 年第 3 期。

④ 参见梅传强：《我国反恐刑事立法的检讨与完善——兼评〈刑法修正案(九)〉相关涉恐条款》，载《现代法学》2016 年第 1 期。

体系,应进一步完善刑法典中恐怖活动犯罪的罪名体系,增设独立的“恐怖行为罪”,并适时依据有关国际公约增设相关特别恐怖活动罪名;协调刑法与反恐怖法的关系,相互配合,共同打击恐怖活动犯罪。① 还有学者认为,应对恐怖主义犯罪的反恐立法应当妥善处理反恐法与宪法、行政法、刑法、程序法等法律的衔接与协调问题。② 有学者也指出,《刑法修正案(九)》关于恐怖犯罪的规定具有法益保护早期化、处罚范围扩大化与处罚程度严厉化的特点,存在帮助犯的正犯化、预备犯的既遂化与构成要件的交叉化。《刑法修正案(九)》所增加的第120条之一第2款以及被修正的第1款,对帮助犯实行了正犯化;第120条之二第1款,对预备犯实行了既遂化(独立预备罪)。但按独立预备罪论处导致处罚程度轻于从属预备罪时,应按从属预备罪论处。《刑法修正案(九)》关于恐怖犯罪构成要件的规定存在大量交叉现象,但不能将这种交叉关系解释为法条竞合,而应认定为想象竞合,从而发挥想象竞合的明示机能,实现预防恐怖犯罪的目的。③

三是恐怖犯罪的刑法适用问题。针对现行刑法中恐怖犯罪的司法适用问题,有学者通过对我国最近20多年来发生的126起恐怖袭击案件数据的比较分析,发现我国恐怖主义犯罪出现了威胁加剧、组织形态异化、隐蔽性提升、手段翻新和对象转向的新趋势。恐怖主义犯罪的“网络化转型”是其新的特点,而我国传统的恐怖主义犯罪罪名体系已全面滞后。在当前的信息时代,我国应当对寻衅滋事罪作扩张解释和对共同犯罪理论进行更新,同时增设实施恐怖袭击罪和协助恐怖活动罪。④ 也有学者认为,我国反恐除了要坚持“标本兼治、综合施策”的基本对策,还应该“全程反恐,事前优先”,从恐怖活动发生的源头开始反恐,严厉打击煽动恐怖活动犯罪。但相关法条对煽动恐怖活动罪的行为方式、煽动内容、法定刑的设置还有不足,应进一步完善。⑤

(3)网络犯罪

网络犯罪是我国刑事法治领域的热点和难点问题。关于网络犯罪的刑法

---

① 参见赵秉志、商浩文:《论我国恐怖活动犯罪刑法制裁体系及其完善》,载《新疆警察学院学报》2015年第1期。

② 参见邢志人:《中国反恐怖主义专门立法问题研究》,载《北京师范大学学报》(社会科学版)2015年第6期。

③ 参见张明楷:《论〈刑法修正案(九)〉关于恐怖犯罪的规定》,载《现代法学》2016年第1期。

④ 参见田刚:《我国恐怖主义犯罪的实证分析和未来刑法之应对》,载《法商研究》2015年第5期。

⑤ 参见皮勇、杨森鑫:《论煽动恐怖活动的犯罪化——兼评〈刑法修正案(九)(草案)〉相关条款》,载《法律科学》2015年第3期。

学研究,主要集中在以下几个方面。

一是网络犯罪治理的理念问题。有学者认为,网络犯罪类型之传统划分,不能为网络犯罪的刑法规制提供更具方向性、针对性的思路。重新划分网络犯罪类型应注重以传统犯罪为参照标准,将网络犯罪分为与传统犯罪本质无异的犯罪、较传统犯罪呈危害"量变"的犯罪、较传统犯罪呈危害"质变"的犯罪三个类别。"该宽则宽""该严则严""分而治之"是网络时代下最为妥适的刑法理念。对网络犯罪一律从严、从重、从早打击的观念似有不妥,应予纠正。① 也有学者认为,对网络帮助行为的治理应树立双向思维模式、扩大罪名体系制裁犯罪,以及完善共犯责任、正犯责任、平台责任三类责任的评价体系。② 还有学者探讨了网络时代言论型犯罪与公民的言论自由权利的界限问题,认为在言论型犯罪的构造中,应将客观真实和合理确信规则下的"主观真实"作为违法阻却事由;基于网络媒介的科技特点与社会属性,网络服务提供者只具备中立义务,对之不应简单地以共犯理论或不作为犯罪理论入罪。对"严重危害社会秩序和国家利益"等入罪基准的理解应限于现实物理的秩序混乱,对轻微言论犯罪不应轻易适用有期徒刑的刑罚。③ 有学者指出,网络安全法益正整体嵌入和覆盖传统刑法法益,网络空间社会日益真实客观化,安全刑法观推动网络刑法学知识形态的蜕变,网络刑法立法迎来根本的视角之变。当前,我国应当更新并树立网络空间社会作为犯罪对象、手段、时空的全新立法思维,适度扩容网络安全法益并增容保护范围,合理借鉴域外经验与整合网络危害行为的类型及体系,理性转向预防性立法理念及其技术。④

二是网络犯罪的刑法立法问题。有学者指出,传统犯罪网络变异的原因是多方面的,直接诱因是网络空间的技术性代际差异,表现为犯罪构成要件要素的变异、社会危害性的变异和犯罪形态的变异三个方面。扩张化的司法解释是解决这一问题的首要选择,但其局限性也很明显。面对网络空间中传统犯罪的变异态势,将部分预备行为提升、独立化为实行行为,将部分共犯行为加以正犯

---

① 参见刘宪权:《网络犯罪的刑法应对新理念》,载《政治与法律》2016年第9期。

② 参见于志刚:《网络空间中犯罪帮助行为的制裁体系与完善思路》,载《中国法学》2016年第2期。

③ 参见刘艳红:《网络时代言论自由的刑法边界》,载《中国社会科学》2016年第10期。

④ 参见孙道萃:《网络刑法知识转型与立法回应》,载《现代法学》2017年第1期。

化,是未来刑事立法无法回避的两个选择。[①] 有学者也持同种观点,认为“现实刑法在应对虚拟网络犯罪时具有局限性,对刑法扩张解释只能暂时应对网络犯罪的变化,无法克服我国大一统刑法典模式的局限性,而有效治理网络犯罪,需打破我国刑事立法模式的局限和束缚,针对网络犯罪的特点专门制定单行网络刑法立法”。[②]

三是网络犯罪的刑事司法问题。有学者探讨了网络帮助行为的刑法治理问题,认为我国《刑法》第287条之二所规定的帮助信息网络犯罪活动罪,并不是帮助犯的正犯化,只是帮助犯的量刑规则;帮助信息网络犯罪活动罪的成立,以正犯实施符合构成要件的不法行为为前提;《刑法》第287条之二第1款将“情节严重”作为成立条件,为限制中立的帮助行为的处罚范围提供了法律依据,对网络服务商作为业务行为所实施的中立的帮助行为,原则上不能以该罪论处。[③] 还有学者探讨了网络服务提供者的刑事责任问题,认为随着《刑法修正案(九)》的颁行,适用于网络服务提供者的刑事责任模式有共犯责任、共犯正犯化责任和拒不履行法定义务三种。三种责任模式之间存在适用范围部分重合、刑罚失衡的现象。应当区分“通谋”和“明知”的责任、“明知”与不履行法定义务的责任并严格限制中立帮助行为的处罚范围。在具体适用有关规定时,应当依据不同网络服务提供者的功能,明确其刑事责任的构成及责任范围。[④]

四是网络犯罪中的新问题。比如,针对网络技术犯罪,有学者探讨了网络游戏中的“外挂”和“私服”行为的定性问题,认为对于制作、传播和使用“外挂”的行为,应视不同情形分别处以侵犯著作权罪、破坏计算机信息系统罪和非法经营罪。[⑤] 对网络环境下的“私服”行为应以侵犯著作权罪定罪处罚,若行为人制造并出售“私服”程序则成立侵犯商业秘密罪和侵犯著作权罪的想象竞合犯,应以后罪论处;行为人架设、运营“私服”的情形,在性质上是“复制发行”,应认定为侵犯著作权罪。[⑥] 针对P2P网络借贷问题,有学者认为其在带来民间融资

---

① 参见于志刚:《网络犯罪与中国刑法应对》,载《中国社会科学》2010年第3期。

② 卢建平、姜瀛:《犯罪“网络异化”与刑法应对模式》,载《人民检察》2014年第3期。

③ 参见张明楷:《论帮助信息网络犯罪活动罪》,载《政治与法律》2016年第2期。

④ 参见涂龙科:《网络服务提供者的刑事责任模式及其关系辨析》,载《政治与法律》2016年第4期。

⑤ 参见王燕玲:《论网络游戏中“外挂”之刑法规制》,载《法律适用》2013年第4期。

⑥ 参见王燕玲:《论网络游戏中“私服”之刑法规制》,载《暨南学报》(哲学社会科学版)2013年第4期。

正面效应的同时,刑法也应采取一定的控制措施,包括谨慎介入的刑事政策控制,细致缜密的犯罪构成控制,完善实用的刑罚措施控制,以及行刑衔接与轻罪建构控制等。① 还有学者探讨了非法获取他人虚拟财产行为的定性问题,认为对虚拟财产数额的认定与处理,应当区分不同类型:对于非法获取用户虚拟财产的行为,应当分别按官方价格或者市场价格计算犯罪数额;对于非法获取网络服务商虚拟财产的行为,在成立犯罪的前提下,宜按情节轻重量刑,而不应按虚拟财产的价值(数额)量刑。②

五是网络犯罪的刑法完善问题。针对最高司法机关关于网络犯罪的解释对网络诽谤入罪采取了扩大解释的方法,有学者认为这是以寻衅滋事罪来严厉制裁日趋蔓延的网络造谣行为,有将这一传统口袋罪的"袋口"向网络空间再次张开或扩大的嫌疑。"双层社会"的日渐成形,导致传统刑法罪名体系向网络空间的延伸适用成为一个司法和理论难以回避的话题,通过解释罪状,发布网络犯罪的司法解释,建立网络犯罪全新的立案标准体系,则是最为直接的问题解决路径。③ 也有学者探讨了网络深度链接的入罪化问题,认为深度链接行为是帮助型的间接信息网络传播行为,属于间接侵犯信息网络传播权,可上升为侵犯著作权等犯罪行为。深度链接行为在理论上能构成共同犯罪,但无论是作为共谋型共同犯罪,还是作为片面共犯,均存在刑事司法认定上的重大困境,而共犯正犯化后的单独犯罪模式则成为较为可行的司法选择。④ 还有学者认为,通过对网络环境下知识产权犯罪罪名体系适用的司法实效考察,反思我国知识产权犯罪制裁体系,可以发现,在网络和知识经济的双重时代背景下,目前我国知识产权的刑法保护存在法益保护范围过窄和犯罪行为定性混乱或缺失的问题。因而,在宏观上实现从"适度保护"向"同等保护"的刑事政策转化,在微观上继续进行知识产权犯罪罪名扩大解释的同时,推动知识产权犯罪的刑事立法更新,是加强网络环境下知识产权的刑法保护、建构完善的知识产权犯罪制裁体系的必然选择。⑤

---

① 参见李晓明:《P2P 网络借贷的刑法控制》,载《法学》2015 年第 6 期。

② 参见张明楷:《非法获取虚拟财产的行为性质》,载《法学》2015 年第 3 期。

③ 参见于志刚:《"双层社会"中传统刑法的适用空间——以"两高"〈网络诽谤解释〉的发布为背景》,载《法学》2013 年第 10 期。

④ 参见王冠:《深度链接行为入罪化问题的最终解决》,载《法学》2013 年第 9 期。

⑤ 参见于志强:《我国网络知识产权犯罪制裁体系检视与未来建构》,载《中国法学》2014 年第 3 期。

(4)环境犯罪

环境刑法作为一门相对独立的、新近的刑事法学科,其理论研究的新视角带给理论界和实务界一种迥异于传统的思辨方式,使传统刑法理论受到多方位的冲击。对此,刑法学者们“迎难而上”,完成了卓有成效的研究。这些研究既涉及对环境犯罪性质的认识和环境犯罪的刑法理念,也涉及环境犯罪的立法模式和法益保护类型等内容,共同构成了环境刑法学的基本框架。

一是环境犯罪的刑法理念。有学者认为,在可持续发展的语境下,全社会应牢固树立生态文明的科学发展观,重新审视人与自然的关系,环境犯罪应摒弃传统的人本主义法律观,倡导生态本位主义的立法理念。① 也有学者认为,传统的人类中心主义与自然中心主义的伦理观已经不适应我国环境刑法的发展,其局限性也日益暴露出来;现代人类中心主义环境伦理观应成为当代环境刑法的伦理支撑。② 还有学者认为,传统的人类中心主义立法理念应退出历史舞台,生态中心主义被引入刑事法域作为与人类中心主义相对立的立法观,其目的是纠偏而非指导环境刑事立法的科学理念。环境刑事立法理念已经逐渐演变为人与自然和谐相处的科学理念,其本质上依然是以人为中心,出发点也非生态中心主义或者生态本位主义。③ 此外,也有学者认为,在环境刑法的大语境之下,必须重视和端正对环境犯罪科处刑罚的目的是实现一般的预防犯罪的作用,并以一般预防为理论根基,进一步完善与之相配套的刑事法律法规。唯有如此,环境刑法的机能才能得到充分的发挥,人类生存极端依赖的自然生态环境以及行政环境保护制度才能得到有效的保护。④

二是环境犯罪的性质。有学者批判了环境犯罪的行政从属性,认为赋予环境犯罪行政从属性,极易在实践中助长行政权排斥司法权的风气,容易造成环境行政执法和行政管理的强势地位,使环境刑事手段存在被架空的巨大危险。环境犯罪与环境违法是有明确界分的,它们在主观、客观和危害程度上都存在可以区分的差异。保证环境犯罪独立性要求我们严格执行具有定量因素规定

---

① 参见杨辉忠:《“可持续发展”语境下的环境犯罪立法》,载赵秉志、张军主编:《刑法与宪法之协调发展》,中国人民公安大学出版社 2012 年版,第 582 ~ 591 页。

② 参见李建岗、朱建华:《现代人类中心主义视野下我国环境刑法的完善》,载赵秉志、张军主编:《刑法与宪法之协调发展》,中国人民公安大学出版社 2012 年版,第 543 ~ 550 页。

③ 参见张远煌、徐苗:《环境刑事立法科学化探析》,载赵秉志、张军主编:《刑法与宪法之协调发展》,中国人民公安大学出版社 2012 年版,第 498 ~ 507 页。

④ 参见赵星、安然:《环境犯罪对传统刑罚目的之挑战与应对》,载《法学杂志》2009 年第 4 期。

的条款,加强“但书”规定的适用,充分发挥司法人员的主观能动性,提升司法者的法律解释能力。[①]

三是环境犯罪的立法模式。有学者批评我国环境犯罪的单一刑法典模式,认为这一模式不能涵盖风险社会里的所有环境问题,应在刑法典之外构建附属刑法,将大量新型犯罪直接规定于《环境保护法》《水污染防治法》等非刑事法律中,而行为方式相对稳定且典型的常见环境犯罪则规定于刑法典之中。[②] 但也有学者反对附属刑法的立法方式,认为将环境犯罪作为一类特殊的犯罪类型,与刑法分则其他章的犯罪并列更为合适,进而建议将环境犯罪安排在危害公共安全罪之后予以规定,认为这样既可以体现环境犯罪的社会危害性程度,又可以体现我国刑事立法对环境价值的重视。[③]

四是环境犯罪的法益保护。有学者认为,环境犯罪所侵害的法益是独立的环境法益,即每个人的环境权,包括全体社会成员所享有的在适宜的环境中生活和工作、合理利用环境资源、实现人类社会可持续发展三项权利,个人法益和生态法益都应该排除在环境犯罪的法益之外。[④] 也有学者认为,刑法应当根据生态安全法益设立环境犯罪,环境犯罪应该以生态利益作为其保护的必要客体,但可同时将人的人身利益和财产利益作为选择客体予以保护。[⑤] 还有学者认为,在人与自然和谐相处的立法理念下,应以环境法益而非外延更广的生态法益作为环境犯罪的保护法益。环境法益彰显出人对环境的依赖,体现了人的生活利益;而相比生态法益概念,环境法益能够更好地实现人的利益与环境价值的平衡。[⑥] 此外,关于环境犯罪法益保护早期化引起的争议,有学者指出:法益保护早期化能够有效治理污染环境犯罪;污染环境罪法益保护的早期化以生态学的人类中心主义法益观为依据,不存在消解法益概念的问题;刑法谦抑主

---

① 参见赵星:《环境犯罪的行政从属性之批判》,载《法学评论》2012 年第 5 期。

② 参见吴大华、邓琳君:《风险社会视角下我国环境犯罪刑事立法的完善》,载赵秉志、张军主编:《刑法与宪法之协调发展》,中国人民公安大学出版社 2012 年版,第 508 ~ 512 页。

③ 参见冯军:《通过刑法的环境污染治理:理念与路径》,载赵秉志、张军主编:《刑法与宪法之协调发展》,中国人民公安大学出版社 2012 年版,第 559 ~ 565 页。

④ 参见周玉华、贾配龙:《环境犯罪的法益重构与立法完善》,载赵秉志、张军主编:《刑法与宪法之协调发展》,中国人民公安大学出版社 2012 年版,第 489 ~ 497 页。

⑤ 参见杨辉忠:《“可持续发展”语境下的环境犯罪立法》,载赵秉志、张军主编:《刑法与宪法之协调发展》,中国人民公安大学出版社 2012 年版,第 582 ~ 591 页。

⑥ 参见张远煌、徐苗:《环境刑事立法科学化探析》,载赵秉志、张军主编:《刑法与宪法之协调发展》,中国人民公安大学出版社 2012 年版,第 498 ~ 507 页。

义不等于绝对地反对犯罪化，污染环境罪法益保护的早期化兼顾了人权保障，符合谦抑性的要求。成立污染环境罪要求故意侵害环境安全法益，但对侵害传统法益只需具有预见可能性；该罪法益保护的早期化决定了其责任形式只能是故意。①

五是环境犯罪的司法适用。有学者指出，污染环境罪与投放危险物质罪之间存在想象竞合关系的观点存在如下问题：一方面，违背了竞合犯理论，错误地将两罪法条竞合的关系理解为想象竞合；另一方面，是将主观罪过的判断不当地引入污染环境案件的认定中，制造了司法难题；最重要的是，这违反了罪名认定的基本原理，是司法解释对立法的僭越，冲击了罪刑法定原则。要达到司法解释意图严惩环境犯罪的目的，应当首先回归两罪法条竞合的本质。② 也有学者认为，污染环境罪的"过失说"、"故意说"与"复杂罪过说"在解释污染环境罪罪过形式时均存在局限性，原因在于它们都仅坚持规范论的罪过形式判断基准。"罪刑规范—构成事实"的罪过形式判断基准既能够判明诸如污染环境罪等的罪过形式，又符合刑法解释和罪过形式判断的性质、危害结果和其他犯罪现象所具有的"规范—事实"的两面性，同时有利于贯彻刑法的思维方式。从污染环境罪的罪过形式和刑罚设置看，就罪过形式不明和仅罪过形式不同但共用一个法定刑幅度的犯罪而言，应当承认区分故意与过失的原则存在例外。③

六是环境犯罪的立法完善。有学者建议，应当将刑法典分则第 6 章第 6 节独立出来，补充其他目前尚没有规定的环境犯罪的罪名，以"破坏环境资源保护罪"单列一章。将严重破坏草原、滩涂、湿地、坡地、破坏自然保护区以及非法引进境外生物物种导致生态破坏等行为规定为犯罪。改变目前环境犯罪以结果犯和情节犯为主的结构形态，增设危险犯。适当加重部分环境犯罪的法定刑，扩大财产刑的适用，设置资格刑和非刑罚措施。④ 与此同时，也有学者指出，在此基础上，还要"降低现有部分环境犯罪的入罪标准，完善环境犯罪的法定刑"。⑤

---

① 参见黄旭巍：《污染环境罪法益保护早期化之展开》，载《法学》2016 年第 7 期。

② 参见贾占旭：《论污染环境罪与投放危险物质罪的竞合关系》，载《政治与法律》2016 年第 6 期。

③ 参见苏永生：《污染环境罪的罪过形式研究》，载《法商研究》2016 年第 2 期。

④ 参见游伟、肖晚祥：《环境刑法的伦理属性及其立法选择》，载《华东政法大学学报》2009 年第 4 期。

⑤ 赵秉志、张军等：《刑法与宪法之协调发展研究——2012 年全国刑法学术年会研究综述》，载赵秉志主编：《刑法评论》（第 22 卷），法律出版社 2012 年版，第 322 页。

第十章　新中国刑法学研究未来的发展前瞻

过去70年,我国刑法学研究取得了积极进展。这得益于我国经济社会整体的繁荣发展,也得益于我国刑法立法、司法的不断完善,还得益于我国刑法学人的认真追求和积极探索。未来,随着我国社会的发展和刑法实践的进步,我国刑法学研究必将得到进一步的繁荣发展。

一、新中国刑法学未来发展方向之前瞻

(一)研究专门化之趋向

刑法学研究的专门化是刑法学作为一门学科的科学性之要求。但在学科发展的不同阶段,刑法学研究的专门化程度会有所区别。总体而言,未来我国刑法学研究的专门化发展将主要表现在以下两个方面:

第一,研究的精细化程度不断提升。刑法学研究的细密化、精细化、专门化趋势是我国刑法学研究发展的重要趋势。[①] 精细化是刑法学研究专门化的必然要求。粗线条的理论研究只能出现在特定时期和特定背景之下。刑法学研究

① 参见陈泽宪:《关于我国刑法学研究转型的思考》,载《法学研究》2013年第1期。

的精细化趋势可表述为刑法学研究由粗疏到精细、由精细到精致的递进过程。这个过程有两种表现形式：一是对于过去研究较少的领域和新出现的领域，刑法学研究仍要经历一个由粗疏到精细的过程。以当前的刑法学研究为例，我国对很多高技术领域的刑法学问题（如人工智能、新型金融犯罪、极端主义犯罪等）的研究总体上仍相当粗疏，即便有所研究，但仍多停留于表面，未来有必要在研究上进一步精细化。二是对于过去研究较多的领域和问题，刑法学研究有必要进一步精致化。例如，对罪刑关系、犯罪构成理论体系、刑事制裁措施体系等问题，过去我国刑法学已有了相当的研究，甚至已经有了一些比较精细的理论架构，但尚未达到精致化的程度，未来有必要开展进一步的深入研究。

第二，研究的独立化程度不断提升。这里所称的独立化，是指学者们研究的刑法学领域将呈现出更为明显的条块化。刑法学虽然只是我国的部门法学之一，但刑法学研究的领域和内容却日益丰富和分化。特别是在刑法学研究精细化程度不断提升的背景下，任何一个学者要想对刑法学领域的所有问题均有深入研究，几乎是不可能完成的任务。因此，可以预见，未来刑法学研究将会呈现出较为明显的条块化倾向，一个学者只能关注某个或者某些领域，而这些领域也只能吸引部分学者的关注和研究。不同刑法学研究领域之间可能会形成一定的学术“壁垒”，但这种“壁垒”并不会强大到阻碍学者之间正常的学术沟通。目前来看，刑法学研究的这种独立化对促进刑法学研究的深入而言无疑具有重要的作用。

（二）研究多元化之趋向

多元化是社会发展到一定的高级状态所必然呈现的趋势。就刑法学研究而言，这种多元化主要体现为研究理念的多元化、研究范式的多元化和研究方法的多元化。

第一，研究理念的多元化。基于对社会的不同认识，人们通常会形成不同的世界观和价值观。虽然现代刑法学的主流理念是强调自由，重视人权保障，但自由与秩序之间的关系从来都不是绝对的。在不同的时代、不同的对象、不同的场合，自由与秩序关系的考量可能会发生变化。例如，对刑法立法问题的研究，秩序往往是优先考虑的价值；但对司法问题的研究，自由往往又要优先于秩序。同时，即便对于同一个问题，不同的研究主体也可能会有不同的认识和结论。以对我国反恐刑法立法的评价为例，我国多数学者赞同当前的反恐刑法立法,认为其有利于维护安定的社会秩序。但也有学者认为该立法带有明显的预防性,有过于重视秩序而忽视自由之嫌。[①] 这种研究理念的多元化在今后将长期存在,并有可能出现扩大化的倾向。

第二,研究范式的多元化。这种趋势在目前来看已经相当明显。一方面,随着对刑法"主义"的不同认识和研究取舍,学者对相关问题的研究出发点、分析角度、分析工具都可能完全不同,进而必然导致不同研究范式的形成。多样化的研究范式被不少学者认为是学派形成的基础,甚至有因片面而走向深刻的必要,受到了一些学者的追捧。另一方面,随着分析框架的发展,被一些学者贴上标签的注释刑法学、理论刑法学、规范刑法学、刑法教义学等可能发生分立甚至对立。同时,随着刑事一体化、立体刑法学等主张所奉行的打破不同法学学科之间壁垒的发展,刑法学的研究范式发生分立将成为不可避免之趋势。客观地看,研究范式的多元化并不一定代表刑法学研究水平的明显提升,但刑法学研究的发展显然并不排斥甚至鼓励不同研究范式在刑法学研究中发挥积极作用。

第三,研究方法的多元化。在研究方法上,我国经历了一个由完全的定性研究到以定性研究为主,再到定性研究与定量研究相结合的发展过程。客观地看,晚近十余年来,我国刑法学的定量研究得到了较好的发展。在"中国期刊网"上以"定量""实证"为关键词进行检索,能检索到841篇刑法学术论文,其中将近90%都发表在近10年。定量研究的繁盛意味着我国刑法学研究方法向多元化方面迈进了一大步。未来,这种多元化的研究方法将在刑法学研究过程中得到进一步的发展。今后,重视定性研究与定量研究的有机结合,重视思辨研究与实证研究的合理并用,繁荣、优化比较研究,注意借鉴、引进其他社会科学和现代自然科学的某些研究方法,将得到进一步加强。[②]

(三)研究导向化之趋向

新中国成立70年来,刑法学的研究逐渐从粗犷式的"全面开花",到关键领域的"重点突破",如今则开始具有一定的学术品格,指引刑法学研究走向一定的导向化的趋向。这样的导向既有指引刑法立法的功能,也有指引刑法批判的功能。这其中,比较有代表性的是风险刑法、功能刑法、预防刑法、回应型刑

---

① 参见何荣功:《"预防性"反恐刑事立法思考》,载《中国法学》2016年第3期。

② 参见赵秉志:《中国刑法学研究的现状与未来》,载《学术交流》2009年第1期。

法等。

1. 风险刑法

近年来,随着恐怖主义、交通安全犯罪、食品安全犯罪等对社会生活的威胁加剧,人们对社会管理有了新的认识。“风险社会理论”被引入刑法学研究领域,并引发了刑法观的部分变革。从概念上来看,“风险社会”既是一个文化层面的认知概念,又是一个政治层面的反思概念和制度层面的重构概念。①

关于风险社会下的风险刑法问题,主要存在以下几个方面:其一,风险社会的刑法观念转变问题。有学者认为,风险社会要求刑法由传统的罪责刑法向安全刑法转型,要注重事先预防,维护安全秩序。② 也有学者认为,风险刑事法网的有限扩张、风险预防原则主导下的刑法前置,较之传统权利义务基础,突破责任原则的刑法制度技术革新,更具实质合理性。③ 但同时还有学者认为,应对“风险社会”的挑战,刑法的因应之策不是基本立场的背离和机能的转变,而是对谦抑性的捍卫与犯罪多元治理的实践。④ 其二,风险刑法观下的刑法制度变革问题。有学者认为,风险社会中,刑法应将危险行为作入罪化处理或者使刑罚提前到来,解决的关键在于合理把握犯罪化与非犯罪化的界限以及犯罪性质的界限。⑤ 但也有学者认为,即使当今社会存在大量风险,需要以刑法规制,也是因为风险是对法益侵害的危险性,刑法规制的目的依然是保护法益,为此更应坚持结果无价值论,恪守责任主义。⑥

2. 功能刑法

功能刑法主张扩大刑法的功能,特别是扩大刑法的积极立法功能,是一种积极的刑法观。积极刑法主要是针对刑法立法而言的,故也可称为积极刑法立法观。有学者认为,晚近两个刑法修正案显示出刑法规制社会生活的范围拓展、力度增强。在刑法观念逐步转向功能主义、刑法与政策考虑紧密关联的今天,刑法的谦抑性并不反对及时增设一定数量的新罪。未来中国的刑法立法从技术层面需要考虑进行相当规模的犯罪化,但处罚不能轻易由轻改重,对公众

---

① 参见田宏杰:《“风险社会”的刑法立场》,载《法商研究》2011年第4期。

② 参见方芳:《“风险社会与刑事政策的发展”学术研讨会综述》,载《湖北警官学院学报》2011年第1期。

③ 参见程岩:《风险规制的刑法理性重构以风险社会理论为基础》,载《中外法学》2011年第1期。

④ 参见田宏杰:《“风险社会”的刑法立场》,载《法商研究》2011年第4期。

⑤ 参见高铭暄:《风险社会中刑事立法正当性理论研究》,载《法学论坛》2011年第4期。

⑥ 参见张明楷:《“风险社会”若干刑法理论问题反思》,载《法商研究》2011年第5期。

的情绪化呼吁保持足够的理性与警惕，同时要建立与新设大量轻罪相契合的刑事程序；尽可能降低犯罪的附随负面效应，使罪犯能够顺利回归社会。①

但是，需要指出的是，积极刑法不是毫无原则地强调刑法的立法，而是需要建立在理性立法的基础之上，杜绝情绪性立法。比如，有学者指出，《刑法修正案（九）》废除嫖宿幼女罪，增设编造、故意传播虚假信息罪，增设拒不履行网络安全管理义务罪，加重对袭警行为的处罚，对收买被拐卖的妇女、儿童行为一律追究刑事责任，规定对重大贪污贿赂犯罪不得减刑、假释等，均是情绪性立法的典型立法例。科学的刑事立法必须力戒情绪，既要遵循刑法发展的内在规律，又要对舆论或民意的反映有所为有所不为。②

3. 预防刑法

预防性立法成为当前实体刑法立法的显著趋势且备受青睐的现象，昭示刑法由传统的对犯罪的被动应付模式向主动反击模式转化。③ 预防性立法首先在犯罪实体领域发力，主要集中在超个人法益或集体法益的犯罪，立法策略主要表现为犯罪化、危险犯配置、早期化介入等方面。④ 这表明，预防刑法在我国已由碎片化条款转变为类型化立法。刑法中的“秩序安全”具有双重含义，预防刑法追求对法益侵害的事先预防，实现有效的社会控制，却隐含着扩张和模糊刑法干预界限的风险。不可否认，刑法立法的预防转向是现代社会法律整体价值立场转换的一个具体面向，但应当有所限制。限制预防刑法需要从宪法和刑法两方面进行。就刑法立法而言，关键在于确立法益侵害危险的规范构造，坚持刑法的谦抑性。⑤

4. 回应型刑法

当前我国社会关注的热点事件，大多是法益没有得到有效保护或完全没有得到保护的情形，因而刑法的立法应当回应重大社会关切。⑥ 故而，在建设法治中国的时代背景下，我国应当构建回应型刑法，主动、积极地回应社会大众的需求。

回应型刑法主要包括两个方面：一是处罚必要与规范治理并重。坚持实质

---

① 参见周光权：《积极刑法立法观在中国的确立》，载《法学研究》2016年第4期。

② 参见刘宪权：《刑事立法应力戒情绪——以〈刑法修正案（九）〉为视角》，载《法学评论》2016年第1期。

③ 参见姜敏：《恰当选择规范位置优化刑法预防性立法》，载《检察日报》2018年10月24日，第3版。

④ 参见高铭暄、孙道萃：《预防性刑法观及其教义学思考》，载《中国法学》2018年第1期。

⑤ 参见何荣功：《预防刑法的扩张及其限度》，载《法学研究》2017年第4期。

⑥ 参见赵秉志、袁彬：《刑法最新立法争议问题研究》，江苏人民出版社2016年版，第11页。

合理并非排除形式合理,坚持处罚必要也并非排斥规范治理,否则法律与司法就成为无意义的摆设,这不利于实现实质合理和处罚必要。二是强化刑法的开放性与灵活性。回应型刑法应当力求做到处罚必要与规范治理并重,使刑法规范、刑事司法体现出更大的能动性与灵活性,以便最大限度地实现公平与正义。这种对刑法开放性和灵活性的强调,是刑法专门化的体现。

二、新中国刑法学未来理论研究之前瞻

(一)宏观理论研究之前瞻

1. 中国刑法、区际刑法、国际刑法之三位一体研究框架

在刑法学研究的总体方向上,应当确立中国刑法、区际刑法、国际刑法之三位一体研究框架。

区际刑法研究领域的重要性主要体现在两个方面:一方面,这是刑法学交流的需要。过去30年间,随着香港、澳门的回归,我国内地与香港、澳门特别行政区的刑法学术交流得以不断繁荣;我国台湾地区与大陆的刑法学术交流也在不断发展。另一方面,“一国两制三法系四法域”的格局已在我国形成,由此决定了我国区际刑事法律冲突的不可避免性以及解决这一冲突的艰巨性和复杂性,因而区际刑法的研究将成为中国刑法学研究的一个重点领域。①

相对中国刑法和区际刑法,对国际刑法学的研究相对薄弱。随着国家改革开放视野的扩展,我国与国际社会在刑事法理论与实践方面的交流逐渐增多,但对国际刑法研究的总体状况并未有大的改善。加强这一领域相关问题的研究,对拓宽我国刑法学研究的视野和提升法学研究的水平具有重要意义。因而,在外向型刑法的研究中,不应忽视对国际刑法的研究。具体而言,应当在以下几个方面进行长期的研究:其一,反腐败追逃追赃;其二,跨国跨地区犯罪及其惩治;其三,中国刑法与国际刑法规范的协调与衔接;其四,国际刑事法院问题;其五,引渡制度;其六,国家刑事责任;其七,国际恐怖主义及其惩治;其八,犯罪的国际合作问题;等等。

2. 理性辨识德日刑法理论的研究转向

目前,不少学者都指出我国刑法面临向德日刑法理论研究转向的问题。比

---

① 参见高铭暄:《新中国刑法学六十年发展的简要历程和基本经验》,载《法学杂志》2009年第11期。

如,有学者认为,对德日刑法知识论的接受,正在深刻地改变我国刑法学研究的生态。[①] 但也有学者表现出了对这种转向的质疑与担忧,“精美的德日教义学,是一条通向奴役之路,即便有些德日理论为中国所用,但一定要有大历史观,经常跳出教义学的围墙,想想过去的坎坷,看看远方的危机,只可惜,一些年轻的学子只顾低头走路,匍匐在德日刑法的碑文下,读一段卖一段,朝圣着别人的文字而忘记了自己的名字”。[②]

一是对待德日刑法理论的研究转向,应当避免盲目与盲从。实际上,刑法学理论上盲目照搬国外学说的现象并不少见。例如,德国、日本刑法将共犯人分为(共同)正犯、教唆犯、帮助犯,并分别规定了不同的处罚原则。所以,当一个人同时实施了两种以上的犯罪行为时,必须确定按何种共犯人处罚。行为人既教唆又实行时,正犯吸收教唆犯,仅按正犯处罚;当行为人既帮助又教唆时,教唆犯吸收帮助犯,仅按教唆犯处罚。但是,我国刑法是按照作用大小将共犯人分为主犯、从犯与胁从犯的,作用的大小需要综合考虑、全面考察。如果行为人既实施教唆行为,又实施实行行为,必然属于在共同犯罪中起主要作用,而认定为主犯,这里原本不存在吸收问题。但是,我国的刑法教科书在讨论吸收犯问题时,都将主犯吸收从犯作为吸收犯的情形之一。这是不顾及中国刑事立法的特点所形成的现象。[③]

二是对待德日刑法理论的研究转向,应当着重挖掘刑法学研究的判例资源。事实上,就我国刑法学而言,在今天大量引入德、日刑法理论的同时,我们似乎忽视了这些先进刑法学理论的原点在哪里。当今的中国刑法学,应该转向挖掘刑法学研究的判例资源,使判例成为我国刑法学新的知识增长点,这样才可能发展出自己的理论特色。以刑法学教材和专著为例,无论是德国还是日本的,其案例、判例随处可见,书中专门的“判例、案例索引”与“参考文献”同等重要,正是这些判例、案例成为反思、创立理论的源泉。而我国的刑法教材、著作,难觅真实的司法案例,有“案例索引”的著作凤毛麟角。我们比较研究了德日的刑法理论,但是却没有比较考察德日的刑法理论是从解决德日司法实践中的问题发展出来的;我们研究、传播的是德日的刑法学理论,而忽视了刑法学理论的来源。[④]

---

① 参见劳东燕:《刑法学知识论的发展走向与基本问题》,载《法商研究》2013 年第 1 期。
② 高艳东:《不纯正不作为犯的中国命运:从快播案说起》,载《中外法学》2017 年第 1 期。
③ 参见张明楷:《刑法学研究中的十关系论》,载《政法论坛》2003 年第 2 期。
④ 参见李勇:《挖掘刑法学研究的判例资源》,载《法制日报》2014 年 5 月 21 日,第 10 版。

三是对待德日刑法理论的研究转向,应当坚持"中体西用"的原则。适当介绍国外的理论和做法并结合中国的实际作一些思考,这是十分必要的。但是,如果单纯是为了"创新"而全盘照搬、照抄国外的理论和做法,这对我国的刑法学研究将是十分有害的。同样,片面强调中国语境,尽力抵制国外的有益经验,则是固步自封,也将不利于我国刑法学和刑事法治建设的发展。因此,如何真正做到"中学为体、西学为用",积极促进刑法学的本土化与国际化的融合,将是今后刑法学研究的一个重点。①

概言之,我们应当理性辨识德日刑法理论的研究转向,"边进行刑法知识的累积(学习和借鉴),边进行实践经验的总结和提炼,逐步发展出我们自身的刑法理论体系,这或许才是中国刑法学合乎逻辑的成长道路"。②

(二)微观理论研究之前瞻

1. 刑法与行政法边界研究的深入展开

随着人权保障观念的提升,行政处罚权必将进一步受到限缩,对部分行政违法行为的处理由行政权上升为司法权将是趋势。这对刑法处罚范围的合理设定提出了挑战。刑法在降低其处罚力度的同时,适度扩大其处罚范围将是未来刑法改革的必然趋势。

对此,学者们主要有以下两种不同的观点:一种观点主张我国的犯罪圈应该扩大。有学者认为,与刑法、行政处罚之二元治理体系相比,危害社会行为一元治理体系更具优势,我国应该改变现行危害社会行为二元治理体系的做法,构建治理危害社会行为一元治理体系,进而扩大犯罪圈。③ 有学者主张将现行由行政法规制的具有刑法性质的行为纳入行政刑法的调控范围,以扩大犯罪圈。④ 也有学者认为,现阶段轻微犯罪的犯罪化,行政权退出、司法权进入,是扩

---

① 参见赵秉志、袁彬:《刑事法治建设与刑法学研究的新发展》,载《中国法学》2008 年第 1 期。

② 周少华:《中国刑法学的文化际遇和理论前景》,载《法商研究》2013 年第 1 期。

③ 参见卢建平、孙本雄:《危害社会行为治理体系二元论与一元论之比较》,载赵秉志、莫洪宪、齐文远主编:《中国刑法改革与适用研究》,中国人民公安大学出版社 2016 年版,第 14 ~ 23 页。

④ 参见李晓明:《刑法与行政法的缓冲与过度:"行政刑法"》,载赵秉志、莫洪宪、齐文远主编:《中国刑法改革与适用研究》,中国人民公安大学出版社 2016 年版,第 77 ~ 80 页;何群:《论我国刑法立法的科学化发展》,载赵秉志、莫洪宪、齐文远主编:《中国刑法改革与适用研究》,中国人民公安大学出版社 2016 年版,第 98 ~ 99 页。

张司法权以使司法权限制行政权并成为主导权力的必经之路。[①] 我国的犯罪圈应当适当扩大,扩大的程度应以刑罚是否属于人身自由罚为限:如果对某种危害行为有必要适用人身自由罚进行制裁,则应将其划入犯罪范围,由法院通过司法程序予以裁处;反之,则可将其划入行政违法范围,由行政机关通过行政程序予以裁处。[②]

另一种观点认为我国的犯罪圈不应扩大。有学者认为,行政违法行为犯罪化作为当今犯罪化趋势明显走高的重要表现之一,立法机关对此应当重视并给予必要的控制,否则将与刑法的谦抑性、严厉性、罪刑法定的基本原则相背离。[③] 也有学者从是否应当构建轻罪制度的角度,认为我国主张构建轻罪制度、扩大犯罪圈的观点均站不住脚,提出构建轻罪制度的依据或者不具有合理性,或者会产生新的矛盾,因而不主张在我国建立轻罪制度,进而扩大犯罪圈。[④] 还有学者指出《刑法修正案(八)》将醉驾入罪后,虽然在一定程度上起到了降低醉驾非法行为的作用。但危险驾驶罪的法定刑只是拘役和罚金,这种犯罪也就相当于国外的违警罪而已。这造成大量有犯罪前科的人出现,给这些人都贴上犯罪分子的标签,负面影响不可小觑。[⑤]

总而言之,如何合理划定刑法与行政法的边界将成为今后我国刑法理论研究的重要方面。

2.死刑改革研究的深入

对于死刑改革的研究,既需要理念与实践相结合,也需要短期目标与长期目标的结合,进而持续不断地推动死刑改革的深入。

一是死刑改革的理念。在死刑改革的理念层面,应当紧握政府与民众两个

---

① 参见王烁:《司法化视野下的立法犯罪化——行政权与司法权的重新配置》,载赵秉志、莫洪宪、齐文远主编:《中国刑法改革与适用研究》,中国人民公安大学出版社2016年版,第109~116页。

② 参见敦宁:《论行政拘留的刑罚化》,载赵秉志、莫洪宪、齐文远主编:《中国刑法改革与适用研究》,中国人民公安大学出版社2016年版,第175~179页;洪流:《唯有刑罚可包含人身自由罚——兼论废除行政拘留的必要性》,载赵秉志、莫洪宪、齐文远主编:《中国刑法改革与适用研究》,中国人民公安大学出版社2016年版,第189~197页。

③ 参见卢勤忠、钟菁:《行政违法行为犯罪化立法过热问题评析》,载赵秉志、莫洪宪、齐文远主编:《中国刑法改革与适用研究》,中国人民公安大学出版社2016年版,第117~124页。

④ 参见张亚平:《轻罪制度质疑》,载赵秉志、莫洪宪、齐文远主编:《中国刑法改革与适用研究》,中国人民公安大学出版社2016年版,第140~147页。

⑤ 参见陈志军:《罪刑法定与行政法治的关系协调》,载赵秉志、莫洪宪、齐文远主编:《中国刑法改革与适用研究》,中国人民公安大学出版社2016年版,第132~139页。

抓点。作为一种事关刑事法治实现的关键问题，死刑制度改革必须拓宽到政府责任层面展开。一个国家能否废除死刑与政府责任的承担及其承担力度密切相关。就未来趋势而言，中国死刑制度改革必然是一个政府责任主导的过程，这就既应从责任视角理性思考政府责任的定位及其方式，也需以政府为视角合理界定责任政府的内涵及其职责。[①] 同时，死刑的废止应注重大众死刑观的塑造。民意赞同死刑既是支持立法上保留死刑的最基本论据之一，又是刑事司法中影响死刑判决的主要因素。在网络社会中，口语媒介、戏剧媒介、印刷媒介、影视媒介与现代互联网传播媒介交叉影响，通过对信息的加工、处理、控制，人为地塑造着大众的死刑观。因此，要废除死刑，就必须从媒介对文化观念的塑造功能入手。法学学者应当重视大众媒介与死刑观之间的关系，通过各种媒介制造、复制、传播、强化"反思死刑"的文化信息，积极参与大众媒介对中国死刑观的塑造、引导。[②] 而且，根据刑法修法的经验来看，还"应以适度超前的死刑制度改革引导民众死刑观念的转变"。[③]

二是死刑改革的实践。应当说，死刑司法控制的实际效果特别是司法效率与司法公正更优于死刑的立法控制。实现死刑司法控制的路径在于：一是倡导死刑裁量者树立刑法谦抑的人权保障刑法观念；二是建立死刑适用的量刑规范化标准；三是明确死刑司法控制的目标或对象范围应是严重暴力类犯罪；四是明确死刑司法控制的主要替代措施是死缓制度的适用。[④] 也有学者提供了司法层面限制死刑的可参考路径。比如，就共同犯罪而言，应当在兼顾报应与功利并且由报应限制功利的框架下限制共同犯罪案件死刑的适用。在最主要的主犯因有重大立功表现而被从轻处罚，没有被判处死刑立即执行的情况下，可以对其他主犯判处死刑立即执行，但不能因此而对本来只需判处死缓的次要主犯加重刑罚，改判死刑立即执行。在一人犯数罪的情况下，较轻的罪行因体现出犯罪人的主观恶性和人身危险性，可以影响对最严重的罪行的死刑适用。[⑤]

---

① 参见姜涛：《死刑制度改革与政府责任主导》，载《刑法论丛》(2012 年第 2 卷 · 总第 30 卷)，法律出版社 2012 年版，第 202 ~ 226 页。

② 参见周详：《媒介对大众死刑观的塑造——中国废除死刑的路径分析》，载《法学》2014 年第 11 期。

③ 参见赵秉志：《再论我国死刑改革的争议问题》，载《法学》2014 年第 5 期。

④ 参见徐岱、陈劲阳：《死刑司法控制的地方性实践与方向》，载《吉林大学社会科学学报》2012 年第 5 期。

⑤ 参见左坚卫：《共同犯罪案件死刑适用标准探疑》，载《国家检察官学院学报》2012 年第 2 期。

三是死刑改革的短期目标。应当沿着《刑法修正案(八)》《刑法修正案(九)》所确立的方向继续推动死刑罪名的废止,当前主要在推动非暴力犯罪死刑罪名废止的同时,大力推动暴力非致命性死刑罪名的废止。比如,运输毒品罪的死刑废止,单纯运输毒品的行为只能构成非法持有毒品罪或者走私、贩卖、制造毒品罪的共犯;居间介绍买卖毒品的行为,若行为人既非毒品的所有者又无贩毒品实行行为,应视为单纯帮助犯而不得适用死刑;为他人代购毒品的行为应定性为非法持有毒品罪,对其不应适用死刑。为避免在毒品共同犯罪中出现对多名主犯适用死刑的泛化局面,只能对具有优势支配性的主犯适用死刑。① 再如,贪污罪受贿罪的死刑废止,从人道主义的角度来看,贪污罪受贿罪属于经济犯罪,其侵害的客体与死刑所剥夺的生命权难以相提并论,对其适用死刑不符合刑罚人道的要求;无数事实和历史证明,严刑峻法从来都不是防治犯罪(包括腐败犯罪)最有效的手段,死刑也不是;在全世界普遍废除腐败犯罪死刑的趋势下,中国保留贪污罪受贿罪的死刑与世界法律文化的发展趋势不符,也难以获得国际社会的支持。②

四是死刑改革的长期目标。其一,可以尝试对特殊身份的、特殊领域的死刑提前全面废止,以打破死刑改革所面临的某些僵局。比如,全面废止女性犯罪的死刑。我国刑法自古就有宽待女性的传统;即使在保留死刑的国家中,也有不少废除了对女性犯罪的死刑;结合女性犯罪自身的特点与刑罚的目的,在"宽严相济"刑事政策的背景下没有必要对女性罪犯适用死刑;通过对我国刑法中怀孕的妇女不得判处死刑这一规定进行目的性解释,将全体女性排除在死刑适用对象之外也符合限制死刑的根本目标。③ 其二,矢志不渝地全力推动死刑的全面废止。"暴力犯罪死刑具有典型性、有限性以及终极性,因而充分地反映出死刑制度在刑法典中的最终命运。推动全面废止暴力犯罪死刑,才能使死刑最终走向消亡。"④

3. 刑罚与刑法预防性措施并重的研究进路

基于传统的报应观念,我国刑法长期呈现出"重惩罚、轻预防"的立法和司

---

① 参见赵秉志、李运才:《毒品共同犯罪与死刑限制》,载陈泽宪、贾宇、曲新久主编:《刑法理论与实务热点聚焦》,中国人民公安大学出版社2010年版,第1341~1351页。

② 参见赵秉志:《〈刑法修正案(八)(草案)〉热点问题研讨》,载赵秉志主编:《刑法论丛》(2010年第4卷·总第24卷),法律出版社2010年版,第23~48页。

③ 参见莫洪宪、刘夏:《进一步推进死刑改革的设想——废除女性犯罪死刑适用》,载《吉林大学社会科学学报》2014年第6期。

④ 黄晓亮、陆红卫:《论暴力犯罪死刑的未来走向》,载《法学杂志》2009年第3期。

法倾向。例如,在刑罚设置上,无论是主刑还是附加刑,我国刑法都存在明显的重剥夺轻防范的特点,并在人权保障程度不断提升的法治改革背景下饱受诟病。但随着2011年《刑法修正案(八)》增设"三禁止"措施和之后我国对劳动教养等严厉的行政处罚制度的废止,我国刑法呈现出一个新的特点:刑法的预防性观念和措施不断强化。《刑法修正案(九)》增设了一种新的预防性措施,即"从业禁止",这无疑是对《刑法修正案(八)》预防性措施入刑的强化,预示着我国刑法处罚措施正发生着结构性变化和功能转型,对我国附加刑制度的未来发展也具有重要影响。

虽然从立法形式上来看,目前的预防性措施主要是基于保留我国现行刑罚措施体系基本不变的前提下所作的技术性选择,具有暂时性。但从长远的角度来看,我国应将预防性措施纳入附加刑的范畴,并据此对附加刑作更全面、深入的结构性调整。由此,如何进一步完善刑法预防性措施、发挥刑法预防功能将是我国刑法未来改革的重要内容。刑法理论有必要进一步探讨预防性措施、保安处分、资格刑等相关制度改革问题。

4. 刑法谦抑性的坚守

刑法谦抑性的内容主要是补充性与片断性。所谓刑法的补充性,是由刑法的法益保护用其他手段不充分时,才应当以补充它的形式被适用的原则。根据民法或行政法的规制如能获得充分的效果,刑法就不应当出现。刑法必须是为了法益保护的最后手段。刑法的片断性原则,凭借刑法的法益保护不能是完整的、全面的,必须是特别选择一部分处罚的片断的性质。[①]

刑法的谦抑性原则不但给立法者界定了一个刑法立法的实质标准,而且也给司法者提供了一个正确适用刑罚的实质标准,对进一步规范刑事立法和刑事司法工作,进一步发挥刑法的规范作用均具有重要意义。[②] 但从定罪实践来看,刑法立法对诸多新罪的增设采取强拉硬拽式的犯罪化做法,刑法司法呈现出自我扩权的张扬态势。刑法谦抑性正在悄无声息中被忽视,隐喻了当代中国刑法实践中的若干基本偏颇:过度追求刑法体系"外在善",造成刑法立法的"内心燥热";基于"被历史捆绑"的事实而盲目仿效现代性的心理极为突出;刑法制度供给不均衡诱致公众对刑法预期出现严重偏差。对此,应当加强建构刑法规范与

---

① 参见马克昌:《危险社会与刑法谦抑原则》,载《人民检察》2010年第3期。

② 参见陈忠林、王昌奎:《刑法概念的重新界定及展开》,载《现代法学》2014年第4期。

普通国民之间的交互认同,以避免刑法过度追求秩序管控的偏执。重申刑法谦抑性是法治国家最基本的操守。①

虽然当今世界不少国家刑法都呈现出泛化倾向,但刑法的泛化使社会面临着巨大风险:一方面,刑法过度化意味着国家刑罚权的不适当膨胀,导致公民权利的不适当限制与压缩,形成对公民行动自由的妨碍;另一方面,刑法作为社会控制的高度专业化手段,只有针对特定目的时才有效用,超越目的之外的不适当使用将是无效的,而且会导致新的危害。因此,刑法的调整范围应当受到一定的限缩。只有符合"伤害原则(法益侵害原则)"、"可责性原则"和"最小犯罪化原则"才能犯罪化。② 也就是说,犯罪化的刑法立法也必须坚守刑法的谦抑性。

除了以上几个方面,未来我国刑法学也必将进一步加强对新型、热点犯罪的研究,以应对因社会发展而不断变化的犯罪类型,实现刑法对社会的积极治理。

总之,"无论在过去、现在,还是在未来相当长的时间内,刑事法作为并且仍将作为仅次于宪法的重要的基本法律群矗立于法制之林,刑事法治的现代化对于当代中国社会主义法治现代化建设至关重要,相应地,为刑事法治发展起着建言献策作用的刑事法学事业的重要性也不言而喻",③诚若斯言,借由刑事立法与司法的载体,刑法学研究极大地推动了我国刑事法治的现代化,也必将在未来刑事法治的发展中"大放异彩"。我们相信,只要我们始终坚守刑法的基本价值,同时保持开放的胸怀,积极探索刑法学研究的新领域、新问题,努力进取,未来我国刑法学研究一定能够得到更进一步的发展。

---

① 参见石聚航:《刑法谦抑性是如何被搁浅的?——基于定罪实践的反思性观察》,载《法制与社会发展》2014年第1期。

② 参见何荣功:《经济自由与刑法理性:经济刑法的范围界定》,载《法律科学》(西北政法大学学报)2014年第3期。

③ 赵秉志主编:《刑法总论》,中国人民大学出版社2012年版,第2页。

主要参考文献

1. 高铭暄编著:《中华人民共和国刑法的孕育和诞生》,法律出版社 1981 年版。

2. 高铭暄主编:《新中国刑法学研究综述(1949 - 1985)》,河南人民出版社 1986 年版。

3. 高铭暄、王作富主编:《新中国刑法的理论与实践》,河北人民出版社 1988 年版。

4. 赵秉志主编:《刑法修改研究综述》,中国人民公安大学出版社 1990 年版。

5. 高铭暄主编:《新中国刑法科学简史》,中国人民公安大学出版社 1993 年版。

6. 高铭暄主编:《刑法学原理》(第一、二、三卷),中国人民大学出版社 1993 年版。

7. 赵秉志主编:《刑法争议问题研究》(上、下卷),河南人民出版社 1996 年版。

8. 张希坡编:《中华人民共和国刑法史》,中国人民公安大学出版社 1998 年版。

9. 高铭暄、赵秉志:《新中国刑法立法文献资料总览》(上、中、下卷),中国人民公安大学出版社 1998 年版。

10. 赵秉志、高铭暄编著:《新中国刑法学研究历程》,中国方正出版社 1999 年版。

11. 马克昌主编:《犯罪通论》,武汉大学出版社 1999 年版。

12. 马克昌主编:《刑罚通论》,武汉大学出版社 1999 年版。

13. 高铭暄、赵秉志:《中国刑法立法之演进》,法律出版社 2007 年版。

14. 赵秉志、郎胜主编:《和谐社会与中国现代刑法建设》,北京大学出版社 2007 年版。

15. 郎胜、刘宪权、李希慧主编:《改革开放 30 年刑事法治研究》,中国人民公安大学出版社 2008 年版。

16. 高铭暄、赵秉志编著:《新中国刑法学研究 60 年》,中国人民大学出版社 2009 年版。

17. 赵秉志主编:《刑法学总论研究述评(1978 – 2008)》,北京师范大学出版社 2009 年版。

18. 赵秉志主编:《刑法修正案最新理解适用》,中国法制出版社 2009 年版。

19. 高铭暄:《中华人民共和国刑法的孕育诞生和发展完善》,北京大学出版社 2012 年版。

20. 高铭暄、赵秉志编:《中国刑法规范与立法资料精选》,法律出版社 2013 年版。

21. 王作富主编:《刑法分则实务》(第 5 版),中国方正出版社 2013 年版。

22. 周道鸾、张军主编:《刑法罪名精释》(第 4 版),人民法院出版社 2013 年版。

23. 赵秉志主编:《中国刑法学研究会学术研究 30 年》,法律出版社 2014 年版。

24. 郎胜主编:《中华人民共和国刑法释义》(第 6 版),法律出版社 2015 年版。

25. 高铭暄、赵秉志编:《新中国刑法立法文献资料总览》(第 2 版),中国人民公安大学出版社 2015 年版。

26. 赵秉志、袁彬:《刑法最新立法争议问题研究》,江苏人民出版社 2016 年版。

27. 陈兴良:《刑法的知识转型(学术史)》(第 2 版),中国人民大学出版社 2017 年版。

28. 黄太云:《刑法修正案解读全编:根据〈刑法修正案(九)〉全新阐述》,人民法院出版社 2015 年版。

29. 郎胜、朱孝清、梁根林主编:《时代变迁与刑法现代化》(上、下卷),中国人民公安大学出版社 2017 年版。

30. 赵秉志、陈泽宪、陈忠林主编:《改革开放新时代刑事法治热点聚焦》(上、下卷),中国人民公安大学出版社 2018 年版。

(因篇幅所限,本书写作参考的其他著作和论文可参见注释,此处从略)

图书在版编目(CIP)数据

新中国刑法70年/赵秉志主编. -- 北京：法律出版社，2019
ISBN 978-7-5197-3739-9

Ⅰ.①新… Ⅱ.①赵… Ⅲ.①刑法-法学史-中国-现代 Ⅳ.①D924.02

中国版本图书馆CIP数据核字(2019)第168333号

新中国刑法70年
XINZHONGGUO XINGFA 70NIAN

赵秉志 主 编
袁 彬 副主编

责任编辑 孙东育 张 康
装帧设计 李 瞻

出版 法律出版社
总发行 中国法律图书有限公司
经销 新华书店
印刷 固安华明印业有限公司
责任校对 杨锦华
责任印制 陶 松

编辑统筹 学术·对外出版分社
开本 710毫米×1000毫米 1/16
印张 15.5
字数 247千
版本 2019年10月第1版
印次 2019年10月第1次印刷

法律出版社/北京市丰台区莲花池西里7号(100073)
网址/www.lawpress.com.cn
投稿邮箱/info@lawpress.com.cn
举报维权邮箱/jbwq@lawpress.com.cn
销售热线/400-660-8393
咨询电话/010-63939796

中国法律图书有限公司/北京市丰台区莲花池西里7号(100073)
全国各地中法图分、子公司销售电话：
统一销售客服/400-660-8393/6393
第一法律书店/010-83938432/8433
西安分公司/029-85330678
重庆分公司/023-67453036
上海分公司/021-62071639/1636
深圳分公司/0755-83072995

书号:ISBN 978-7-5197-3739-9
定价:58.00元
(如有缺页或倒装,中国法律图书有限公司负责退换)